近代中國女權論述
——國族、翻譯與性別政治

劉人鵬著

臺灣 學生書局 印行

序言

　　本書主要析論晚清以迄五四有關「中國」國族現代化與「男女平等」議題興起發展的過程中，論述型構上所出現的幾個重要問題。這些問題一方面固然是歷史性的，但另一方面也關乎歷史詮釋的型構，同時也是理論性的。

　　第一章選擇性地借用了杜蒙的「階序」理論，分析傳統聖學道德論的階序格局，並論及晚清「男女平等」論的歷史組構。晚清這個歷史轉折期所出現的一種多重翻譯的「男女平等」論——一方面翻譯了傳統儒、墨、佛等不同思想體系，另一方面也翻譯了現代西方的自由、平等思想；它鑲嵌於後/抗殖民情結的二元結構，以及性別體制的二元框架中，本文將分析這種具有多重翻譯性以及多重框架的「男女平等」說，在論述格局上，與傳統聖王道德體系「階序」格局的銜接關係。一方面是歷史性的追溯，另一方面也是藉由歷史軌跡，理論性地探討這個歷史脈絡下的「男女平權論」的問題性。

　　第二章則以馬君武(1881-1940)在 1902 年所翻譯的＜斯賓塞女權篇＞為例，試圖勾繪這個翻譯過程中，透過原本已經不平等的二種語言之間的移動與轉換，所折射出的帝國/國族主義之殖民認同與（或）反抗，以及這個認同／反抗中，擺盪在性別、國族之間的複雜權力結構與交織作用。這包括了原文和譯文涉及女權論述時，在二種權力不平等的男性語言使用者之間，交雜或偷渡的各種性別與殖民認同與慾望關係。同時也探討「文明進步的現代化國家」的認同、慾望、規劃、想像，與「翻譯」以及「女權」之間的關係，並藉此討論「中國的女權」這個歷史敘事，在世紀初這個歷史時刻的形構，以及理論上涉及

的各種問題。

第三章旨在析論晚清以迄五四關於國族與婦女的文本與修辭效應，主要以進步知識分子對於「西方美人」的慾望，分析帝國／國族、性／別論述中縱橫交錯的結構權力關係，以及現代化進步論述的慾望結構及其隱藏的對於弱勢主體的暴力，並且進一步分析論述中各種普同化的抽象範疇所範限不住的越界、滑落與壓抑、空無與矛盾。「婦女」在各種論述或歷史敘事的交會口，作為符號與作為實踐的主／客體，其間紛然雜錯的權力或說話位置、矛盾的關係，複雜的再現等等，亦是本章試圖解讀或分析的重點。

最後第四章，本文轉化性借用《莊子》「罔兩問景」的寓言，嘗試分析並再現一種影外微陰「罔兩」的位置，以試圖走出二元框架下「形影不離」式的抗殖民方式。主要也在於一種觀看格局的提出，建議一種位置的轉移，至少在文本閱讀中，可以開拓新的政治性主體。同樣，一方面這是歷史軌跡的再現，另一面，也是對於性/別政治理論性的反思與前瞻。

四章之間並不是線性發展的，而是前後互涉。因此，各章之間在議題上有其不同方面的連貫或呼應，同時也可以各自獨立。本書並不試圖呈現近代中國女權論述的歷史全貌，而是就性/別政治的觀點，掘發一種不同的主體位置，以探討這個歷史時刻國族、翻譯、婦女、認同/差異等議題間的糾葛。當然，一個歷史時段的樣貌可以因著觀看角度的不同，而有完全不同的呈現。本文在試圖解讀歷史的同時，更著力於主體位置的反思，以及再現政治的分析。這也是何以理論反省的＜罔兩問景＞作為結論，而方法論上互涉的＜遊牧・性別・主體性＞一文作為本書附錄的原因。

目前學界論及後殖民的書寫，多主張脫離壓迫/抗拒的對立模式，

而代以雜揉、挪用、相互滲透、弱勢主體能動性等等較爲歡愉的策略，以模糊掉僵化的對立。但是種種的努力都仍然必須在既有的兩端之間遊走。比方說，在「西方－中國」這個二元框架下，「中國」的抗殖民無論策略如何，看見的對象主要是「西方」，主體位置在於「中國」，而「中國」的內部殖民問題不易面對；「男－女」的二元框架下，「婦女」的解放無論如何離不開與另一個性別的關係，而「婦女」的差異與其他各種差異系統的作用也不易看見。本書則由「罔兩問景」寓言中形、影、眾罔兩的階序性關係，發現二元以外的一個眾罔兩的飄零位置，一方面可以在此位置釐析「形影不離」二元結構的問題性，一方面也得以面對內部殖民的問題。這個書寫位置的呈現，見於各章，詳細的理論描繪，則在第四章的結論。

作爲一種同時具有歷史與理論面向的分析，本書的寫作主要有三個時刻。一是晚清以前的所謂傳統，一是上個世紀之交的「中國」國族現代化進程，另一則是眼前這個時刻對於階序、平等、性/別政治、弱勢主體等問題的再思考。三個時刻在實證性的「客觀的歷史呈現」這個假設上是分開的。然而正如同任何歷史書寫的實際，書寫者無法自外於其各種條件形塑的觀看與關懷格局，三個時刻，在力圖分開的同時，也必然難以分開。

本書各章都有部分或全部內容曾經發表，詳見各章腳註說明。各篇在期刊論文審查的過程中，諸匿名評審都曾提供珍貴的審查意見，成爲本書增修時的重要參考，謹此致謝。另外，本書也是近幾年國科會專題計劃補助的研究成果集結。研究過程中，九四到九五年因獲哈佛－燕京學社獎助，一年中，哈佛大學各圖書館，尤其是燕京圖書館的豐富藏書以及友善的研究環境，提供了充裕的研究資源。九九年春獲國科會補助，在英研究半年，University of Sussex，英國亞非學院，

以及倫敦各大圖書館，提供了許多意外的資料。最後，清華大學的研
究環境、教學相長、圖書設備，以及多年來由於國科會的研究補助，
得有大學部及研究生助理的協助，都是本研究得以完成的重要資助。
一併於此致謝。至於研究議題的思考，獲益於友朋切磋者，則於論文
的相關腳註中，表達謝忱。

近代中國女權論述
─國族、翻譯與性別政治

目次

一、

歷史/文本/性別政治

傳統階序格局
與晚清「男女平等」論

前言：從階序的平等到平等的階序

晚清梁啓超在《變法通議·論女學》一文中說：

> 善夫諸教之言平等也。不平等惡乎起？起於尚力。平等
> 惡乎起？起於尚仁。

又在譚嗣同的《仁學·序》中說：

> 仁者，平等也，無差別相也，無揀擇法也，故無大小之
> 可言也。[1]

依現代對於平等的概念，如果「平等」所預設的是具有價值性的「個
人」[2]，如果現代「平等」主義預設了公共空間裏不屬於階序(hierarchy)

---

[1] 蔡尚思，方行（編）《譚嗣同全集》（北京：中華書局，1981）頁 374.
[2] 關於現代對於「個人」的觀念，參 Louis Dumont, *Essays on Individualism: Modern Ideology in Anthropological Perspective*, (Chicago and London: The University of Chicago Press, 1986)。

格局中地位高下有別的社會性或文化性種屬[3]的平等或等同的個人,那麼,「平等」如何可能是「起於仁」?至於「男女平等」觀念,以美國為例,十九世紀以來,大部分時候,美國主流女性主義認為,平等意味的是,法律之前的平等對待,以及現存體制中的平等再現。對個人主義者而言,平等是一個政治性詞彙,指的是對個人權利的保障;而對社會主義女性主義者而言,平等是一個社會-經濟詞彙,女人唯在私有財產與家庭關係消滅之後,始可能平等[4]。不論如何,這些構想都不需預設一個尚仁的主體道德。對照之下,梁啟超的「平等惡乎起?起於尚仁」這一句話,頗透露了值得繼續追究的議題。一方面是歷史性的,在什麼樣的歷史脈絡下,晚清知識分子以「仁」來倡導平等,使得「仁」可以與「平等」關聯,被理解成「無差別相也,無揀擇法也,故無大小之可言」;另一方面同時也是理論性的,以「起於尚仁」來想像現代性的平等,構造了什麼樣的雜種性[5]「平等」觀的格局。

---

[3] 參杜蒙(Louis Dumont)著,王志明譯《階序人:卡斯特體系及其衍生現象》(台北:遠流出版事業股份有限公司,1992),頁 72。Louis Dumont, *Homo hierarchicus: the caste system and its implications*, translated by Mark Sainsbury, Louis Dumont, and Basia Gulati. (Chicago: University of Chicago Press, 1980)

[4] 參 Wendy McElroy, "The Roots of Individualist Feminism in 19th-Century America" in *Freedom, Feminism, and the State: An Overview of Individualist Feminism*, (2nd edition, New York & London: Holmes & Meier, 1991), pp. 3-26。

[5] 「雜種」的觀念當然最初來自後殖民理論家 Homi Bhabha 的 hybridity,不假設一種殖民者與被殖民者之間絕對的壓迫關係,而主張被殖民者的模仿、含混、揉雜,使得殖民權威走樣。本地學界對該詞有不同譯法,如「混種」或「雜揉」等,本書所用「雜種」一詞,一方面採納了張小虹將 hybridity 譯為「雜種」的意見:「刻意突顯雜種一詞在世系血統與文化血緣上內含之輕侮、歧視與道德譴責。」(頁 43)另一方面,本書在使用雜種一詞時,同時也脫離了 Bhabha 理論的脈絡。在旨趣上,不盡同於一般挪用 Bhabha 後

晚清知識分子開始提倡平等、自由之時,一方面由於這是進步的西方之優於中國而值得引進者;另一方面,對於平等這個語詞的討論,卻又是往前追溯到傳統墨子與佛家[6]。當時進步知識分子如康有為、梁啓超等,論及平等,在修辭形式上,是聲稱脫離儒家三綱五常的尊卑體系,以達成君臣、夫婦、長幼平等的理想,然而就階序格局分析,實則同時延續階序並創造新的階序(詳下文)。在這樣的歷史脈絡裏,奠定了一種多重翻譯──翻譯了傳統儒、墨、佛等不同思想體系,以及現代西方的差異──的平等觀基礎,也成為當時「男女平權論」的一種思考基調。本文將要論證,這個平等說,其實延續著傳統的階序體系,藉著階序原則,在階序格局中運作,但由於面對新局面,同時也創造了新局面裏的雜種性階序格局的平等論。而這個階序體系所能

殖民理論時所強調的被殖民者雜種文化對於殖民者的顛覆性。而是,在「中國─西方」這個特定的二元架構下,「中國」相對於西方固然像是被殖民者,但是由於中國的「大」,無法停留在這個泱泱大國的被殖民者的雜種性上以顛覆西方權威,因為大國認同帝國主義權威,而大國仍有內部殖民的問題。本書的討論,試圖看見的是這個雜種性究竟是怎樣的一種混雜,又成就了怎樣的內部殖民。之所以如此討論,主要由於本書試圖移轉書寫位置,在一種經過理論化的「罔兩」位置上,不在二元中的任何一端,而在二元之外的一個飄零的位置上,以瞽析「形影不離」的「殖民─被殖民」二元結構的問題性。「雜種」一詞出現於本書各章,另一具體的討論,詳本書第三章<「西方美人」慾望裡的「中國」與「二萬萬女子」>。而關於形、影、罔兩的理論架構,詳第四章結論。至於前所述及後殖民討論相關著作,簡要參 Homi Bhabha, "Signs Taken for Wonders: Questions of Ambivalence and Authority under a Tree Outside Delhi, May 1817," *Critical Inquiry* 12.1 (Autume 1985): 144-65; 邱貴芬<咱攏是台灣人:答廖朝陽有關台灣後殖民論述的問題>《中外文學》21:3(1992)頁 29-42;張小虹<雜種猴子:解/構族裔本源與文化傳承>單德興、何文敬(主編)《文化屬性與華裔美國文學》(台北:中研院歐美所,1995);黃宗慧<雜的痛苦與/或雜的希望──從巴巴的揉雜理論談起>《英美文學評論》2(1995:87-100)。

[6] 皮嘉祐<平等說>,《湘報類纂》(台北:大通書局,1968)甲集上,頁 6-10。

承認或辨識的主體，主要還是以「仁」爲最高德性的「聖王」[7]主體的殘餘，雖是歷史的殘餘，卻是極重要的成分。這個歷史轉折點所型塑的平等觀，是值得認真分析的。

　　本文將從知識分子「聖王」傳統的階序格局分析開始，再討論到晚清面對現代性的時刻，進步知識分子「男女平等」或「男女平權」的論述，與這個階序格局的關係。晚清男女平權論的歷史形構，事實上又與那個歷史時刻與帝國/國族主義糾纏中，多重「翻譯」性與國族建構或想像過程中造成的時差有關。這些關於翻譯政治、時差、國族想像，以及帝國/國族慾望等問題與「二萬萬女子」做爲一個新興的符號，在上個世紀之交的歷史糾纏，將在第二章與第三章做進一步的探討。到最後一章，我將因著這些研究所得，借用《莊子》「罔兩問景」的寓言，以寓言中形、影、罔三種存在主體之間在階序格局裏的關係，一方面嘗試理解並走出二元思考的侷限，一方面也試圖掘發一種不同的主體位置，亦即走出「形影不離」式的抗殖民方式，分析影外微陰「罔兩」主題/體的位置，在前述「男女平權」論述/運動的歷史與理論軌跡中，其再現之困難，以及這個困難在具體的階序思考格局上的脈絡，同時亦所以探討「男女平權論」在認識論上的侷限。

杜蒙的「階序格局」

　　本文所謂的「階序原則」，用的是杜蒙在《階序人：卡斯特體系

---

[7] 本書所使用的「聖王」一詞，是借用傳統語彙，而做一種理論化的譬喻，不一定符合任何特定文獻脈絡中的原意。主要用以說明一種說話位置。詳下文討論。

及其衍生現象》[8]一書中，分析印度的卡斯特體系時，所提出的一個分析的概念。[9]他認為，現代西方社會在道德上及政治上所信奉的是「平等原則」，與此相反的，是如卡斯特體系所體現的一種傳統社會的「階序原則」。這是一種以不平等原則為基礎，具有內在一貫性的社會體系。杜蒙所建立的階序理論，來自他的一個學生阿索培（Raymond Apthorpe）所提出的「含括者」（the encompassing）與「被含括者」（the encompassed）的關係。依杜蒙的研究，階序是一種關係，一種「把對反含括在內」（the encompassing of the contrary）的關係。階序性的對立，或是「把對反含括在內」，也是整體與其部分的關係[10]，它的特性是：高階含括低階，而低階者必然排除於高階者之外。階序的關係，就是含括者與被含括者之間的關係。

　　杜蒙曾經舉「右／左」這個二元項為例，說明階序原則。對立的兩端表面看來只是左右二極，或者是互補的兩端，但事實上，兩端並不等值，而是一端較高級（通常是右，右手比較重要），而另一端較

---

[8] Louis Dumont, *Homo hierarchicus: the caste system and its implications.* 中譯：王志明譯《階序人：卡斯特體系及其衍生現象》。

[9] 本文關於「階序格局」的分析架構，暫時選擇性地借用杜蒙理論。但杜蒙的理論主要來自研究印度卡斯特制度，而且作為一種西方人研究東方以自我批判，因詮釋位置造成的美學模態，必然與本文的詮釋位置與取向不同。這使得本文對於杜蒙的理論，必須選擇性地借用。至於因「中國」與印度二種不盡相同的階序格局，而在理論上與杜蒙的對話，則待另文處理。對於杜蒙階序理論借用的討論，請參考 Naifei Ding, "Cats and Flies in the Shadow of Nineties Taiwan Woman/Feminist Intellectual" 「女『性』主體的另類提問」小型學術研討會（台北：國科會人文處，1999）頁 14-20，本文對於杜蒙階序理論的選擇性借用，主要來自丁乃非的引介，而諸多論點的形成，也都來自與丁乃非長久持續的討論，謹此致謝。

[10] 詳參《階序人・後語：邁向階序理論的建立》（頁 417-425）以及"Where Equalitarianism is Not in Place" in *Essays on Individualism: Modern Ideology in Anthropological Perspective*, pp. 223-233.

低級（較無能）。杜蒙說，一個歷史性的問題是，事實上不平等的這
兩端，我們究竟如何認為它們是平等的？他認為，人們沒有認識到的
是，「左／右」這個配對本身無法定義，唯在與一個整體或一個身體
相關聯時，才有其意義。並且要有一個想像的觀察者，才能夠說出何
為左，何為右。杜蒙說：「雙手無法在任何情況中平等，理由是它們
永遠都是從一個界定它們、組織它們的整體角度受審視。」[11]左、右與
全身整體，不論在價值上，或是本然性質上，都沒有等同的關係。通
常，右手與整體的關係，要比左手與整體的關係更重要[12]。這裏運用的
是結構主義裏「結構」的概念，「左手」或「右手」本身並不代表什
麼，只是他者的他者（左手在鏡像裏是右手），在這個「結構」意義
下的體系，體系的各要素之間的重點在於其互依性，是一種諸關係構
成的體系，而不是諸要素構成的體系。杜蒙也曾以《聖經》第一章上
帝從亞當的肋骨創造夏娃的故事說明。上帝先造「人類」亞當，又從
亞當身上抽出另一種不同的存有，這個夏娃，既是人類種屬之一員，
又是該種屬所從出的一種不同的生物。亞當既是「人類」的代表，又
是人類中的「男人」。這也正是杜蒙所謂的「把對反含括在內」的階
序關係：

> 此一階序關係，就其最廣義者而言，即是一個整體（或
> 一個集合）和其中的一個要素的關係：該要素既屬於那
> 個整體，因而在此意義上與那個整體同質或同等；該要
> 素同時又和那個整體有別或與之相對立。這就是我所說

---

[11] 《階序人》頁 423。

[12] *Essays on Individualism: Modern Ideology in Anthropological Perspective*, pp. 227-8.

的，「把對反含括在內」的意思[13]。

因此，杜蒙認為，我們必須用兩個層次看這男人與女人的關係。第一個層次，男與女同等，同是人類；第二個層次，女是男的對立面，而且女的位置較低。在較高的層級上有統一，而在較低的層級上有分別，其關係為對反或互補。階序原則裏，「互補或對反即含括於較高級層次的統一裏面」[14]。杜蒙認為，如果兩個層級混淆，就會同時出現同一與對反，造成邏輯上的混亂[15]。另外，杜蒙也分析了階序格局的「整體」與黑格爾辯證性的整體不同之處。黑格爾以矛盾為基礎的格局，透過否定與否定之否定，以綜合出前所未有的整體；然而階序格局的「整體」卻是先在的。就像「身體」之於左右手，就像「人類」之於男與女，一個先驗的整體存在於看似平等實則不等的二元對立之前。

杜蒙作為一個西方人，一個處在看似完全認同平等原則的西方世界，他對於印度階序社會的研究，頗有對於西方來說，「他山之石，可以攻錯」的針砭意味。他指出了西方平等原則的社會單面向的心靈所忽略的整體，所忽略的不同層次，以及所忽略的無可避免的階序關係。其中，他討論到美國的種族歧視，認為這「代表的是原來在階序性社會中較直接而自然，但以不同方式表現的事物，在平等主義社會

---

[13] 《階序人》頁 418。

[14] 《階序人》頁 421。

[15] 這個階序原則的分析，恰恰可以釐清中國傳統對於「陰陽」關係的構想。作為「太極」這個先在整體的二儀，在一個較高的層次上，陰陽是統一調和互補的，亦即陰陽的調和互補含括於一個較高層次的統一裏（例如家庭以致宇宙天下的和諧），但在一個較低的層級上，陽尊陰卑，以陽統陰，乾大坤至，陰、陽各自與整體的關係並非平等。詳細討論見下文〈人譜〉的分析。一般在漢學裏多以「陰陽調和」作為「中國」哲學的特色，這個說法忽略了結構與權力的分析。

中的重現」，其實就是「以前的主人與奴隸之區別，被白人對黑人的歧視所取代」[16]。他的建議是，「平等可以和承認差異結合起來，只要那些差異在道德上是中性的。人們必須要有可以把差異概念化的工具」[17]。

　　杜蒙的討論，有其作為一個西方人類學家面對差異社會時，相當倫理的考量，也有其作為一個西方人借著異文化對西方本身的批判。當他借著印度的「階序」作為一個相異的參照架構以批判西方的「平等」原則時，不免要將印度的階序東方化，同時也異國情調化。而對於一個不同於印度，也不同於西方的「中國」，如何面對平等與階序，可能是更複雜的問題。在這個歷史脈絡裏，階序可能是一個太熟悉、並且在各個層面上生活於其中，而未經理論性批判分析的運作原則，正如同習於平等原則的現代西方，太熟悉於生活在所謂平等的原則裏，無法在其自我的體系中批判自我的平等。然而，「中國」的階序原則又不同於印度，印度有著明顯的卡斯特體系，社會制度上的階序是鮮明可見、無人可以否認的，也早已進入到知識論述中。而「中國」的階級與階序原則裏的權力，則從未在主導式「聖王」說話體系或知識論述中被認真面對。自從進入現代化開始，在「西方進步－東方落後」的二元框架裏，「平等」作為一種現代西方的價值，「階級」就意味著一種東方的落後狀態（晚清時論中常舉印度的階級社會作為落後的例子）；其後在左派右派的分野中，「階級」又被右派斥為破壞和諧的偏執。「中國」有沒有階級制度，在「階級」成為相對於「平等」或相對於「右派民主」的負面語詞時[18]，已經難以成為一個「事實」問

---

[16]　《階序人》頁445。

[17]　《階序人》頁448。

[18]　可以說，是一個「污名化」(stigmatized)的語詞。

題被探究或認真面對，而總已被認為是一種國族主義格局現代化過程中意識型態的價值判斷了。舉例來說，晚清報刊中，有主張中國有階級制度者，如一九○四年劉師培＜論中國階級制度＞[19]，認為中國古代貴有常尊，賤有等威。有因種族而區貴賤者，有宗法制的尊卑，也有奴隸賤民，其後如魏晉門第之制，元明奴僕之制，皆中國之階級制度。但同時期就也有人從「國民性」的討論，主張「階級制度之觀念為中國人民自古至今腦中所不存」者[20]。

　　本文文本分析式的討論傳統德性語言的階序原則，主要借重杜蒙對於「階序」原則的結構性分析。問題意識則因歷史與主體脈絡不同而迥異。本文使用了極長的篇幅，仔細分析一種傳統的階序格局，進而試圖討論，晚清出現的「男女平等」論與本文所分析出來的這個傳統聖學論述階序格局的關係，以及在晚清帝國/國族主義背景下，多重翻譯的「平等」觀的雜種格局。本文所使用的「傳統」一詞，指的是一種後見之明的追索，就後代出現的文本，以它的脈絡追索一種歷史殘餘，而不是概括性的說「中國」或儒家的唯一傳統，因為並沒有一個本質性的「中國」，當然也沒有一個本質性的「傳統」。在不同的材料裏，不同的詮釋視野下，必然有很多截然不同的「傳統」。這是一種歷史的追溯，同時也是理論的探討。不能否認，任何客觀歷史的分析，在問題意識的凝聚、主題的出現，以及材料的選取、甚至材料的看見上，都不免有眼前當下時刻的關懷或學術氛圍。本文將主要以三個時刻來討論。一是以晚明劉宗周的《人譜》為例，分析傳統聖學道德的階序原則。這完全不是研究劉宗周的思想，而是透過他的具有

---

[19] 原載《警鐘日報》一九○四年，又刊於《東方雜誌》第六期。現收於朱維錚編《劉師培辛亥前文選》（香港：三聯書店，1998）頁58-62.
[20] 《東方雜誌》第六期（1908），頁95，錄同年五月《輿論日報》。

某種總結性、代表性與重要性的文本，說明或解析一種傳統階序格局。其次則就晚清的「平等」，特別是「男女平等」論述，分析其中對於階序格局的承續，以及這個格局的「平等」論當時新產生的、多重翻譯的雜種性意義。最後則是眼前這個時刻對於階序、平等以及弱勢主體問題的再思考。三個時刻在實證性「客觀的歷史分析」這個假設上是分開的，但是正如同任何歷史書寫的實際，觀察者或分析者或書寫者無法自外於其時代課題與各種條件形塑的觀看與關懷格局，三個時刻在力圖分開的同時，也必然無法分開。

　　本文的討論方式，在一些面向上可能逸出了現有學科分界式的學術論著書寫格局。一個明顯的逾越可能是，將性別、階序分析、社會制度烙印、權力關係等等，這些與「聖學道德」的普遍性、超越性、美善性等預設不相容的面向，帶進傳統聖學道德的討論。從認同正統經典詮釋傳統的進路來說，可能被認為有二方面的「錯置」，一是認為傳統聖學道德論本無性別等權力關係意識，將「現代」的權力關係意識帶進「歷史」，是時間的錯亂；二是道德論最重要的是其「超越性」，社會歷史物質現實的闖入，是忽略了道德的「超越性」。這二種批評對於道德論來說，一方面是互相矛盾的，因為前者暗示了道德論是有歷史眼界限制的，而後者堅持的是道德之超越歷史；但另一方面二者也是互相一致互通聲氣的，因為後者雖然認為道德超越歷史，卻又堅持「現代」的歸「現代」、「傳統」的歸「傳統」。於是一種其實至今由於尚未經過基進[21]的分析，也就仍然未曾消減其力道的道德論，得以在某一種聲稱為歷史中，「超越」歷史眼光的反思。本文認

---

[21] 「基進」一詞，是指 radical，用「基」字，取其根本、徹底之意。八０年代晚期在台灣報章大量使用「基進」一詞的是傅大為，參氏所著＜基進與極端＞，《基進筆記》（台北：桂冠，1990）頁 3-5。

為，「超越」關於「超越」的迷思，認真面對歷史中與歷史本身的理論問題，認真面對當前看似現代民主平等論述型態中的雜種性脈絡，以及某些傳統的殘餘，對於當前「民主」、「平等」、「性/別正義」等現代性議題在此時此地這個雜種性時空運作的思考，是十分必要的。同時本文也將論證並揭示，傳統階序格局的道德論並非不涉及權力，而是權力在階序格局中的性質即是不能明說的，說出權力，也就破壞了階序原則。

「樂」的階序政治

劉向《說苑》有這麼一則故事：

> 孔子見榮啟期衣鹿皮裘，鼓瑟而歌。孔子問曰：「先生何樂也？」對曰：「吾樂甚多。天生萬物，唯人為貴，吾既得為人，是一樂也。人以男為貴，吾既得為男，是二樂也。人生不免襁褓，吾年已九十五，是三樂也。夫貧者，士之常也；死者，民之終也。處常待終，當何憂乎？」[22]

這則故事在兩漢到魏、晉的典籍中常見[23]。身為「人」，性別為「男」，

---

[22] 《說苑》卷十七〈雜言〉。

[23] 又見於《太平御覽》三百八十三引《新序》（參《太平御覽》[北京：中華書局，1960]，頁十）、《列子·天瑞》（參《列子古注今譯》[台北：文津出版社，1990]，頁66）、《孔子家語》（台北：世界書局，1967），卷四〈六本〉，頁37-38。《列子》與《孔子家語》本最後有孔子按語：「善哉，能自寬者也。」也就是說，這三樂在當時文本脈絡中的意義在於「自寬」。既是自寬，就不是一種對於高成就的欣慰，而是對於最起碼幸運的知足。

並且長壽，是人生三樂。宋代邵雍則說「生身有五樂」，五樂的前三樂是：「一樂生中國，二樂爲男子，三樂爲士人。」[24]這三樂指出了種族、性別、社會身分的優勢。當晚明劉宗周變化引用這句話時，「樂」字改成了「幸」：

> 昔人有云：生有五幸，一幸為人，二幸為男子，三幸生中華，四幸讀書識字，五幸為士大夫。[25]

劉宗周這話清楚道出的是，作爲一個生命個體，而能佔有語言符號意義上「人」的位置，是生命或生活中的第一大幸；而這個「生」，並不是動物性、生物性或是遺傳性的生命，而是在文化、意義與再現眾系統中所經驗到的生活，是人們以各種再現系統去經驗、解釋或者爲存在處境製造意義的「生」。在這個傳統中，可以輕而易舉站上語言意義系統中「人」的位置，以之爲樂爲幸者，可能不是社會中蠻夷、女子、奴婢、娼妾等價值比較低下的身分，而是讀書識字的中華男子士大夫[26]。劉宗周是坦誠的，他清楚知道，就個人而言，可以在語言符號「人」的位置上說話或生活，這是一種「幸」，而這種幸，是累積了知識、性別、社會聲望地位與種族上的優勢的結果。而這種優勢，也就是所謂「幸」，是一種偶然性，一種殊別，而不是普遍；並且是一種就個人感受而言，爲不勞而獲的僥倖感。爲什麼就個人而言是僥

---

[24] 邵雍＜喜樂吟＞，在《擊壤集》（台北：廣文書局，1972），卷之二十，頁三十八。

[25] 《劉子全書及遺編》（京都：中文出版社，1981），卷十三，頁213。

[26] 梁啟超的＜人權與女權＞一文曾說：「歷史上的人，其初範圍是很窄的，一百個『圓顱方趾橫目睿心』的動物之中，頂多有二幾個夠得上做『人』，其餘都夠不上。」《飲冰室合集》（北京：中華書局，1989）頁81.

倖？因為「人」、「男子」、「中華」、「讀書識字」、「士大夫」等符號在歷史、社會、意識型態等眾意義系統所累積的價值與意義，這些範疇、位置，以意識型態論述構築了某種「主體」，這個「主體」（中華男子士大夫作為一個「人」）是一個在符號系統中的說話位置，以多重決定的結構性實踐所產生的結果為條件、以結構性的給定的條件作為自我社會實踐的起點，亦即是一種坐享其成，而不是來自個人的白手起家。於是，這個晚明的生存個體，透過文化再現系統所經驗到的個人的感受層面，發現作為「人」是生之第一大「幸」，是分享了意義體系的結果，而不是個人意義的開始，也不止是一種生物事實。「士大夫」或「讀書人」可能是不平等的社會身分階序化的意識型態下，一種僥倖的社會或說話位置。

如果「人」、「男子」、「中華」、「讀書識字」、「士大夫」是某個重要學術傳統意識型態系統所構築的主體位置的重要條件，那麼，生產這個主體位置的文本，在主題上可能有二種方式或進路，一是內聖－外王，一是遯世[27]，但二者可能都在政治－道德的連續體上。環繞「內聖－外王」主題的思考結構，有多種形式，最常見的是修身、齊家、治國、平天下的由聖至王以至聖王合一，但是，造就這個聖王主體的途徑可能不一定這麼直截了當，作為一個讀書識字的主體（傳統語言可能是「士」或「學者」），也可能排棄「王天下」，而成就一個價值觀容或不同，但卻有著同樣主體位置高度的「君子」，例如

---

[27] 感謝呂妙芬，她曾閱讀本文初稿，在此建議二種進路改為「經世和遯世」，「因為儒家基本上講求經世，即使強調道德君子而不直接談參政或王天下者，也可包涵在此」。但本文用「內聖－外王」一詞，主要想強調的是一種「君子」的說話位置，這是一個在道德或政治地位上都蘊含著要作為領導階層的說話位置，「聖」又特別預設了這個位置在道德上的整全性，不容缺失。詳下文討論。

《孟子·盡心上》：

> 君子有三樂，而王天下不與存焉。父母俱存，兄弟無故，
> 一樂也。仰不愧於天，俯不怍於人，二樂也。得天下英
> 才而教育之，三樂也。君子有三樂，而王天下不與存焉。

這個「君子」的價值觀固不在於王天下，但是，作為君子，當他將「王天下」與君子的「三樂」互斥地並列，已然造就了一個與「王天下」同樣高度而可以並列並行的「創發價值」[28]的主體。事實上，王陽明《傳習錄》：

> 安居飽食，塵囂無擾，良朋四集，道義日新，優哉游哉，
> 天地之間，寧有樂於是者？[29]

這種「遯世無悶，樂天知命」[30]，正是呼應上述「君子」的基調。對於「天下」，非為「王」（「王天下」，修身以致平天下的聖王），即為「樂」。也就是說，當遠離王天下時，作為君子，必須預設為一個無論如何不干擾「天下」結構秩序而自得其「樂」的君子。與「王天下」並列的，如果必然為「樂」，就意味著，這個主體選擇以「和諧」的方式參與天下，而不另外構成對抗或挑戰或批判的矛盾對立。在這

---

[28] 這裏借用的是杜蒙的用語。杜蒙在分析印度的遯世修行者時，提出一個說法是，印度宗教與玄思的發展之推動者，「價值的創發者」，乃是遯世修行者。參杜蒙（Louis Dumont）著，王志明譯《階序人：卡斯特體系及其衍生現象》（台北：遠流，1992）頁 460。

[29] 《傳習錄》第 184 條。

[30] 陳榮捷《王陽明傳習錄詳註集評》（台北：台灣學生書局，1983）頁 264，引佐藤一齋語。

個生命情調的選擇下，預設的是一種先驗存在的和諧的整體與秩序。
在這個預設為和諧的整體秩序裏，或者在政治上參與天下，或者在身
體或價值觀上遯跡於「天下」之外而自得其樂，基本上，只要是君子，
就不預設社會性存在所必須面對的衝突、對立或矛盾。更精確的說，
是不面對勢均力敵作為「兩難」式的困境。傳統聖學修養主體的確也
有面對衝突的時候，如天理與人欲的衝突，君子與小人的衝突等等，
這種種衝突的型態特色是，衝突的二端是階序性的關係，天理與人欲
並非都可以選擇，而是必須要存天理去人欲，天理必然統攝人欲，君
子必然統攝小人。也就是說，衝突的當時，一個先驗的合諧以及和諧
下的階序性價值，已先在地決定。什麼樣的欲望是天理，什麼樣的欲
望是人欲，什麼樣的人是君子，什麼樣的人是小人，也在衝突之前先
驗地決定了（這裏的「先驗」沒有特定哲學上的特定意義，這裏指的
是與社會既定價值系統不相衝突的已然決定）。面對衝突時，目的或價
值（如克服人欲，去除小人性）先於衝突。另外一種例子是「捨生取
義」式的衝突，處在「生亦我所欲也，義亦我所欲也」的時刻，其實
是一種兩難的交戰，二者同為「所欲」，並且，生命與義的價值，可能
具有同等的重量或高度，不論是捨生而取義，抑或是捨義而取生，可
能都必然會是一種痛苦的抉擇，都必然會是一種失去，都必然要付不
同的代價，造成不同的傷害；然而，「捨生取義」的敘事裏，這個「兩
難」的過程，最後必須消失在「所欲有甚於生者」的價值階序裏。事
實上，不論基於任何理由，一個生命的捨去或消失或放棄，都應該是
一種痛，然而，當君子把「生」與「義」在價值上階序化時，同時也
正是將複雜的價值系統化約或單元化。在「捨生取義」的單向價值化
約過程裏，生命因著某種意識型態而必須被否認或捨去的痛，也就失
去了正面面對或反思的機會。但是因為階序化，「和諧」也就是先在、

可能與必然了。

回到前面「樂」的問題。前所引邵雍＜喜樂吟＞「五樂」的後二樂是：「四樂見太平，五樂聞道義。」若是志不在「平天下」或「王天下」，另類的可能就是「樂見太平」、「樂聞道義」。如果不樂，在先驗和諧整體的審視下，很可能是對現有秩序的異議或干擾，這也就很可以解釋，何以「長戚戚」者，就是「小人」了。劉宗周在述及「昔人有云，生有五幸」之後，正是這樣論道：

> 便當灑灑落落，自家尊重此身，又須戰戰兢兢，惟恐墮落此身，今人一味長戚戚，隨處都若不足，及至放肆，卻又無所不至，這分明是顛倒了。[31]

如果對於身為「中華男讀書人士大夫」這些身分位置本身的感受是一種「幸」，那麼肯定這套價值所帶來的行動，必然就是「尊重」此身，具有滿足感，以不辜負這套價值。「長戚戚」則不但具有「隨處都若不足」這種不滿足的異議性，而且會啟動失去既定價值秩序而「無所不至」的對於未來莫名的焦慮，對於價值體系中「樂」的幸運者來說，這就構成了威脅，是一種「顛倒」。

從這裏看，傳統士大夫或讀書人在講究德行的同時，對於知識人身分地位及其知識／權力關係，其實有著深刻感受。但這種深刻感受，在階序格局的社會裏，帶來的選擇是：樂而知足地保有這分僥倖，而德性化（亦即普遍化）的「樂」也就同時掩蓋了關於身分的政治/權力。然而，之所以能夠樂而知足地保有這分僥倖，恰恰由於在價值上肯定階序化社會在身分建構上的高下等級。

---

[31] 《劉子全書及遺編》卷十三，頁 213。

　　在思考方式或說話位置上,也有一種階序格局,我們可以稱之為「君子」的說話位置。而這個「君子」的說話位置,基本上就是一個在隱喻上是「聖王」的說話位置。舉例說明如下。《論語·陽貨》:「子曰:唯女子與小人為難養也。近之則不孫,遠之則怨。」朱熹對於這句話的註解是:「此小人亦謂僕隸下人也。君子之於臣妾,莊以蒞之,慈以畜之,則無二者之患矣。」[32]《論語》中的「君子」與「小人」二詞同時指道德上以及身分地位上的高階與低階者,這並不是偶然的。德性價值配合社會地位階層體系的階序化,是階序體系的重要配備。這裏,朱熹指出,「小人」可能不止是指道德低下者,而「亦謂」身分地位低下的僕隸下人。「君子」作為身分地位上階的主人,同時也就有了道德氣象上「莊」與「慈」的可能性。「蒞之」、「畜之」說明的正是君子與小人的理想性階序關係。君子與小人,其實不論在身分地位上、德性修養觀以及利害關係上,都是互相衝突矛盾,位置與立場相對反的;然而,階序格局所體現的,卻是一種「把對反含括在內」的上下關係。杜蒙說:「階序基本上並不是一串層層相扣的命令,甚至也不是尊嚴依次降低的一串存有的鎖鍊,更不是一棵分類樹;而是一種關係,一種可以很適切的稱為『把對反含括在內』(the encompassing of the contrary)的關係。」[33]在這個例子裏,「臣妾」與「君子」在立場位置與利益上的對反,被含括在「君子」的「莊以蒞之,慈以畜之」裏。而當君子的莊與慈成功地蒞於臣妾,並且畜養了臣妾,在這個成功的含括關係裏,「無二者之患」的意義即在於成就了預設的整體和諧。這個和諧的整體,正建立在「君子」與「臣妾」的對比,

---

[32] 朱熹《四書集注》(台北:世界書局,1977)頁126。

[33] 《階序人》頁418.

「既是必要性的，又是階序性的並存之上」[34]。君子與臣妾是對立的，因為君子高於臣妾，君子必須以「莊」和「慈」嚴守與臣妾之間的距離，造成一種以德行修飾過的隔離，同時，對於整體秩序來說，君子與臣妾的關係其實又是分工而互相倚賴的。當這個階序原則的秩序成功地運作時，君子與臣妾也就成為並不是尊嚴依次降低的存有鎖鏈，而是由於君子作為主體，成功地實踐了階序性德性，並且以階序性的德性，保持了與臣妾的適當距離，於是臣妾不再能夠以「不遜」或「怨」構成君子的患累。註釋者朱熹的詮解，完全是「君子」位置的說話，由君子的位置，解釋為什麼女子與小人難養，以及如何可以養好。這個位置，同時在隱喻上也就是「聖」與「王」的位置，亦即，這個說話位置的主體，必然站在德行或地位上一個可以含括下階的位置，這個地位，儘管不止是政治地位的上階，也是因著德性或其他意識型態系統如「士大夫」、「男子」、「中華」（亦即上文所指出的足以「樂」或「幸」者）等的上階，而具有含括性。

聖學道德的階序原則
─以劉宗周《人譜》為例

以下討論所舉例子，主要來自明末理學家劉宗周(1578-1645)的《人譜》與《人譜類例》。劉宗周被認為是宋明儒學最後的大師[35]，而《人譜》標舉「人道之大」的「人」。〈人譜自序〉云：「學者誠知人之

---

[34] 《階序人》頁108.

[35] 如唐君毅《中國哲學原論・原教篇》，《唐君毅全集》（台北：台灣學生書局，1986）卷十九，頁492。

所以爲人,而於道亦思過半矣。將馴是而至聖人之域。」[36]《人譜》是傳統聖學道德論述系譜中的一個相當重要的文本,包含了理論與實踐工夫之歷程,《人譜類記》中並有充分的例子,顯示道德理想在具體生活的實踐。《四庫全書總目》云:

> 姚江之學多言心,宗周懲其末流,故克之以實踐。是書乃其主蕺山書院時,所述以授生徒者也。《人譜》一卷,首列「人極圖說」,次「紀過格」,次「改過說」。《人譜類記》二卷,曰〈體獨篇〉,曰〈知幾篇〉,曰〈凝道篇〉,曰〈考旋篇〉,曰〈作聖篇〉,皆集古人嘉言善行,分類錄之,以為楷模。每篇前有總記,後列條目,間附以論斷。主於啟迪初學,故詞多平實淺顯。……宗周此書本為中人以下立教。[37]

此指出了該作品的教育性質[38]。直到七0年代,台灣的思想史學者唐君毅仍然完全肯定《人譜》所記載歷史人物故事之偉大足爲「道德修養之楷模」,同時指出了這些人物故事的記載與歷史具體生存情境相關:

> 《人譜》首章以心之體為立人極之本,以下諸章則以偉大的歷史人物人格作為道德修養之楷模。這些偉人人格的道德行為自其道德意志,總是有意導向個人所生存的

---

[36] 劉宗周《劉子全書及遺編》卷一,頁 42。

[37] 《四庫全書總目提要》卷九三〈子部儒家類三〉,頁59。

[38] 唐君毅亦指出:「對一般學者言,恆不如直體認昔賢之氣象言行者,其工夫之平實無弊。此即朱子編《近思錄》、劉蕺山編《人譜》之旨。」(〈綜述宋明理學中心性論之發展〉《中國哲學原論·原教篇》頁 508)。

歷史時代裏具體的社會文化情境。因此，劉宗周所強調
的道德意志，也蘊含了對於不同歷史時代知識之強調。[39]

蔣年豐亦曾指出《人譜》的史學性，以古人嘉言善行的敘事體，展現
「人」在具體歷史社會時空中對於道的體現[40]。牟宗三曾論《人譜續篇》
中的＜證人要旨＞，謂：「儒家內聖之學成德之教之道德意識至此而
完成焉。」[41]古清美說：

> 蕺山學殊勝之處在他不但精研深造於宋儒之學，又能切
> 實體驗躬行，加以融化，成為一套渾宏精密的實踐工夫。
> 他吸取濂溪主靜立極及動靜之理，成為其「以靜存括動
> 察」的慎獨工夫之骨幹；對明道、伊川、朱子講「敬」
> 處亦有所抉擇，把握住以「誠」為主而由體起用、內外
> 交養之精義；然後針對不重工夫的時弊，以慎獨講出「誠
> 意」，以「知幾」指出心性之際的奧微；再向心上鏨出
> 現前最細微的「念」，講「治念」、「化念」如何還歸
> 於誠通誠復、一氣流行。最後追到念之初動，講到「無
> 忘」的體驗境界，並以「人譜」一篇舖排出表裏內外的

---

[39] Tang, Chun-I. "Liu Tsung-chou's Doctrine of Moral Mind and Practice and His Critique of Wang Yang-ming." Wm. Theodore De Bary . ed. *The Unfolding of Neo-Confucianism* (Columbia University Press, 1975. pp. 305-332) p. 327，（我的翻譯）。

[40] 參蔣年豐＜從朱子與劉蕺山的心性論分析其史學精神＞《國際朱子學會議論文集》（台北：中研院文哲所，1993：1115-1138），頁 1134-38。該文由劉宗周的《人譜》討論其作為一道德家與其史學家弟子黃宗羲之史學意義上的關聯．

[41] 牟宗三《從陸象山到劉蕺山》（台北：台灣學生書局，1979），頁520。

步步實踐工夫。這一套層層入密，卻又歸融於「誠」的
工夫論，宋明學者實鮮有出其右者。[42]

指出了蕺山之學在內容上與宋儒一脈相承而更精進之處，及其在體驗
躬行上之獨臻至境。王汎森則將《人譜》放在明季王學省過改過的背
景中，視《人譜》為一部省過書，謂：「劉氏對道德修養的嚴格規定
到了空前的高度。」[43]

劉宗周《人譜》及《類例》作為一個曾經在歷史中發揮作用的閱
讀文本，其特色在於將聖學道德的討論落實於歷史社會具體情境，作
為一種意在教化的敘事體。而其內容，在觀念上、文獻上都可以往前
追溯軌跡，甚至往後發現影響，在思想史上被當代學者認為具有相當
的代表性及總結性的重要性。本文並不追隨歷來治思想史的學者「認
同」式的寫作策略，而是借著這個脈絡裏的理論與故事，分析傳統聖
學論述的階序格局。對理論性的文字作理論性的分析，對於《類例》
中的故事則作文學文本式的分析。

《人譜》列於《劉子全書》卷一。劉宗周倣效周濂溪＜太極圖＞
與＜太極圖說＞而作成＜人極圖＞與＜人極圖說＞。＜圖說＞開頭即
云：「無善而至善，心之體也。」此來自＜太極圖說＞的「無極而太
極」[44]。＜太極圖說＞曾提供了新儒家形上學及宇宙論的重要大綱，

---

[42] 古清美＜劉蕺山的誠體思想與其實踐工夫＞，在《明代理學論文集》（台北：
大安出版社，1990：251-298），頁267-8。

[43] 王汎森＜明末清初的人譜與省過會＞，在《中央研究院歷史語言研究所集刊》
第63期第3分本（1993： 679-712），頁683。

[44] 蕺山自註：「即周子所謂太極。太極本無極也。統三才而言，謂之極；分人
極而言，謂之善。」《劉子全書及遺編》卷一，頁42；另，黃宗羲：「先生
此語，即周子『無極而太極也』，以『至善』換『太極』二字，更覺親切。」
見《明儒學案》卷六二,(台北：華世，1987)，頁1542。

這是宋明儒學史中熱切討論過的一個議題。而這種論述使用語言的特色在於將本體論、宇宙論、價值論混合[45]。 <圖說>認爲:「統三才而言謂之極,分人極而言謂之善,其義一也。」接著<圖說>引《易·繫辭》「繼之者善也,成之者性也」,並註曰:「動而陽也,乾知大始是也。」「靜而陰也,坤成作物是也。」其後並有「乾道成男,即上際之天;坤道成女,即下蟠之地。……至此以天地爲男女,乃見人道之大」等語。這是<繫辭>「天尊地卑,乾坤定矣」、「乾道成男,坤道成女」的思考傳統。當男/女、陽/陰、動/靜、上/下的配置關係繫之於乾/坤、天/地時,人間社會秩序便被定義爲宇宙自然的秩序。這個秩序,我們可以用杜蒙的階序格局理解。乾坤、陰陽都是關係性的,因著與天地自然宇宙整體的不同關係,配合成爲天地整體。它們是對立的,同時也是互補調和的。然而,它們的位置並不是平行的,一是上際,一是下蟠,時間上也不是共時的,一是乾知大始,一是坤成作物。<圖說>此處要說的是「心之體也」、「人道之大」,事實上,是這個「心之體」、「人道之大」的假設,在天地乾坤男女之中之外並之上,作爲那先在的整體秩序,這個整體,說話中的這個主體可以觀察到或者說出這個乾坤秩序,而這個先在的整體秩序,爲這個說話主體所理解。在第一個層次上,陰陽共同成就整體秩序,只是在天地之間的分工不同,二者和合互補;但在第二個層次上,天尊地卑。<讀易圖說>中,「以陽統陰」的意義再被強調:「故盈天地間陽嘗爲主而陰輔之,陰不得與陽擬也明矣。」[46]杜蒙的階序理論在此正可以準確地詮釋:「陽爲主而陰輔之」是說:上階的陽含括下階的

---

[45] 可參黃宗羲《宋元學案》(台北:華世出版社,1987),卷一二,頁497-518;勞思光《中國哲學史》(台北:三民書局,1983,1991),第三章,頁97-109。
[46] <讀易圖說>,《劉子全書及遺編》卷二,頁 53。

陰;而「陰不得與陽擬」是說:下階的陰必然被排除於上階的陽之外。事實上,也正因爲階序的關係,陽與陰必須分工,必須隔離,必須有別,同時也互補互依。陽尊陰卑的階序原則,在論述中要不斷導向天理或常道或自然之序,以回歸或通往和諧的天下整體。這個階序格局,其實不止見於儒家典籍:先秦時不僅法家《韓非子》說:「臣事君,子事父,妻事夫,三者順則天下治,三者逆則天下亂,此天下之常道也。」[47] 連道家《莊子》書中亦出現這樣的語句:「男先而女從,夫先而婦從。夫尊卑先後,天地之行也,故聖人取象焉。天尊地卑,神明之位也;春夏先,秋冬後,四時之序也。」[48] 這裏,秩序的一個重要意義在於次序,尊卑同時是一種先後的次序,而這種次序,被自然化爲與春夏秋冬的四時次序一般。事實上,春夏先,秋冬後,可能只是一種人爲的字詞使用上的次序,但這裏用以指「天地之行」式的自然次序。漢代經學與政治結合,對於三綱五常說極力論證推尊、將它「絕對化」、「變成先驗的、永恆的真理」[49]。而在宋明理學中,五常是天理或良知的具體內容。朱子相信並主張「綱常千萬年磨滅不得」[50],並說:「男女有尊卑之序,夫婦有倡隨之理,此常理也。」[51] 王陽

---

[47] 《韓非子》,卷二十,<忠孝>。

[48] 《莊子》,外篇第十三,<天道>。但這並不表示我們可以認為《莊子》主張維持現有既成的社會或哲學成規。反而,《莊子》時時顯出認識到社會成規的人為強迫性,而從語言上予以瓦解或譏諷或模仿。《莊子・應帝王》:「然後列子自以為未始學而歸,三年不出,為其妻爨,食豕如食人,於事無與親。」既定社會秩序的夫妻分工方式在此踰越界限。而踰越社會現存界限常是《莊子》旨趣所在。

[49] 參林聰舜《西前期思想與法家的關係》,第五章第五節,<具有抗爭性的儒學何以逐漸喪失抗爭性>(台北:大安出版社,1991),頁180-187。

[50] 《朱子語類》,卷二四,(台北:文津出版社,1986),頁597。

[51] 《近思錄》,卷十二,(台北:中華書局,1980),頁11上。

明說：「經，常道也。……其見於行事也，則爲父子之親，爲君臣之義，爲夫婦之別，爲長幼之序，爲朋友之信。」[52]又云：「明倫之外，無學矣。外此而學者，謂之異端，非此而論者，謂之邪說。」[53]而明泰州學派的王心齋則稱此爲「天理」：「天理者，父子有親，君臣有義，夫婦有別，長幼有序，朋友有信是也。」[54]人倫不但被視爲「放四海而皆準，亙古今而不窮」，並且是聖學之所以爲聖學的精義所在：「今之爲心性之學者，而果外人倫，遺事物，則誠所謂禪矣。」[55]而劉宗周說：「天地既判，萬物芸生時，則有三綱五常。」＜圖說＞於乾坤、陰陽、動靜之後接著便說：

> 繇是而之焉，達於天下者，道也。放勳曰：「父子有親，君臣有義，夫婦有別，長幼有序，朋友有信。」此五者，五性之所以著也。五性既著，萬化出焉；萬化既行，萬性正矣。

心之體、人道之大所體現的，以至於萬化所出，不會超出這些天理的內容，道德論述與禮法體制都是這個階段原則賴以維繫的要項。父慈子孝、君義臣忠、兄友弟恭等，不論是血緣輩分上、身分地位上、年齡長幼上，都預設了上下先後的層級關係（而朋友多少模擬的是兄弟關係）。人倫對於不同身分位置的主體，依其身分位置，賦予不同的德性規定，正是對於階序關係的一項限制。

---

[52] 王陽明，＜稽山書院尊經閣記＞，《王陽明全集》卷一，（台北：大中國圖書公司），頁23。

[53] 王陽明，＜萬松書院記＞，在《王陽明全集》卷七，頁253。

[54] 王艮，《王心齋全集》，卷四，＜王道論＞，（台北：廣文書局，1979），頁9下。

[55] 王陽明，＜重修山陰縣學記＞，在《王陽明全集》卷七，頁257。

　　《人譜續篇》的「證人要旨」曰:「孟子曰:『萬物皆備於我矣!』此非意言之也,只緣五大倫推之,盈天地間皆吾父子、兄弟、夫婦、君臣、朋友也。……其間有一處缺陷,便如一體中傷殘了一肢一節,不成其為我。」這是階序格局所構想的「我」,一種含括天地含括所有人倫關係的整全有機整體式的「我」,因為,其中有一處缺陷,便如同「一體」中傷殘了一肢一節。其所引《孟子》「萬物皆備於我矣」的「我」,或是孟子「我善養吾浩然之氣」的「我」字,放在《孟子》全書脈絡中,在閱讀的時候,其實文本脈絡已然決定了「我」的性別、身分與種族[56]。<滕文公下>:

　　孟子曰:是焉得為大丈夫乎!子未學禮乎?丈夫之冠也,

---

[56] 一般常舉《孟子・離婁下》:「孟子曰:舜生於諸馮,遷於負夏,卒於鳴條,東夷之人也;文王生於岐周,卒於畢郢,西夷之人也。地之相去也,千有餘里,世之相後也,千有餘歲。得志行乎中國,若合符節,先聖後聖,其揆一也。」以說明儒家或至少是孟子思想對於華夷分野的寬容。但此段文字須進一步分疏。在此不擬討論歷史事實的問題,因為歷來無確考,且有異說,如陸賈云「文王生於東夷,大禹出於西羌」(《新語・術事》)。就文章分析,這裏的「東夷」、「西夷」指的是古今地域上的,說諸夏先聖本來自夷狄,而《孟子》強調其「得志行乎中國」,是以「中國」為中心,更增顯「中國」的榮耀。至於夷夏關係,《孟子・滕文公上》說得明白:「吾聞用夏變夷者,未聞變於夷者也。」因此,當《孟子》指出舜本東夷之人而得志行乎中國時,是用夏變夷的,是變於夏的舜,是夷狄對夏或中國文化的馴服。當舜在《孟子》中出現時,並不代表一個可以保四海的夷狄,彰顯一種不同於夏的夷文化;而是一位變於夏,認同夏,彰顯夏文化的古聖。「夷」在此並不具主體性。在其他典籍中,如《尚書・舜典》:「帝曰:皋陶!蠻夷猾夏,寇賊姦宄。汝作士,五刑有服。」舜帝本人也用「蠻夷猾夏」的觀念。《史記・五帝本紀》亦有舜變北狄、變南蠻、變西戎、變東夷,而「天下咸服」的記載。《論語・子路》亦云:「居處恭,執事敬,與人忠,雖之夷狄,不可棄也。」顯示的是中國或夏文化之無遠弗屆,消泯異族的異,以同於夏中心。

> 父命之，女子之嫁也，母命之，往送之門，戒之曰：往
> 之汝家，必敬必戒，無違夫子，以順為正者，妾婦之道
> 也。居天下之廣居，立天下之正位，行天下之大道。得
> 志與民由之，不得志獨行其道。富貴不能淫，貧賤不能
> 移，威武不能屈，此之謂大丈夫。

「居天下之廣居，立天下之正位，行天下之大道。得志與民由之，不得志獨行其道」的「大丈夫」，充滿雄健陽剛之氣，從文章脈絡上看，則是明顯與「以順為正者，妾婦之道也」相對。該處「大丈夫」的一個極重要的意義是「非妾婦」。妾婦之「以順為正」原是經典對於陰性的規定，「夫坤，天下之至順也」被假設為宇宙天地自然之道；但另一方面，大丈夫作為聖賢修養主體，浩然之氣充塞天地宇宙，其意義則彰顯於階序價值下的「非妾婦」。於是，當道德論述本身已然依照社會階級與性別劃分了高下階序時，社會地位的「妾」，與性別地位的「婦」，恰恰是在實踐道德論賦予她的德行「以順為正」時，成為不能居天下之廣居，立天下之正位，行天下之大道的「妾婦」。又如「凡有四端於我者」的「我」，從理論上說，假設為人人，包括匹夫匹婦，「聖人之學」或「聖學」的討論中，在語言使用上通常看不出性別問題。常用語詞如「天理」、「人」、「聖人」、「君子」、「小人」、「心」、「性」等等，皆不涉及性別；並且，向來也有「人人可以成聖」、「愚夫愚婦可以與知與行」之說。倫常道德的論述通常以性別中立而具有普遍性的語言來表達。事實上，道德的普遍性或超越性是道德論述的基本假設。然而，道德的另一個重要面向是在社會歷史中的實踐，而實踐的主體總是已經印記了社會身分的烙印，從文本脈絡追索，「我」的性別是特定的，是那「足以保四海」、「事

父母」的主詞[57]，從文本脈絡讀來，種族階序低下的夷狄與社會及性別階序低下的妾婦，作為浩然正氣修養主體「我」的可能性，已經先行在文本的眾再現系統中被排除了。此處恰可用杜蒙的階序原則解釋。在第一個層次上，聖人或人可以含括人人，包括大丈夫與妾婦，其為人一也，在這個層次上，可以理想性或應然性地說，大丈夫與妾婦是平等的，匹夫匹婦皆可以成聖；但在第二個層次上，大丈夫既是人，又是德性氣象上的非妾婦；而階序位置較低的妾婦，必然排除於「居天下之廣居，立天下之正位，行天下之大道。得志與民由之，不得志獨行其道」的「大丈夫」之外，二者在此一層次的實然上，是不平等的。再者，這裏的「大丈夫」與「妾婦」不僅指涉性別，而是一種德性實踐的氣象，以性別的尊卑階序隱喻了德性實踐的尊卑階序。實際上，一個「人」的德性實踐，在氣象上的究竟可以如大丈夫之尊，或者只能如妾婦之卑，多少已經先在地因其社會身分而決定了，至少，現實生活裏的妾婦或僕婢，身為「臣妾」者，如果同樣可以「居天下之廣居，立天下之正位，行天下之大道。得志與民由之，不得志獨行其道」，也就不再是臣妾。那麼，孟子的言語，所表達的知識分子的立場，正以階序性或階序化的德性語言，參與建構社會現有體制的階序格局。

---

[57] 《孟子·公孫丑上》：「凡有四端於我者，知皆擴而充之矣。若火之始燃，泉之始達。苟能充之，足以保四海，苟不充之，不足以事父母。」「保四海」、「事父母」二語的主詞都是男性，因為在經典語言中，女子正位於內，「保四海」者唯男子，而當「事父母」與「畜妻子」連用時，主詞明顯為男性。劉宗周：「孟夫子云：『苟能充之，足以保四海；不能充之，不足以事父母。』危哉！夫人而不能事父母、畜妻子，亦安用此昂藏七尺，享嗜慾之樂，而號衣冠之倫類乎！」（〈與張自菴〉，《劉子全書及遺編》卷二十，頁 37)顯然是將「人」讀為「畜妻子」、「昂藏七尺」的男人。

從孟子的「大丈夫」、「萬物皆備於我矣」，到陸象山「宇宙內事乃己分內事，己分內事乃宇宙分內事」、「宇宙便是吾心，吾心即是宇宙」，到王陽明「須憐絕學經千載，莫負男兒過一生」[58]，到劉宗周「盈天地間皆吾父子、兄弟、夫婦、君臣、朋友也」[59]，「男兒負七尺之軀、讀聖賢書」[60]。以至於魏源（1794-1857）的「聖人以天下為一家，四海皆兄弟。故懷柔遠人，禮賓外國，是王者之大度；旁咨風俗，廣覽地球，是智士之曠識」[61]。男兒大丈夫作為聖者或王者或聖王合一主體的「我」或「吾」，貫通人倫、萬物、宇宙、天地，男子陽剛之氣栩栩然活躍於字裏行間，與經典中「天地四方，男子所有事也」[62]相互呼應。而聖或王者的政治－道德主體的陽剛性與陽剛崇拜，正與其卑「妾婦之道」為表裏[63]。此一性別化與階級化的道德主體之價值，同時以「大丈夫」與「妾婦之道」在價值上的階序化彰顯出來。

---

[58] 王陽明＜月夜二首：與諸生歌於天泉橋＞，《王陽明全集》（上海：上海古籍出版社，1992）頁787。

[59] 劉宗周＜人譜＞，《劉子全書及遺編》卷一，頁44。

[60] 劉宗周＜立志說＞，《劉子全書及遺編》卷八，頁131。

[61] 魏源《增廣海國圖志》（台北：珪庭，1978）卷七六，頁五。

[62] 《禮記・內則》：「子生，男子，設弧於門左……男射女否。……國君世子生，……射人以桑弧蓬矢六射天地四方。」鄭玄注：「天地四方，男子所有事也。」此語在後世文章中屢見，不限於經典，如李贄＜答以女人學道為見短書＞：「男子則桑弧蓬矢以射四方。」（《焚書》卷二）馮夢龍＜蘇小妹三難新郎＞：「所以男子主方之事，……主四方之事的，頂冠束帶，謂之丈夫；出將入相，無所不為。」（《醒世恆言》卷十一）

[63] 晚清提倡女學之時，「妾婦之道」出現以下的用法：「或謂中國婦女，素安樸儉，文明之氣，男子鍾之，至於婦女，才智不揚，學識不濬，倡隨柔順，斯謂妾婦之道也。何必效法各國，男女平權，共理庶務，以悖牝雞司晨之誡，而昧無才為德之旨耶？」（＜中國宜維持女學說＞[1899], 轉引自《中國婦女運動歷史資料（1840-1918）》頁128.

就道德實踐細節的規定來看，夫與婦在第二個層次上的階序關係，以及夫作爲修養主體的「我」，就相當明顯了。《人譜續篇三》的「紀過格」第五「叢過，百行主之」後提及：「畔道者大抵皆從五倫不敘生來。」而在第四「大過，五倫主之」中，「夫婦類」有「交警不時、聽婦言、反目、帷薄不謹(如縱婦女入廟燒香之類[64])、私寵婢妾、無故娶妾、婦言踰閫」諸項，附註云：「以上夫婦類，皆坐爲人夫者，其爲婦而過可以類推。」「紀過格」雖云「其爲婦而過可以類推」，但是，比方說「聽婦言」是大過，爲婦者實則並無法類推，以「聽夫言」爲大過，類推的方式應該是婦若使夫聽其言，則爲過。因此，這裏關鍵性的原則仍是乾坤健順之道，女必須聽夫言，不論「婦言」的內容是什麼，而夫聽婦言便是大過。因此，婦人的話不是因爲修養不足或偶一不慎或不能慎獨潛修的德行缺失而致誤，乃因爲她是「婦」，「聽婦言」的重點在於「婦」而不是「言」。諸項中除了「反目」一項是「夫妻反目」之外，其餘皆是夫爲管理者，而「妻」或「婢」、「妾」則是一種潛在的對德行的「破壞性」，一種防範的對象。「交警不時」，典出《詩經・齊風・雞鳴》，《詩序》謂：「＜雞鳴＞，思賢妃也。哀公荒淫怠慢，故陳賢妃貞女夙夜警戒相成之道焉・」[65] 朱子《詩集傳》謂：「此詩人述賢夫婦相警戒之詞……其相與警戒之言如此，則不留於宴昵之私可知矣。」[66] 「私」此指有婦人的空間，一方面不否認這個領域的存在，甚至必要性，一方面在道德修養的語言

---

[64] 關於明清女性宗教活動之活躍，以及上層官紳之三令五申以嚴禁，頒布「嚴禁婦女入廟燒香以端風俗事」、「再行嚴禁婦女入廟燒香以養廉恥以挽頹風事」等，參趙世瑜＜明清婦女的宗教活動及其閒暇娛樂生活＞，《原學》第二輯（1995）頁234-258。

[65] 《毛詩注疏》卷五，《十三經註疏》(台北：藍燈)，頁187。

[66] 朱熹《詩集傳》(台北：中華書局，1977)，卷四，頁51。

中,則階序化賦予負面印象,使這個空間及其活動成為不宜久留、具有腐敗性的地方。在「大過,五倫主之」一目中,修養主體對於婦人潛在敗壞性的想像與焦慮,不僅在「夫婦」類,並且還出現於「長幼」類,例如「長幼」類中有「聽妻子離間」一項。這類似潔淨與不潔的區隔,透過分別與分工,建立階序。一方面,男女有別並且有男女大防[67],一方面,在「男正位乎外,女正位乎內」的規定之下,第一個層次上是一外一內共同成就整體秩序,而在第二個層次上,男含括女的方式則是女無由在外而男同時在內,男統理「外」,同時又是「內」的定義者與管理者。

　　杜蒙曾觀察到,在傳統社會特徵的價值觀中,重點放在社會整體,放在「集體人」:

> 這項理想來自社會依照其目標(而不是為了個人的幸福)而組成;這裏面最重要的是秩序,是階序;每一個個別的人必須在其位子上對整體秩序做出貢獻,而正義就是保障各種社會功能之調節能合適於整體。[68]

這個「集體人」,其實是由高下尊卑的各種階序人所分工建立。階序原則的倫常道德,建基於社會制度、政治制度的階序,同時賦予形上學、知識論、美學等等結構,是相當嚴密的規劃。從本體上說男尊女卑,從活動範圍來說男外女內,但同時它也結合著在「集體人」面向上以「人道之大」為共同理想的合一性,作為共同的語言。

---

[67] 林維紅曾就傳統初期文獻探討婦女貞節的定義,指出男女之防是「男女有別」最主要的道德意涵。參 Lin Wei Hung, "Chastity in Chinese Eyes: Nan-Nu Yu-Pieh," (《漢學研究》第 9 卷第 2 期[1991],頁 13-40。

[68] 杜蒙《階序人》頁 64。

「妻者齊也」的階序原則

《人譜類記·凝道篇第三》為「記明夫婦有別」。第一則故事如下：

> 梁鴻娶妻孟光，夫婦相敬如賓。嘗避地吳中，依大家皋伯通家。居廡下，為人賃舂。每歸，妻為具食，不敢於鴻前仰視，舉案齊眉。伯通察而異之，曰：「彼傭能使其妻敬之如此？非凡人也！」乃舍之於家。

此事出於《後漢書·梁鴻傳》。而早在《左傳·僖公三三年》即有「初，臼季使過冀。見冀缺耨，其妻饁之，敬，相待如賓」的記載。「相敬如賓」以及另一句古語「妻者齊也」，被認為是儒家對於平等夫妻關係的構想，而為現代儒學學者津津樂道[69]。事實上，把「妻者齊也」詮釋成夫妻平等，是提倡「平等」觀念時的追溯（詳下文）[70]。「相敬如賓」與「妻者齊也」之意義，在早期文獻中主要來自階序原則。

---

[69] 例如，杜維明先生曾說「妻者，齊也」是「先知先覺的大賢」，「在理論上提出男女平等的主張」而「未在傳統中國社會實現過」（杜維明《儒家自我意識的反思》[台北：聯經，1990]，頁89）。將問題歸之於理論與實踐的差距。

[70] 俞正燮曾由其他的觀點，指出「妻者，齊也」是「後起義也。」俞謂：「《白虎通》云：『妻者齊也』，與夫齊體，〈郊特牲〉云：『壹與之齊，終身不改』，此後起義也。……〈曲禮〉云：『天子有后、有夫人、有嬪，有世婦，有妻、有妾』。又云：『公侯有夫人，有世婦，有妻、有妾。』則妻不為齊，明也。」（俞正燮〈妻〉《癸巳存稿》[台北：商務印書館，1971]，卷四，頁105-6）。

首先，就上述故事言，若其涵意果真是現代意義裏兩個不同個體之間平等的相敬如賓，則理論上我們可以將夫梁鴻與妻孟光的角色互調，而不變其意義。但是互調後我們試讀：

> 梁鴻娶妻孟光，夫婦相敬如賓。嘗避地吳中，依大家臯伯通家。居廡下，為人賃舂。每歸，夫為具食，不敢於光前仰視，舉案齊眉。伯通察而異之，「曰：彼傭能使其夫敬之如此？非凡人也！」乃舍之於家。

我們發現原先「相敬如賓」的意義似乎失去了。當「為具食」的是夫而不是妻時，便與許多經典的教訓相違背，如：「女正位乎內，男正位乎外，男女正，天地之大義也」[71]、「婦人之道，巽順為常，無所必遂，其所職主在於家中饋食供祭而已」[72]、「君子遠庖廚也」[73]等；而當「不敢仰視」的不是妻而是夫時，這「夫」亦立即失去大丈夫形像，而是「以順為正者，妾婦之道也」[74]。此時便不再是人們熟悉的梁鴻與孟光可敬可愛堪為模範的夫妻了。因此，在「夫妻相敬如賓」一語中，包含著語言或社會機制中對於夫妻關係地位或角色分工的系統性構想，「相敬如賓」的意義，必須在這些系統性構想的網絡中，才可能出現，夫與妻不是兩個現代意義的個人，而是階序格局裏的一種關係。我們還可以再舉一個文本例子，說明傳統夫妻階序關係的結構性常態。《莊子·應帝王》：「然後列子自以為未始學而歸，三年不出，為其妻爨，食豕如食人。」郭象《注》解釋列子此舉意義在於「忘貴賤」，

---

[71] 《易·家人》《十三經注疏》（台北：藍燈，1986）頁 89。
[72] 《易·家人》孔穎達《疏》，《十三經注疏》頁 90。
[73] 《孟子·梁惠王上》，《四書集注》頁 10。
[74] 《孟子·滕文公下》，《四書集注》頁 81。

成玄英《疏》則曰：「爲妻爨火，忘於榮辱。」顯見注家將「爲妻爨」的意義聯結於貴賤、榮辱問題。也就是說，作爲男子而「爲妻爨火」，是關乎「榮譽」以及地位的階序。「爲妻爨」被認爲是一個男性能夠超越貴賤榮辱的修養。在上引文字中，所謂「相敬如賓」，重點在於：「**彼傭能使其妻敬之如此，非凡人也。**」敘事所表彰的是夫。而「相敬如賓」的基本條件在於合乎一個定義：「夫婦者，何謂也？夫者，扶也，扶以人道者也。婦者，服也，服於家事，事人者也。」[75]「相敬如賓」必須在一整套的夫妻角色分工觀念體系之下，才得以成立，而這一套夫妻角色分工構想的主要精神在於男尊女卑、男外女內，是一種階序格局的關係，並且在第一個層次上，可以因著夫含括妻，成就一種階序格局所預設的（亦即先在性的）和諧的夫婦人倫秩序。

在進入《人譜類記》「記明夫婦有別」下一個故事的解讀之前，我們可以先討論「妻者齊也」傳統的階序意義。

如果我們不孤立此語出現的文獻脈絡，則必然不會將它斷章取義爲夫或妻、男或女作爲個人，在地位或權利上平等的現代意義。有幾部漢代文獻都曾出現此語，當然，這是漢代聲訓的一個例子。如《說文》：「妻，婦與己齊者也。」但「婦」的意義爲何？「婦，服也。從女持帚灑埽也。」而「女，婦人也」。《大戴禮・本命》則云：「女者，如也。子者，孳也。女子者，言如男子之教而長其義理者也，故謂之婦人。婦人，伏於人也。是故無專制之義，而有三從之道。」《白虎通》亦云：「男女者，何謂也？男者任也，任功業也。女者如也，從如人也。在家從父母，既嫁從夫，夫沒從子也。」[76] 男女因婚姻而

---

[75] 班固《白虎通》（台北：藝文印書館《百部叢書集成》本，1996）卷四上，頁18下-19上。

[76] 《白虎通》，卷四上，頁18下。

成夫妻，而漢人對「姻」字的解釋是：「姻，婿家也。女之所因，故曰姻。」[77] 在這樣一套對於男女、夫婦、婚姻的定義下，顯然男為尊主，女為卑伏，何以又有「妻者齊也」之說？

首先，《說文》：「妻，婦與己齊者也，从女从屮从又，又，持事妻職也。」妻是服事的持帚灑掃之女中「與己齊者也」。再看《白虎通》：「妻妾者，何謂也？妻者，齊也，與夫齊體(禮)，自天子下至庶人，其義一也。妾者，接也，以時接見也。」當定義「妻者齊也」時，著眼點在於分別妻與妾，是對於以服事、伏人、從人、持帚灑掃的婦女再進一步作階級的區分。另外一個例子是《莊子·德充符》：「婦人見之，請於父母曰：『與為人妻，寧為夫子妾。』」成玄英《疏》：「妻者，齊也，言其位齊於夫。妾者，接也，適可接事君子。」亦採此說。但《釋名·釋言語》則云：「天子之妃曰后，后言後也，言在後不敢以副言之也。諸侯之妃曰夫人，夫，扶也，扶助其君也。卿之妃曰內子，子，女子也，在閨門之內治家也。大夫之妃曰命婦，婦，服也，服家事也。夫受命於朝，妻受命於家。士庶人曰妻，妻，齊也，夫賤不足以尊稱，故齊等言之也。」若依此義，則是由於自天子以至於大夫[78]，皆有一名稱表達次一等或在家服事的職分以稱呼其配偶，配偶的名稱，表達了對於丈夫的扶助與尊敬。而最下一等的庶人「賤不足以尊稱」，故用「妻」(齊也)，表示其配偶與夫地位一般卑賤。這是著眼於夫的社會階級。

---

[77] 見《說文》。又《白虎通》：「婚姻者，何謂也？婚者，婚時行禮，故曰婚；姻者，婦人因夫而成，故曰姻。」(卷四上，頁19上)

[78] 《禮記·曲禮下》：「士曰婦人，庶人曰妻。」略有不同。鄭玄《註》：「婦之言服，妻之言齊。」孔穎達《疏》：「庶人曰妻者，妻之言齊也。庶人賤，無別稱，判合齊體而已。尊卑如此，若通而言之，則貴賤悉曰妻，故詩曰：刑於寡妻，是天子曰妻也。」見《禮記注疏》卷五（《十三經注疏》頁94）。

　　因此，「妻者齊也」說的是社會與性別階級的問題，再現的基本
精神是階序，而不是平等。其意義一是指在妻妾當中，為妻者與夫齊
體；一是指夫的社會階級低下，不足以尊稱。於是女人作為「妻」的
一個重要意義，在於維繫既有的社會階級秩序以及夫的社會資源：包
括社會地位、政治權力、財富、親屬關係、名氣等等。即使撇開上述
文獻脈絡不談，另外一種閱讀是，就其字面義而言，「妻者齊也」表
面不含高下尊卑之別，但此語的說話主體仍是重點所在——「妻與己
齊」。夫作為說話主體解釋「妻」的意義，「夫」是「妻」要與之「齊」
的標準[79]，「妻」作為被談論與要求的對象或依附者，最上乘的情況是
夫愛護妻子，或「相敬如賓」，成就的是「夫」的主體，如梁鴻故事。
若將這句話的「妻」改為「夫」，成為「夫者齊也」，其傳統上的諸
多意義便立刻失去，基本上成為不知所云的無意義語。因為「齊」的
意義，建立於傳統社會男性之間的階級區分以及妻妾的階序意義上。
亦即，妻是被含括的，而這個含括裏，又包括了妻與妾在位置上的區
別。

　　另外，我們還可以舉一個文獻上的例子，以說明「妻者齊也」一
語的意義，確實明顯被認為是「義同於幼」。《唐律疏義》有一條：
「諸毆傷妻者減凡人二等，死者以凡人論，毆妾折傷以上，減妻二等。」
《疏義》曰：

　　　妻之言齊，與夫齊體，義同于幼，故得減凡人二等。[80]

---

[79]　此意見來自孟悅、戴錦華《浮出歷史地表：中國現代女性文學研究》（台北：
　　時報文化，1993）頁 12-15。
[80]　（唐）長孫無忌《唐律疏議》（台北：商務印書館《文淵閣四庫全書》本，1983）
　　卷二十二，頁 9。

《唐律》規定，毆傷妻子比毆傷一般人罪責要輕二等[81]，而《疏義》對此的解釋是，因爲妻子的意義在於「與夫齊體，義同于幼」，因此，毆傷妻子，減罪二等，而毆傷妾，又較毆傷妻減罪二等。《唐律》作爲法律制度，體現的正是「妻者齊也」一語的階序意義，它鑲嵌於夫－妻－妾的等級秩序上[82]。也就是說，這種階序精神，是制度化的，在法律制度中體現。五四時期，吳虞就曾引《釋名》等文獻，謂：「其訓齊者，乃夫賤不足以尊稱，始言齊等；齊等於賤，非齊等於夫。」[83]

《詩經·關雎》的「窈窕淑女」，從《詩序》「<關雎>樂得淑女以配君子」，到鄭玄《箋》「幽閒貞專之善女，宜爲君子之好匹」，到朱熹《詩集傳》：「此窈窕之淑女，則豈非君子之善匹乎！」女子之「善」的重要意義在於「可匹配」君子。女子如果有「德」，在經學聖學話語中，必須聯繫於匹配、輔助君子，如《詩集傳》：「蓋此人此德，世不常有；幸而得之，則有以配君子而成內治。」《類記》「記警閨門」另有一則夫妻「相對如賓」的例子，也正印證了鑲嵌於這個意義體系中的階序原則：

> 張湛矜嚴好禮，居處必自修整。每遇妻子，必講說禮法，及前言往行，以教誨之，相對如賓；故其妻子亦交相勉

---

[81] 直到《清律》仍是如此，「妻妾毆夫」：「若妾毆夫及正妻者，又各加一等；加者，加入於死。其夫毆妻非折傷，勿論。至折傷以上，減凡人二等。」《大清律例》（天津：天津古籍出版社，1993，頁 488-9）

[82] 關於早期歷史記載中夫妻妾關係的體現，可參考劉增貴<試論漢代婚姻關係中的禮法觀念>在鮑家麟（編）《中國婦女史論集續集》（台北：稻鄉出版社，1991：1-36）。

[83] 吳虞<女權平議>（1917），在中華全國婦女聯合會婦女運動歷史研究室（編）《五四時期婦女問題文選》（北京：生活·讀書·新知三聯書店，1981：8-14）頁 10。

> 飭,有聲鄉黨。光武朝,湛拜太子太傅。

「相對如賓」乃是在夫教誨妻子以及夫的聲望顯貴的背景下,呈現其意義。在夫妻關係中,夫將妻含括在內,這個含括,也體現在禮法的精神中。

《人譜類記》「記明夫婦有別」的第二個故事其實隱含了「妻者齊也」的階序(社會及性別階級)意義:

> 山濤為布衣時,家貧。謂其妻韓氏曰:「忍饑寒!我後當作三公,但不知卿堪作夫人否耳?」韓貞靜儉約不改,後濤果大貴,爵及千乘,而無嬌姥。

在這裏,「妻」能否配合「夫」的社經地位是個重要的考量。如果山濤的例子可以作為一種倫理道德楷模,我們對於這個例子表達的道德思考,可作以下討論。

這裏身為妻的韓氏與身為夫的山濤在道德實踐的自主性及社會資源提供的選擇性上,顯然懸殊。當山濤家貧時,他可以透過身為男性被賦予的社會優勢,努力透過教育、考試等社會提供的管道,作自我改善;而當他需要全力以赴提高自己的社經地位時,他可以運用禮制社會傳統道德賦予妻的「順從」性,以及「妻者齊也」的期待,要求妻與他一起受苦,使他無後顧之憂;一個「貞靜儉約」的女子,其實可以分擔他大部分的淹沒於日常生活之貧困瑣屑的憂慮,而增加他與其他男性競爭時所需要的物資、時間與精力。因此,妻的貞靜儉約可以轉化為他的一項努力向上時的社會資源。及至他大貴,「無嬌姥」則成為他的另一項附加美德。因此,在這個例子中,我們看見為夫的山濤在豐富的社會資源下(包括作道德選擇時的諸多可能性,以及轉

化妻的德性成為物質資源），可以努力向上，充分自我實現，完成社會我與德性我。但是作為妻的韓氏，當她遭遇貧窮時，什麼社會資源可憑藉以改善自我的處境、努力向上、自我實現，完成社會我與德性我？可以想見，如果她不想受社會道德的譴責，「忍饑寒」是她最好的選擇。這則故事的敘述其實頗堪玩味。基於什麼樣的道德原則，使得一個人在饑寒時，可以理直氣壯地要求另一個人和他一起「忍饑寒」？正是「妻者齊也」這堅固的社會階序價值系統。在這個階序價值體系裏，上階者可以含括下階者，而下階者必然被排除於上階之外，成就的，則是一個先驗性的整體秩序，並且預設了一個觀察者，這個觀察者與秩序整體是同樣的位置。「堪作夫人否？」是向妻提出的社會及德行實踐的挑戰或考驗，其實更是一種要求。敘事中，以韓氏為主詞的句子只有「韓貞靜儉約不改」一句。但接下來表揚的，卻是山濤日後大貴，而無媵婦。在這樣的敘事體裏，以上階為中心的價值觀以及德性要求，可以理所當然地指向下階者，因為預設著一個上階可以含括下階的和諧整體，而依階序原則，依其與整體的關係，各分子會被賦予一個等級與屬性。符號體系不會賦予下階者可以與上階抗衡或對抗的說話立場，或是同樣高度的說話位置，甚至是被排除於上階說話位置之外的。

　　劉宗周說得透徹：「婦人之德，未有不托男子以著者。蓋其順承天之道則然，蓋坤承天之義而益彰。」[84]這正說明了這個階序格局裏，「德性」本身的階序化。性別化的德性，婦人之德是殊別性的，並且

---

[84] 劉宗周＜祭孫師母徐夫人文＞《劉子全書及遺編》卷七，頁 1077。

托男子以著，而這個婦人之德與男子的含括關係，則是由於一個先驗性整體——天之道。[85]

《類記》下面這則故事則可說明在夫妻尊卑階序裏，「忠厚之道」的含蓄政治[86]：

> 或問：「妻可出乎？」程子曰：「妻不賢，出之何害！」
> 又問：「古人有以對姑叱狗、蒸藜不熟，而遽出其妻者，

---

[85] 說道德論述中所出現的女性不是思考與實踐的主體，並不等於說，歷史上的女人實踐德行都是被動性的、為禮教迫害。現代學者周婉窈在討論清代桐城婦女的道德行為時，曾經說：「明清時代的婦女在體踐道德上並不較男子遜色，甚至有過之而無不及。在我所看到的資料裏，許多婦女的極端道德行為若用社會壓力及禮教的迫害來解釋，並不能完全解釋得通；設若這些婦女不把道德實踐當成生命意義之所在，她們的許多作為實在難以了解。」（周婉窈＜清代桐城學者與婦女的極端道德行為＞《大陸雜誌》第 87 卷第 4 期[1993：13-38]，頁 13-14。）我們可以在不同的理論基礎上，從不同的面向，例如：語言、經濟、心理等等，討論主體性的形塑問題，或者解釋一個人的行為的驅動力或者意義。本文這裏討論的重點在於道德論述的本身，在道德故事或教諭裏出現的女人，如何被思考被定義，道德論述的本身如何是一則具有性別與階級烙印卻又聲稱為普遍性超越性的故事。本文擬透過一則則德行楷模故事，說明道德倫理的語言並未超越於男女、貧富等社會權利之爭，乃是在某種程度上反映甚至維護社會制度已有的不平。倫理道德修養語言使用的本身已經是男女等權利機制的產物。至於歷史社會現實中身分階級不同的男女個體，如何在個人的層面實踐或折衝或建立道德實踐與個人生命意義的關係，暫非本文討論範圍。

[86] 「含蓄政治」是丁乃非教授與我在＜罔兩問景：含蓄美學與酷兒政略＞（《性／別研究：酷兒理論與政治》3&4[中壢：中央大學性／別研究室]，頁 109-155）一文中的分析用語。「含蓄」原是傳統美學理想之一，而我們則在酷兒政治的脈絡下，探討了它作為一種修辭策略，一種敘事機制，一種美學理想，一種言行典範等，所隱藏/揮舞的力道及效應。事實上，這種含蓄政治，正是在以和諧為先驗式整體秩序的階序格局裏運作。階序體系不會根本排除那些不符合其理想的人，而是把各種各樣可以想見的人間情況都包容在內，排列成一個階序格局，階序的權力是不明言的，我們可以稱之為「含蓄政治」。

似此亦無甚害？」曰：「此古人忠厚之道也。君子不忍
以大故出其妻，而以微罪去之。語有之：『出妻令其可
嫁，絕友令其可交。』」

《大戴禮·本命篇》：「婦人，伏於人也。是故無專制之義，有三從
之道，在家從父，適人從夫，夫死從子，無敢自遂也。」該段之後，
又提到：「婦有七去：不順父母去，無子去，淫去，妒去，有惡疾去，
多言去，竊盜去。不順父母去，為其逆德也；無子，為其絕世也；淫，
為其亂族也；妒，為其亂家也；有惡疾，為其不可與共粢盛也；口多
言，為其離親也；盜竊，為其反義也。」這段話錄於朱熹的《小學集
解》中，以「明夫婦之別」。[87] 前已論及德性的性別化，例如，「父慈
子孝」主要說話的對象是男性，姑不論其上下尊卑的關係構想，至少，
父被要求「慈」，而「孝」可以被構想為充分的自我實現[88]。「孝」的
主體可以構想為具有自主尊嚴意志的實踐主體[89]。 但是，婦對於父母
舅姑的德性，主要稱之為「順」，而不是「孝」[90]。 至於夫婦，除了

---

[87] 《小學》卷二〈明倫〉，在張伯行《小學集解》（台北：藝文印書館，1966）
頁 22 下-23 上。

[88] 如《孝經》：「立身行道，揚名於後世，以顯父母，孝之終也。」《十三經注
疏》卷一，頁 3 上。

[89] 如《孝經》：「子曰：天地之性人為貴，人之行莫大於孝。」（卷五，頁 1 上）

[90] 如《左傳·昭公二六年》：「父慈子孝，……姑慈婦聽。」《十三經注疏》〈
春秋疏〉卷五二頁 13。《禮記·禮運》：「夫義婦聽。」《左傳昭公二十六年》
言及夫婦是說「夫和婦柔」，蓋因下文又有「姑慈婦聽」。劉宗周則云：「在
父為慈，在子為孝；……在夫為愛，在婦為順。」（〈題五倫志古篇〉《劉
子全書及遺編》，卷二一，頁 419）但是，歷代也不乏婦女孝行文字的各種
記載，或者《女孝經》以孝行要求女德者，但經典中論及婦德，多不稱孝。
此外，關於婦女孝行的記載或敘事模型是值得進一步分析的，比方說，太
多的故事以女體戲劇性的傷殘為孝等等，參李飛〈中國古代婦女孝行史考
論〉，《中國史研究》1994 年第 3 期，頁 73-82。

「夫婦有別」，就是「夫倡婦隨」[91]。「曲從」是歷代女教中「婦人之孝」之基本倫理規範[92]。朱熹《小學集解》中引述胡安定之語：「嫁女必須勝吾家者，勝吾家，則女之事人必欽必戒。娶婦必須不若吾家者，不若吾家，則婦之事舅姑必執婦道。」[93] 此條亦收於《人譜類記・考旋篇》「記警嫁娶競財」中。婚姻作為一種交換，社經地位的階序與性別的階序通常緊密結合，使得社經、性別、聲望各方面緊密配合的尊卑關係中，尊含括卑，而卑必然排除於尊之外。這就需要上攀性地「嫁女必須勝吾家者」，並且透過階序原則的安排，一方面社會階層秩序得以不墜，另一方面性別階層秩序亦得以維繫，而這個維繫同時亦輔以階序化的德性。[94]在這個原則下，「七去」除了「盜竊，為其反義也」是關係德行本身外，其餘六項都是由於違反了階序原則，卑未盡為尊統攝，於是必須「出」，離開到尊的世界之外。出妻果真皆由於妻在德性上的缺失──「妻不賢」？有以細故出妻者，程子說是「此古人忠厚之道也」[95]。「忠厚之道」說出了一種含蓄，不道破真正的原因，但是，不能為尊所統攝的卑，必須離開。在階序世界裏，這個離開不會是徹底排除於世界之外，因為階序體系最關心的是把各種各樣

---

[91] 朱熹《近思錄》：「男女有尊卑之序，夫婦有倡隨之理，此常理也。」見陳榮捷《近思錄詳註集評》卷十二，頁 505。

[92] 林麗月〈孝道與婦道：明代孝婦的文化史考察〉，《近代中國婦女史研究》第 6 期，頁 1-30（台北：中研院近史所，1998），頁 8。

[93] 《小學集解》卷五〈嘉言〉，頁 22 上。

[94] 關於「上攀婚」（女子往上嫁，嫁入身分較高的家族）的階序原則，可參杜蒙《階序人》頁 199-201。

[95] 在較早的文獻中，用的是另一種詮釋。《孔子家語》：「曾參，……及其妻以藜蒸不熟，因出之。人曰：『非七出也。』參曰：『藜蒸小物耳，吾欲使熟而不用吾命，況大事乎！』遂出之，終身不娶妻。」（卷九〈七十二弟子解〉，頁 88）強調的是夫命之權威。

的人間情況都包容在內,排列成一個階序格局,而不是要根本撤除或懲罰那些不符合其理想的人[96]。因此,「出妻令其可嫁,絕友令其可交」的「忠厚」修辭策略,一方面,對於護持既定的性別與社會階級秩序於不墜,是具有相當力道的,因為「不忍以大故出其妻,而以微罪去之」,可以使得真實的理由處於曖昧不彰而免於辯明的狀態,被處分的一方,無從得知或面對「大故」為何,也就無從由平等的位置辯論。事實上也正是因為階序格局,才使得「不忍以大故出其妻,而以微罪去之」的這種「忠厚」成為可能,因為階序格局的含括關係,已經先行排除了低階者,被含括者並沒有位置在這個含括關係裏判斷何為微罪何為大故。這個判斷或觀察的眼睛,是屬於整體與高階的含括者的。另一方面,對於整體秩序而言,這個不容於一個尊卑單元的個體,只要走到另一個尊卑單元去即可(可能是一個更大整體中的另一個較卑的單元),毋需在這個尊卑單元裏,面對任何衝突的情狀,造成和諧的破壞。但是,這另一個尊卑單元,也必然在一個更大的整體之內,同時也就成就了一個更大的整體和諧。聖賢文本提供的只是「君子不忍」以及「出妻令其可嫁」等敘事,而這個文本中,唯一的主體無論如何早已是德性主體:「忠厚」的「君子」。清張伯行曾對於七去中「無子」、「惡疾」二項未安,曰:「按七去之中無子、惡疾出於不幸,似未至於去,此亦可疑者。大抵聖人慎重於男女之際,立法甚嚴,皆有深遠之慮,在學者隨時而處中爾。」[97]在階序原則的道德論述裏,「聖人」莫可名狀的「深遠之慮」是必要的假設,否則聖人之言必須在平等的位置上,受到不同立場的辯論,甚至「小人」或「女子」不

---

[96] 此說參杜蒙《階序人》頁 209。
[97] 張伯行《小學集解》卷二〈明倫〉,頁 23 下。

同發言位置的質疑。但是，在非聖人即小人的階序原則下，一旦不在「聖人」的發言位置，即可能是聖人對面的小人或境界尚未達的凡人。因為，這一套論述並沒有假設：可能有立場及主張相異甚至衝突的兩種或多種不同的聖人，或是可以彼此互不同意的聖人們[98]，而是：聖人所不同意的，可能就是異端或小人[99]。於是，聖人無可解釋的「深遠之慮」也就成了這個敘事體中必然的修辭。

《人譜類例》「記明夫婦有別」的最後一個例子是：

---

[98] 錢新祖先生曾經指出，儒家所設想的「正統」、「異端」與人性，蘊含著一種對於多元與個性的尊重，並不否定個人自主。並以陸象山為例，指出象山雖然說「千百世之上千百世之下有聖人出焉，此心此理亦莫不同也」，同時也說「千古聖賢若同堂合席，必無盡合之理。」「堯、舜、文王、孔子四聖人，聖之盛者也，二＜典＞之形容堯舜，《詩》《書》之形容文王，《論語》《中庸》之形容孔子，辭各不同。誠使聖人並時而生，同堂而學，同朝而用，其氣稟德性所造所養亦豈能盡同？」錢新祖認為「可見象山『心同』『理同』所說所說的『同』不是否定個人獨立自主的單元劃一之『同』而是『『萬世一揆』的『此心此理』」（錢新祖＜儒家傳統裏的「正統」與多元以及個人與「名分」＞《台灣社會研究季刊》1：4，1988：211-231）這裏我認為可以更細緻地看。依杜蒙的研究，階序格局下，會有「我們」與別人的分別，在「我們」中有平等，而我們與別人則是階序關係。象山所見的氣稟德性的不同，就所舉例子來看，是指經典已經認可的「千古聖賢」（如堯·舜、文王、孔子），象山的論述沒有假設不同而相互衝突的「理」，而是「萬世一揆的此心此理」，在此心此理莫不同之下，千古聖賢之間會有氣稟德性上的不同，但是此心此理不變。因此，這不是假設有兩種或多種不同的聖人，而是同一種的千古聖賢可以有不同的氣稟德性，而與「此心此理」有不同的關係。再者，考慮到社會實踐中，「此心此理」不可能超越時空，必然有歷史性、物質性而具有與社會生活實踐或社會身分烙印有關的內涵，那麼，假設了萬世一揆的此心此理，在實踐上必然涉及社會制度或現世道德規約，但是這個傳統的論述型構並不以知識討論的形式追究「理」的內容，那麼在肯定此心同此理同之下，也就只能以美學的方式分別聖賢氣象的不同。

[99] 這其實是傳統道德化的論述必然的困境，因為假設了普遍性與絕對性，真理與主體也就具有了唯一性。

> 或問:「孀婦於理似不可取。」程子曰:「然。非(凡)
> 取以配身也,若取失節者以配身,是已失節也。」又問:
> 「或有孀婦貧窮無託者,可再嫁否?」曰:「只是後世
> 怕寒餓死,故有是說。然餓死事極小,失節事極大。」

此例亦收於朱熹《小學》及《近思錄》。這在朱子當時已云非世俗之
見。朱子<與陳師中書>云:「昔伊川先生嘗論此事,以爲餓死事小,
失節事大。自世俗觀之,誠爲迂闊。然自知經識理之君子觀之,當有
以知其不可易也。」[100]「餓死事小,失節事大」是知經識理之君子所
堅持的一種不同凡俗的迂闊[101]。陳榮捷先生曾爲文討論[102],認爲此問

---

[100] 《朱文公文集》(台北:台灣商務印書館,1979)卷二十六。

[101] 道德論述本身有時參與於壓迫結構中,但是就社會一歷史中的生活主體而
言,如何在結構中受害或生存、抗拒、遊走、甚至得利,涉及主體所能獲
得的物資與文化資源的偶然性,在具體的社會歷史中,總是具有多種多樣
的個別性。結構性權威性的論述壓迫,涉及知識與權力的一體兩面,但是
特定知識分子之參與於道德論述的生產,亦有其特定社會歷史位置之殊異
生活主體形構及利益。道學家經常要以「補偏救弊,力挽狂瀾」作爲其論
述動機之修辭,正見其在社會中奮力與形形色色的生活與價值觀競爭正當
性或生存發展之空間。衡諸歷史,所謂世俗風尚之狎邪淫樂、摒棄禮教或
不拘於禮教或不知禮教爲何物的另類生活方式,從來不缺乏。即以劉宗周
的時代而論,若是從非正統的筆記小說勾勒大千世界世俗人情,很容易觀
察到「百姓絕少拘於禮制」的現象。例如楊永安匯通史冊與筆記小說,觀
察明代之男女觀念,結論云:「筆記、小說之作者已替桎梏於禮教下之女子
發出憤懣之呼聲,而道學之枷鎖雖緊緊愚婦獷夫,亦有不少女子甘爲傳統
束縛之奴隸,但事實證明當代仍有極多婦人擺脫愚節之想,且不爲世俗所
輕視。」(楊永安<明代之男女觀念>,《明史管窺雜稿第一輯》(香港:先
鋒,1987:133-149),頁146。從另一方面看,道德論述其實也同時與世俗
人情合流,特別在社會階級、性別的成見方面,並且其他的社會控制機制,
如教育、法律等,也會與道德論述相互援引,進行階級與性別結構性秩序
的維繫。

[102] 陳榮捷,<孀婦再嫁>,在《朱子新探索》(台北:台灣學生書局,1988)

題從孔、孟以來極為重要。他認為，孔子曰「君子喻於義，小人喻於利」，孟子曰：「生亦我所欲也，義亦我所欲也。二者不可得兼，舍生而取義者也。」從此角度觀之，則伊川之論並非特殊，在程、朱理論系統中，此是古今不易之常理。陳先生同時討論到：或問婦人須忠於一夫，而男子可續娶，豈非不平之甚耶？而陳先生「應之曰：此誠是矣。當時制度如此，朱子亦遵從之」。並引朱熹＜答李晦叔書＞云：「夫婦之義，如乾大坤至，自有等差。故方其生存，夫得有妻有妾，而妻之所天，不容有二。」[103] 陳先生認為：「宋代社會制度與二十世紀之社會制度當然不同。」這個說辭其實具有聖學體系相當的內部一致性。聖學道德論述參與在社會制度中，並且社會制度的尊卑階序原則早已雕刻在道德論述的語言中，二者孰為因果，並不易分。許多重要的社會制度，具有意識型態[104]內涵，又具有上層建築的社會體制，觀念、制度也會融於政治、思想、甚至經濟中，成為穩固的體系。聖學家的「常理」與社會制度相互支援，義理的價值與作用與社會現成制度密切配合，才能維繫和諧的階序秩序[105]。陳先生又說：「然吾人不能以二十世紀之標準，以評定宋代之習俗。亦猶一千五百年後，如

頁 789-792。

[103] 陳榮捷，＜孀婦再嫁＞，原註：《文集》，卷六二，＜答李晦叔＞第七書，頁 28 上。

[104] 本文意識型態是指一種心靈的框架——語言、觀念、範疇、思想的影像、以及再現眾系統——不同的階級或社會群體佈署之，以定義或理解社會運作的方式。

[105] 再舉一例，《王陽明全集》＜奏議＞中不乏「俘獲賊屬男婦」、「被賊復仇，殺害本里婦男」、「奪回被擄男婦」等語（地方長官呈文），在這樣的語用脈絡中，匹夫匹婦是被任意擄奪的物資，那麼，「夫聖人之學也，心學也，學以求盡其心而已。」（王陽明＜重脩山陰縣學記＞，在《全集》頁 25）。此「心」如何由制度層面面對「戰爭」本身的殺戮性？

實行公妻，而謂吾人在二十世紀之一夫一妻爲不道德，不自由也。」
在這個脈絡下，「道德」與「自由」是相對於時空社會制度的。但問
題是，「乾大坤至，自有等差」構造的是一個階序原則的社會，而不
是平等原則。陳榮捷先生的時代，「平等」是一種價值，原就與階序
原則的「不平」無法共量。但是，指出聖人君子理想的「不平等」，
在以「平等」爲價值的時代，會被認爲不僅止是理解一種不同的運作
原則，而是指責，相對於指責的回應，也就成爲辯護。例如，當討論
朱子與婦女時，陳榮捷謂：「我國從來男尊女卑，朱子相沿其說。……
然其重男輕女，無可諱言也。朱子堅信『婦人從一而終，以順爲正』
[106]。……名教有七出之說，朱子亦從之。門人問：『妻有七出，此卻
是正當道理，非權也。』朱子答曰：『然。』[107]男女平等之運動，朱
子數百年後乃產生於歐洲。朱子未嘗革命，非其過也。」[108]陳先生認
爲男女平等是個晚期「產生於歐洲」的具有時間性與空間性的「運動」，
而「我國」的「男尊女卑」則是「從來」如此的悠久傳統。有趣的是，
當討論「朱子發現化石」問題時，陳榮捷則說：「其發現化石，乃從
其即物以窮其理之方法而來。此方法未能臻現代分析實驗之水準，然
以一理學家而竟然有一科學之發現，則其科學之精神與意義，實出人
意料之外。」[109]在另一文〈朱子言天〉中，亦提及化石之事，陳說：
「惜其即物窮理，未走上實驗之路耳。」[110]朱子是宋代的理學家，解
釋與對待世界或物理的方式，與現代西方分析實驗不同，爲何可惜？

---

[106] 原註：《語類》卷七十二，第二十八條。
[107] 原註：《語類》卷十三，第七十八條。
[108] 陳榮捷《朱子新探索》頁 783-4。
[109] 陳榮捷《朱子新探索》頁 793。
[110] 陳榮捷《朱子新探索》頁 230。

爲何要以現代西方分析實驗的科學作爲進步的指標，而說朱熹「未達水準」？爲何可以用現代科學的標準對於朱熹未走上實驗之路，深致可惜之意，而遇性別不平等問題時，就需要聲稱「我國從來男尊女卑」、「朱子未嘗革命，非其過也」？這裏反映的是，現代化之後，放諸四海而皆準的具有超越時空的普遍性真理，其實是「科學」，而不是傳統「道德」。但是，聖賢文本討論中，在性別問題主張上的平等或不平等，其實又具有聖人是否有「過」的挑釁性。如果現代分析實驗是格物窮理的更高階段，朱子之未達現代實驗水準，是一個可以輕易承認「可惜」而不涉及朱子是否有「過」的問題，但是，在性別問題上的意見，在一個以「男女平等」爲一種價值的民國時代，則涉及聖賢對「人」之齊等性宣稱、對於倫理道德超越性普遍性的假設，也涉及聖賢之爲聖賢在對「人」的平等尊重上之「應然」（應該超越時間、歷史、性別、階級），以及歷史過程中時空或社會制度限制下「我國從來男尊女卑」的實然，這其實是一個足以挑戰聖賢之學理論立足點或其基本假設的基進問題。陳先生在此走避的策略是，他把「男女平等」遠推到現代的「歐洲」，把朱子的重男輕女圈進古老的「中國」，當下的詮釋者與被詮釋對象，就在某種假性真空裏，都迴避了倫理道德論在應然與實然上的基進衝突[111]。民國的熊十力曾說：

---

[111] 一般認爲，道德思想包涵形上學層面與社會意義的層面，但對於兩者之間關係的複雜性，則較少處理。通常是將道德思想的「形上」、「超越」、「普遍」的意涵，與道德的「實踐」作一種階序原則的分開。也就是說，形上論述可以含括形下的實踐，而形下的實踐則被排除於形上的超越性之外。討論道德論述的超越性與普遍性的面向而不涉及道德實踐中社會體制或權力烙印，可能被認爲是道德論的重點，而討論「社會實踐」的部分則可能被認爲未觸及道德論核心。事實上，如果道德實踐的部分竟然與道德普遍性的假設發生了矛盾，例如：道德實踐是性別歧視的，而道德普遍性的假說不應該或看不出性別歧視，則道德普遍性的假說在此應該就受到了基進

> 西人知識的學問底流弊，誠有如吾兄所謂權利之爭；要
> 其本身不是罪惡的，此萬不容忽視。如……以及社會上
> 許多不平的問題，如君民間的不平，貧富間的不平，男
> 女間的不平，如此等類，都緣科學發展，乃得逐漸以謀
> 解決。此等權利之爭，即正誼所在。[112]

把「權利之爭」當作是西人知識學問的「流弊」，而認為「男女間的不平」等許多社會不平的問題，可以坐待「科學發展」以致解決，其實這正反映了這個思想傳統對於「社會不平」問題的曖昧尷尬。一方面，他認為君民、貧富、男女等的不平，都是可以也必須並且也一定會解決的惡；一方面，卻又將這個解決期諸「科學發展」。社會公義的問題，成為形成與解決都在於「西人的知識學問」的問題；但卻又是中國這個非西方社會所不反對、甚至認為是必要的正誼。熊十力先生認識到「不平」涉及權利之「爭」，而「爭」又令傳統德行語言感到尷尬；於是在這個說法裏，就在一種折衷調和中，使得「男女平等」尷尬地成為一種不必正面面對眼前不平之爭的一個日後科學發展的結果，也正所以顯示，貧富、男女等不平問題的解決，非傳統聖學在制度結構層面措意思考。而接受現代化個人主義式平等價值觀的學者，面對階序格局裏的不平等，一方面承認那是事實，而且是一有系統的事實，另一方面，由於傳承了聖學裏聖王主體的不容有錯，在面對德

的挑戰，因為禁不起道德實踐的考驗。這時「道德的普遍性」這個命題是要重新反省的。如果道德的超越性普遍性必須與道德實踐分開「客觀」處理，表示道德實踐可以與道德普遍性超越性不相干甚至相違，這又是什麼樣的「超越性普遍性」道德？本文則認為：本體論、宇宙論、價值論合一的聖學論述，關於社會實踐的規約，是參與在社會制度的穩定中。

[112] 熊十力《十力語要》（台北：洪氏出版社，1975）頁109。

性價值判斷的例子裏，就形成了左支右絀。

晚清「男女平等」論與階序格局

　　時至晚清，隨著西方平等自由思想的傳入，追求進步的知識分子，首先在無可抵擋的西方「勢力」[113]（或者加上在日本的成效）下，看見「男女平等」或「男女平權」論為當前世界全盛或新興之國所倡行：

> 西方全盛之國，莫美若，東方新興之國，莫日本若。男女平權之論，大倡於美，而漸行於日本。[114]

「男女平權」是文明昌盛之國的一個指標。至於如何詮解平等，則在多重的翻譯中斟酌著。本書第三章將進一步論及，在帝國/國族主義生產出來的「西方－中國」這個權力不平衡的二元項裏，製造了一種「西方」與「中國」的時差，而在時差中，具有價值的學術、思想與理論，或者存在於古老以前的中國，或者存在於現代眼前的西方。此時此刻的中國則是一片被掏空的廢墟。不平衡的中西權力結構，已然先行封鎖了在「中國」的此時此刻看見「中國」此時此刻之理論的可能。在這一片空白中，要做一個進步的「中國」知識分子，「新」學問從「別處」（時間上的古代或空間上的西方）而來，在這片空白裏交媾的雜種性，已然在結構裏被決定了。梁啓超以下這段話最為清楚：

---

[113] 請參考本書第三章<「西方美人」慾望裏的「中國」與「二萬萬女子」>。

[114] 語見梁啓超《變法通議·論女學》（《飲冰室合集》1 頁 43）；「男女平權之說，大倡於美而漸行於日本」語又見鄭觀應<致居易齋主人論談女學校書>《盛世危言》第二卷<學務>頁 70-71.

> 我們當時認為中國自漢以後的學問全要不得的，外來的
> 學問都是好的。既然漢以後要不得，所以專讀各經的正
> 文和周秦諸子。既然外國學問都好，卻是不懂外國話，
> 不能讀外國書，祇好拏幾部教會的譯書當寶貝。再加上
> 些我們主觀的理想——似宗教非宗教，似哲學非哲學，
> 似科學非科學，似文學非文學的奇怪而幼稚的理想。我
> 們所標榜的新學，就是這三種原素混合構成。[115]

這段話清楚勾勒的是，晚清某些進步知識分子所理解或創造的新學的雜種性，以及對於「中國」與「外國」學問的價值判斷，已然在帝國主義殖民結構不對稱的權力關係裏被決定了。學問的好或不好，要得或要不得，可能很難說出關於學問本身的判準，可以輕易說出來的，卻是這學問是古中國的，或是外國的。學問的地域，先行決定了學問的好壞。而有心的進步性知識分子所能開創的新學問，坦誠說來，正是古經典與西書的翻譯（與再翻譯），加上游走於新舊學科邊界的主體理想，所混合構成的雜種「新學」。

　　當時對於「平等」的詮解，主要有兩種進路，一是就傳統典籍解釋出「平等」的新意，一則是批判傳統的不平等，而主張新的平等觀。然而本文以下將要論證，無論是哪一種，階序原則的論述格局殘餘著。不同的是，對於追求進步的新知識分子來說，此刻「平等」一詞被認為是一種新價值，一種可以放諸四海而皆準的「公理」，「不平等」則標誌一種要革除的落後狀態。

---

[115] 陳炳　《最近三十年中國文學史》(上海：上海書店，1989[1937])頁 42-43。

　　事實上，明清早期已經有一些學者在男女尊卑問題上提出零星的討論。[116]例如清俞正燮（1775-1840）是稍早被認爲在男女問題上有卓識而爲後人稱道的少數學者之一。其＜貞女說＞、＜節婦說＞、＜妒非女人惡德論＞等文，都表達了對於不合理對待女子之習俗或觀念的不同意。＜貞女說＞有云：「男兒以忠義自責則可耳，婦女貞烈，豈是男子榮耀也」[117]並且曾引用《莊子·天道篇》：「昔者舜問於堯曰：『天王之用心何如？』堯曰：『吾不赦無告，不廢窮民，苦死者，嘉孺子而哀婦人。此吾所以用心矣。』」[118]值得注意的是，「天王之用心」的基調，以及「聖人」的主體位置，一方面是修辭性的，但另一方面，這種修辭也是結構性的，以一種上階位置的含括性，重行討論婦女應當如何被對待的問題。「哀婦人」的這個基調，在稍後關於男女平等問題的論說中，仍然不斷出現。俞也曾說：「陰弱則兩儀不完，」[119]顯示的是在這個思考裏「整體」圓滿的重要性。

　　「周秦以前男女平等」的說法，亦在晚清盛行。這個說法的敘事結構相當典型。如陳熾（？－1899）謂「易曰：乾道成男，坤道成女，各正性命，保合太和，故古人立教男女並重。」[120]這是是指古代女子同樣受學，接受婦德、婦言、婦容、婦功等等女學。但是，古人立教男女並重並不意味著觀念上的男女平等，陳熾同時也說：

---

[116] 參曹大為＜明清時期的婦女解放思潮＞《史學論衡》2（北京師範大學出版社 1992,8）頁 47-62.李國彤＜明清之際的婦女解放思想綜述＞《近代中國婦女史研究》3（台北：中研院近史所 1995,8）頁 143-162.

[117] 俞正燮＜貞女說＞《癸巳類稿》（台北：世界書局 1965），卷十三，頁 495。

[118] 俞正燮＜女＞《癸巳存稿》卷四，頁 105。

[119] 俞正燮＜書舊唐書輿服志後＞《癸巳類稿》（台北：世界，1965）卷十三，頁 504。該語出自討論纏足的脈絡，「古有丁男、丁女，裹足則失丁女，陰弱則兩儀不完。」

[120] 陳次亮《庸書》（台北：台聯國風，1970）頁三十一。

> 乾坤定位，夫為妻綱。西人重女輕男，貧者不能婚娶，
> 兼畏室家之累，絕不以無後縈懷。刻雖生齒蕃昌，日久
> 終將衰竭。此無夫婦之倫也，不足以廣似續也。[121]

在「夫爲妻綱」的傳統觀念下，同樣可以出現「古人立教男女並重」的重女學的主張。

「古人立教男女並重」這個說法在型構上同時也呼應了晚清帝國/國族主義論述中的時差[122]，能夠與現代「泰西」相提並論的，必然是古代的中國[123]；晚清也有「聖人之教，男女平等」、「男女平權，美國斯盛，女學布濩，日本以強，興國智民，靡不始此。三代女學之盛，寧必遜於美日哉」之說[124]。被認爲能夠與泰西「男女平等」相對應的，還有古中國的「妻者齊也」：

> 泰西之制，男女平等，彼西人之治家，盡有勝於中國者，
> 又安見家之不齊乎？許氏《說文》，網羅古義，而曰「妻，
> 齊也。」夫妻判合也（言各以半相合也。）以是觀之，
> 惡有尊卑貴賤之殊哉！[125]

---

[121] 陳熾＜審機＞《庸書外篇》卷下。

[122] 參本書第三章＜「西方美人」慾望裏的「中國」與「二萬萬女子」＞

[123] 晚清以來許多申論女學重要的文章，都訴諸古中國在教育上的男女並重。如，「中國男女並重，易經象首乾坤，夫婦禮稱敵體。」（＜女士潘道芳論中國宜創設女義學＞轉引自《中國婦女運動歷史資料（1840-1918）》頁90. 事實上，早期如的康熙1717年藍鼎元的《女學》承襲禮教傳統，即謂：「古者男女皆有學，周禮九嬪掌婦學之法以教九御，婦德、婦言、婦容、婦功。」藍鼎元《女學》（台北：文海，1977）「自序」。

[124] 梁啟超＜倡設女學堂啟＞《飲冰室合集》1,頁20.

[125] 王春林＜男女平等論＞《女學報》5（1898）。轉引自《中國婦女運動歷史

這是當時「現代泰西－古代中國」對比結構出現的典型再現模式。在這個對比裏，觀念範疇如「治家」或「齊家」、尊卑貴賤關係等，都是傳統階序格局的觀念殘餘，但在當時也仍是關懷的重點。在這些關懷重點的背景下，作爲比對的兩個對象：泰西的「男女平等」與古中國的「妻者齊也」，都在眼前當下的這個異時空裏，脫離其原有脈絡，而變形爲適於眼前當下中國的雜種平等觀：泰西的「男女平等」變成可以治家齊家的更優良原則，而古中國的「妻者齊也」也變成了沒有尊卑貴賤的平等。

眼前當下的中國在一種被掏空的狀態中，一方面緬懷古代，一方面取法泰西。陳熾說，

> 泰西風俗，凡女子紡繡工作藝術，皆有女塾，與男子略同，法制井然，具存古意，故女子既嫁之後，皆能相夫佐子，以治國而齊家，是富國強兵之本計也。[126]

和諧的整體秩序在此刻相當具體的再現爲國族主義的「富國強兵」。

就著傳統而解釋出「平等」新義者，譬如康有爲〈大同書〉中認爲「夫婦不等，亦固人理之宜而先聖之所願也。」[127]在修辭上仍然訴諸一個「先聖」。而此刻「妻者齊也」也被詮釋爲「平等」，並且是出於先聖之苦心：

> 夫男子既以強力而役女，又自狩獵而易爲耕農，聚處一

資料（1840-1918）》頁142.

[126] 陳次亮〈婦學〉《庸書》頁三十二。

[127] 康有爲〈大同書〉「去形界保獨立」章，朱維錚編校《康有爲大同論二種》（香港：三聯書店1998）頁208.

> 室，獨耕一地，婦不雜婚，子知所出，於是父子相識而
> 男強女弱，故以男姓傳宗。強力者為天授之性，傳宗者
> 為人事之宜。天性人事皆男子占優，雖聖哲仁人欲憫女
> 子而矯之，然屈男伸女，既於人道不宜，又於事勢未可；
> 將行平等乎，又復返犷榛，更有不可。故不得不因循舊
> 俗，難於大更，惟發明昏禮下達，男先下女，特著親迎
> 御輪之義，又發明「妻者齊也，與己齊體」，相敬如賓
> 之義。夫先下者，矯之也。齊者，平等之謂也。故後學
> 守其遺義，樊英病臥，為榻下之拜，梁鴻舉案，有齊眉
> 之敬。蓋以除舊俗奴役之弊，而明平等之風，先聖之心
> 苦矣。[128]

這個解釋裏，一個沒有明說的整體觀是關鍵性的權衡者，這個整體，
同時又在修辭上歸之於一個制作文明之聖哲的觀察與佈署設計。「平
等」在這個說法裏，主要不是基於每個「個人」[129]有同等的價值與權

---

[128] 《康有為大同論二種》（香港：三聯書店 1998）頁 208.

[129] 這裏「個人」用的仍是杜蒙所謂現代西方平等原則裏的「個人」，至於晚清
對於「個人」觀念的雜種性，需另文討論。有幾部著作曾論及晚清學者對
於個人的思考，請參考 Benjamin Schwartz, *In Search of Wealth and Power: Yan
Fu and the West* (Cambridge: Harvard University Press, 1964); 黃克武《自由的
所以然——嚴復對約翰彌爾自由思想的認識與批判》（台北：允晨，1998）
特別是第三章中「嚴復多半無法了解環繞著西方個人主義之詞彙」一節（頁
152-179）與第四章「反對遺世獨立的『個人主義』與自私自利」一節（頁
262-263)；鄭海麟《黃遵憲與近代中國》（北京：三聯，1988)；Hao Chang, *Liang
Ch`i-ch`ao and intellectual transition in China, 1890-1907.* (Cambridge, Mass.:
Harvard University Press,1971); 至於二十世紀初到五四前後關於個人主義的
討論，請參考 Lydia H. Liu, "Translingual Practice: The Discourse of
Individualism between China and the West," in Tani E. Barlow (ed.) *Formations
of Colonial Modernity in East Asia*, (Durham & London: Duke University Press,

利,不是基於每一個「個人」在某個整體裏具有同樣的身分地位;而是,這個整體的設計者(聖哲仁人)認為「平等」是「整體」的一種應然的需要(「蓋以除舊俗奴役之弊,而明平等之風」)。在實然上,男強女弱,而聖人也不能在這個實然上屈男伸女矯枉過正,於是在禮儀制度上,設計了一些文明的修飾,透過禮儀,表達文明制度「平等」的理想或慾望。「妻者齊也」被解釋成「相敬如賓」。而相敬如賓的例子,一是樊英榻下之拜,一是梁鴻齊眉之敬。樊英梁鴻與這個文明整體的關係,與他們的妻子與這個文明整體的關係,當然不相同。因為這個「平等」的構想並不透過他們的妻子(在此沒有姓名)在男強女弱的實然裏恢復任何失去的權利而達成,乃是透過樊英梁鴻的實踐文明儀式。於是,樊英梁鴻的儀式性動作,含括了在不平等關係裏利益實際相衝突的對立面,但是他們的妻子已預先排除於聲張平等的主體之外了。因為在聖哲的構想裏,即使「憫」女子,但是一旦要在實然上真正從男強女弱到屈男伸女,創造實質的平衡,就文明整體秩序而言,「既於人道不宜,又於事勢未可」,於是,與「平等」有重大關係的,是先聖與男能夠「除舊俗奴役之弊」。這個解釋,字裏行間充分體現的,正是晚清進步知識分子在說話位置上「追隨先聖」,但是以「平等」為理想,而產生的對於「集體人」的新慾望。這個集體人,也就是康有為所說的,「太平之世,人皆獨立,即人得自由,人

1997)。另外,對於傳統「個人」主義的不同角度的思考,還可參考 Donald J. Munro (ed.) *Individualism and Holism : Studies in Confucian and Taoist values*, (Ann Arbor :Center for Chinese Studies, University of Michigan, 1985). 魯迅在 1907 年的＜文化偏至論＞一文中,曾評論道:「『個人』一語,入中國未三四年,號稱識時之士,多引以為大話,苟被其諡,與民賊同。意者未遑深知明察,而迷誤為害人利己之義也歟?」(《墳》[北京:人民文學 1980:37-50],頁 43)可見時人仍是以道德感討論該詞。

得平等。」[130]因爲此時此刻「人類平等是幾何公理」[131]，下文將論及，這個平等，理想上是一種改善的階序關係。

此刻的歷史再現中，與西方「平等」相對的，在中國通常不是以一種個人與個人之間「不平等」關係來構想，而是相當具體的綱常倫理宰制關係「三綱」。例如嚴復〈論世變之亟〉對比西人與中國時說：「中國最重三綱，而西人首明平等。」[132]在中西比較時，其實無法從中國的倫常關係與集體人的理型中，立即抽離出平等自由的個體，而是在既有的倫常關係性上，重新思考新的可能。例如嚴復對於西洋的觀察是：

> 自其自由平等以觀之，則其捐忌諱，去煩苛，決壅蔽，
> 人人得其意，申其言，上下之勢不相懸隔，君不甚尊，
> 民不甚賤，而聯若一體。[133]

基本上對於人與人之間關係的構想原型，就是一種難以擺脫的「上下之勢」，此刻以個人爲單位想像個人在權利或制度面前的自由平等，相當困難，「自由平等」被理解成一種改善了的上下關係，而且是從上改善的對下關係。嚴復以階序格局想像西方人與人之間的關係，「君」與「民」的平等，被想像成階序格局下君含括其對反的民，而成就的「聯若一體」，亦即成就一個先在的和諧整體性的集體人。這也是康有爲的《實理公法全書》在論及人類公理平等時，其綱目要就「夫婦門」、「父母子女門」、「師弟門」、「君臣門」、「長幼門」、「朋

---

[130] 《康有爲大同論二種》頁 222.

[131] 康有爲《實理公法全書》，在《康有爲大同論二種》頁 7.

[132] 嚴復〈論世變之亟〉王栻編《嚴復集》（北京：中華 1986）頁 3.

[133] 嚴復〈原強修訂稿〉《嚴復集》22.

友門」論起的結構性因素。因為階序格局裏並沒有相當於平等原則的
個人，於是西方的平等也就想像成了比較優良的階序關係，也就是上
可以更圓滿地含括下的階序性和諧。依杜蒙說，階序原則是一種關係，
而平等原則著眼於個人。此刻的平等論，則是雜種性地在階序格局下，
尋求一種改善的階序關係，稱之為平等。但是關係的良否，必然需要
一個先在的權衡者，這在語言中，是預設而不明說的。例如康有為說
「長幼平等」，這是公法，但是當實際在現存的長幼關係中尋思時，
事實上，是尊卑關係結構生產出了「長幼」一詞，那麼，以長幼這個
語彙脫離尊卑關係，無異緣木求魚。這也就可以解釋，何以康有為說，
「長尊於幼，此乃人立之法，然實未能有益人道。」然而「幼尊於長，
此更無益人道。」[134]在「長尊於幼」與「幼尊於長」之間，階序格局
的思考會自然而然區辨出一個幼尊於長的「更」無益於人道。實則不
論是長尊於幼或幼尊於長，尊卑「關係」結構根本生產不出個人性的
平等觀，因為平等是一種位置，而不是一種關係。那麼，真正作決定
權衡的判準，是「有益人道」與否（此刻在修辭上則成為「是否平等」），
這個是否有益人道的權衡者，結構上先在於長幼尊卑秩序，凡是論及
關係，關係良否的權衡也就必然歸於能夠判斷是否「有益人道」的這
個隱形的位置，這個位置，相當於傳統的「聖」「王」君子，也就是
說，這個判斷位置，同時是道德性與平治天下性的，而是否有益人道，
顧及的當然是先在性的整體秩序。於是，在這個格局下出現的「平等」
說，在結構上對於失去平等位置的下階者來說，意義在於獲得上階者
更仁道的對待，而不是成為可以在結構裏主張平等的個人主體。

　　此時可以成功談論的平等，是階序原則裏第一個層次的平等，在

---

[134] ＜實理公法全書＞《康有為大同論二種》頁 19.

這個層次裏，有統一，有和諧。談論所資來自各種學說，如佛（眾生平等），墨（兼愛），耶（愛人如己），儒（仁）等。理想的境界還是一個最大整體的和諧秩序，如太平、大同、一。但是，當就第一個層次談論平等時，人們十分清楚，這個層次上主張的平等，直接相干的是第二個層次上的「關係」。當時「平等」說直接威脅或對話的是「綱常」。湖南王先謙（1842-1917）門生樊椎（1872-1906）與蘇輿的論爭就是一個典型的例子。樊椎在＜發錮篇＞中謂：

> 天之於生，無非一也。一也者，公理焉；公理也者，平等焉。無人非天之所生，則無人非天之子也。進之則無物非天之所生天之子也。進之則一切世界所有微塵野馬，不可言說，無非天之所生天之子也。進之則一切行星恆星，端倪變動，無非天之所生天之子也。平等也。進之則天且平等也，一切出於天，則一切無非天焉，進之則無量天，亦平等也。一切名之天，則一切無不同焉。……所謂大同也，太平也。人能大同其教，則大同其世界矣，人能太平其教，則太平其星球矣。[135]

這個平等觀基本上延續的是階序格局的聖王平治天下的理想，此刻由於對天下的想像格局更大了，更進一步到「太平其星球」。在這個烏托邦般的敘事裏，看似人人平等，以致於星球太平，完全沒有權力關係，純粹是道德性或宗教性的理想。這正是聖王修辭形式的典型，——權力是不（能）明言的。階序格局無法承認權力本身的地位，因為

---

[135] 樊錐＜發錮篇＞《湘報類纂》甲集上（台北：大通書局）頁三八一三九。

一旦承認權力，就與階序原則發生矛盾[136]，尤其，這個傳統的階序格局曾經投資許多論述，將階序關係建構得如天地四時一般自然，而不涉及權力。然而反對者立刻敏感到，「太平」「大同」等修辭所構造的理想並不那麼和平純真無邪，而是嚴重關乎權力格局的變更。於是反對者也就在聖教倫常的大旗下，展開了驅逐的工作。一八九八年樊椎家鄉紹陽士紳以「背判聖教，敗滅倫常，惑世誣民」驅逐樊椎。[137]蘇輿並且爲文批評：

> 蓋平等邪說自樊錐倡之也，人人平等，權權平等，是無尊卑親疏也，無尊卑是無君也，無親疏是無父也，無父無君，尚何兄弟夫婦朋友之有？是故等不平則已，平則一切倒行逆施，更何罪名之可加！[138]

當時「平等」所直接威脅的，是綱常的尊卑次序。而此刻最迫切的議題當然是君臣關係，涉及民權或民主之說對於君的威脅。反對者在這個時刻，言論中揭示了權力誰操的問題。例如葉德輝就說：「堯舜禪讓，聖人天下爲公之郅治也。泰西民主，大秦簡賢而立之舊俗也。一則權操自上，一則權操自下，豈得併爲一談。」[139]聖人天下爲公，與泰西民主的分界線被認爲是權操自上或權操自下的問題。當「權力」的問題浮上「聖人」論述，也是必須隱藏「權力」問題的「聖人」論述面臨挑戰的時刻。有趣的是，此刻是由保守者赤裸裸提出權力誰操

---

[136] 參考杜蒙《階序人》頁 149-152.
[137] 參＜邵陽士民驅逐亂民樊錐告白＞《翼教叢編》卷五頁一。
[138] 《翼教叢編》卷五頁二。
[139] 《翼教叢編》卷四頁三十二。其他類似言論，參王爾敏《晚清政治思想史論》（台北：商務印書館，1995）頁 260-270.

的問題，保守者主張的是綱常，但是綱常之所以是綱常，在階序格局裏不是假設爲權力的控制，而是千萬年磨滅不得的天理自然。此刻一旦揭露了權力誰操的問題，這個階序原則其實被保守者自己破功了。而進步者雖然主張平等，但反而卻真正承襲了傳統階序格局裏的「聖人」論述形構，隱藏權力，以訴諸「天下」的一致性與自然性。以「聖人」作爲「平等」的來源，例如，梁啓超說「聖人之教，男女平等，施教勸學，匪有歧矣。」[140]這個修辭形式，再現的階序結構是，男與女之所以能夠宣稱平等的原則，是外在於男女同時又可以含括男女的聖人，也就是杜蒙所說的，「兩者結合或統一的原則在兩者之外，而且正因爲如此，必然使他們彼此之間有階序性關係。」[141]

一八九八年，皮嘉祐的＜平等說＞謂：

> 夫平等之說，導源於墨子，闡義於佛氏，立法於泰西。墨子之兼愛、尚同也，佛法之平等也，泰西之人人有自主權利、愛汝鄰如己，而倡為君民一體也，名不同而旨則一也。佛法之平等，即出於墨子之兼愛尚同。泰西之人人有自主權利、愛汝鄰如己，亦出於墨子之兼愛、尚同。墨子一視同仁，摩頂放踵，利天下為之，自謂愛無差等。孟子推其流弊，以為無父，等之已失，何平之有。不知正由愛無差等，乃可漸生平等。夫天下之心，尚同則公，公則恕，恕則和，和則無不理。天下之事，尚同則通，通則群，群則合，合則無不成。公也恕也和也通也群也合也，要不外乎一平也。蓋尚同為仁之起點，平

---

[140] 梁啟超＜倡設女學堂啟＞《飲冰室合集》1 頁 20.
[141] 杜蒙《階序人》頁 419.

等為仁之交線，起點既正，交線斯明。故佛法之開教宗，
泰西之治家國，皆本乎此。[142]

這個說法在追溯歷史以及理論的分梳方面，都相當混淆，但在此刻，
對於新思想的比較式理解，基本上的模態是著眼於攝取式的「同」，
而成為「我們中國也有」或「這原就是出於我們傳統」或者「西方的
甲說，即是古籍的乙說，可見此說在中國出現早於泰西」的國族統攝
式認知模式，相當典型。這個思考或認知模式，正是階序格局的上階
說話主體含括式說話模式，思考的習性在於「將對反含括在內」。杜
蒙曾說：「平等原則和階序原則都是實際存在的事實，而且，它們還
是政治生活與社會生活裏面，最具約制力量的事實」。[143]事實上，它
們的約制力不僅止在各種生活中，同時也在學術思考模式中。在階序
性思考模式裏，差異不被當作平等而可能具有衝突性矛盾性的差異或
對立，而是在一個上階的位置上，將差異等級化，將對立含括到預設
的先驗和諧整體中。於是，在這個思考模式下，佛法的平等，與泰西
的人人有自主權以及愛鄰如己，都成為「出於墨子」的學說[144]，而為
墨子的「愛無差等」說所統攝。熊月之曾謂：

重民思想，並不是民主思想，其本質上是為統治者立言
的，要君主對人民不要壓得太過分，否則將不可收拾。……

---

[142] 皮嘉祐＜平等說＞（1898），《湘報類纂》甲集上，頁七。

[143] 《階序人》頁 57。

[144] 這個說法並不獨見皮氏，其他如黃遵憲（1848-1905）＜學術志＞謂：「余
考泰西之學其源蓋出於墨子，其謂人人有自主權利，則墨子之尚同也，其
謂愛汝鄰如已，則墨子之兼愛也……」黃遵憲＜學術志＞《日本國志》卷
三十二（台北：文海出版社）頁 787.

> 「兼愛」也不是近代意義上的博愛,而是在承認等級前
> 提下的「兼愛」,但毫無疑問,這些言論會刺激人們對
> 將人不當人的專制制度的不滿,也為日後西方的平等、
> 博愛等思想在中國傳播提供了思想依據。難怪近代資產
> 階級知識分子稱孟子最得民權之意,墨子是講平等、博
> 愛的祖師。《民報》第一號就刊出墨子畫像,大加宣揚。
> 145

傳統「民貴君輕」的思想並非民主,而是階序格局下的含括。這在晚
清也是保守派的葉德輝闡釋得非常清楚:「民為貴者,君貴之也,非
民自貴也,且非貴民權也。」[146]事實上當時守舊派對於階序原則承認
並明白維護,掌握到了其中的權力關係,但也正由於明白說出其中的
權力關係,保守派對於階序的辯護或護持反而使得階序原則被破解,
真正使得階序原則維繫不墜的,反而是維新或進步派的承襲階序原則,
卻不道出其中的權力。新派由於把「平等」當作為一種新價值被嚮往
著慾望著,對於價值上已經低級的尊卑等級,一方面否認,一方面在
不道破權力之下承襲。至於「兼愛」,前提的確是等級或差等,也唯
有在承認等級的前提下,才可能產生「愛無差等」的兼愛主體。這個
兼愛的主體,承認等級,而將等級間的對立性含括於「天下之事,尚
同則通,通則群,群則合,合則無不成」的合群和諧整體理想秩序中。
在「尚同為仁之起點,平等為仁之交線」的構想裏,唯一可見的主體
是尚同或兼愛或仁的主體,也就是本文所謂德行上或地位上都隱喻著
領導或是上階位置的聖王主體。其餘的「人」,則排列在等級階序上,

---

145 熊月之《中國近代民主思想史》(上海:上海人民出版社,1986)頁41。
146 蘇輿《翼教叢編》(台北:台聯國風,1970)卷四,頁三十一。

作爲兼愛主體兼愛的對象。等級或差等在社會或政治位置上存在，但在兼愛主體的仁愛道德中消失，或是在一種宗教理想（佛法平等）裏消失。也就是說，這個上階的德性或宗教性主體，將差異與等級都含括在內了。熊月之認爲，重民、兼愛等思想，會刺激人們對於專制制度的不滿，從歷史來看，倒也不盡然。這些思想若果真具有刺激不滿的本質，何以直到此時此刻才生發作用？重民與兼愛等語彙，在歷史傳統不同時代中，承載著不同的意義。當西方現代的平等思想傳入時，知識分子之所以能聯結於佛法的平等、墨子的兼愛與儒家的仁，一個基本的可能性正在於階序格局下的知識分子聖王說話位置。就思想史來看，「仁」的觀念發展是一個長而連續的過程，從孔子的「仁」作爲人世一個普遍之德，經過漢代「仁」當作「愛」，到韓愈的「博愛」，到張載＜西銘＞則將它擴及於涵蓋全宇宙，在＜西銘＞提出時已經有了與佛家、墨家的糾纏[147]。到晚清「仁」與「平等」在意義上聯結，同時也結合了「仁」在思想史裏意義的涵蓋性。而在譚嗣同的想像中，這個聖王的說話位置，在一種「平等者，致一之謂也。一則通矣，通則仁矣。」[148]的貫通含括下，這時已不再需要與佛、墨區辨，他有時以儒家的仁名之，而有時這個仁也就是佛家的慈悲；「慈悲則我視人平等，而我以無畏；人視我平等，而人亦以無畏。」[149]同時又是「如耶穌之立天國，平視萬國，皆其國，皆其民。」[150]張灝研究譚嗣同的＜仁學＞曾經指出，譚的仁學含有相當成分的道家與大乘佛學的神秘

---

[147] 請參考 Wing-Tsit Chan, *A Source Book in Chinese Philosophy*, Princeton, New Jersey: Princeton University Press, 1963),p.498-500.

[148] 譚嗣同＜仁學界說＞《譚嗣同全集》頁 293.

[149] 譚嗣同＜仁學＞二之四三，《譚嗣同全集》頁 357.

[150] 譚嗣同＜仁學＞二之四四，《譚嗣同全集》頁 358。

主義,並且強調《莊子·齊物論》「道通爲一」的觀念。[151]儒家的仁,耶穌的天國,佛家的慈悲,莊子的道通爲一,在其各自的系統裏,各有其不同的脈絡性或系統性意義,此刻可以貫通這許多系統各異的學說,消泯其差異,體現的正是此刻含括性的主體對於「平等」或公理的慾望,泯除界限,含括於更大更整全的整體。然而,再怎麼擴大含括的範圍,泯除差異與界限的同時,必然階序性地創造新的差異與隔離,因爲含括必然是一種階序的原則。這也就是爲什麼譚嗣同的<仁學>以「通」爲第一義,上下通,男女內外通,人我通,但是,討論到娼妓的問題時,他認爲「娼妓」與倫常無關,在倫常之外,「然世有娼妓者,非倫常,非非倫常。」[152]雖禁不止,但雖不能禁也不能聽之,他主張「明知萬不能絕,則胡不專設一官,經理其事?限定地段,毋與良民雜處;限定名額,寧溢毋隱;清潔其居,毋使致疾;整齊其法,毋使虐待;抽取費用,如保險之利,爲在事諸人之薪俸。規條燦然,莫能欺遁,而陷溺者亦自有止境。豈非仁政之大者哉?」[153]這裏的階序原則在於,不論仁貫通的範圍多麼廣大,總還是有「良民」與非良民的區隔,總還是有人在倫常之外,而且被認爲是一種必要性的區隔,仁者可以設想各種仁政以限定規範或保護,但是,必定與「良民」有別。也就是說,當男女之別取消了,取代的是良民與非良民之別,是其他的價值階序。

康有爲的《大同書》戊部「去形界保獨立」曾被認爲是該書最有

---

[151] 張灝《烈士精神與批判意識——譚嗣同思想的分析》(台北:聯經,1988)頁 118.

[152] 譚嗣同<仁學>二之四七,《譚嗣同全集》頁 368.

[153] 譚嗣同<仁學>二之四七,《譚嗣同全集》頁 368.

價值的篇章之一[154]，朱維錚認爲康「相信人生而是平等的理論，又以控訴性別歧視來迴避階級分化形成的社會衝突」[155]。康有爲在該篇中指出，男女天生平等，然而女子卻在公共領域的各項活動中失去了平等參與的權利：

> 夫以男女皆爲人類，同屬天生，而壓制女子，使不得仕宦，不得科舉，不得爲議員，不得爲公民，不得爲學者，乃至不得自立，不得自由，甚至不得出入交接宴會遊觀，又甚至爲囚爲刑爲奴爲私爲玩，不平至此，耗矣哀哉！損人權，輕天民，悖公理，失公益，於義不順，於事不宜。[156]

然而，對於此一社會不公義，最後是訴諸君子的不忍人之心：

> 夫以強力凌暴弱質，乃野蠻之舉動，豈公理所能許哉？而積習生常，視爲當然，仁人義士不垂拯恤，致使數千年無量數之女子，永罹囚奴之辱，不齒於人。此亦君子所不忍安也。[157]

這個「君子」，正是《大同書》甲部「入世界觀眾苦」緒言「人有不

---

[154] 朱維錚＜從《實理公法全書》到《大同書》＞《康有爲大同論二種》（香港：三聯書店，1998）導言，頁 21.

[155] 朱維錚編校，《康有爲大同論二種》「導言」頁 21. 李澤厚亦謂，「《大同書》中『去形界保獨立』一部中的巨大篇章完全呈現給爲婦女權利的呼籲。」《中國近代思想史論》（北京：人民出版社，1979）頁 139.

[156] 康有爲＜大同書＞「去形界保獨立」章，參朱維錚編校《康有爲大同論二種》（香港：三聯書店，1998）頁 200.

[157] 康有爲＜大同書＞頁 201.

忍之心」的「人」。對於「平等」世界的想像，是由君子的「生於大
地，則大地萬國之人類，皆吾同胞之異體也。既與有知，則與有親。」
[158]一種民胞物與精神的發揚，而臻於「大同之道，至平也，至公也，
至仁也，治之至也。」[159]這個基調，在思想史上是曾爲儒家倫理學基
礎的張載＜西銘＞系統[160]。對於萬物一體、天下一家的想像，在一種
神秘主義的境界裏，消融籓籬界限等級差別，一旦涉及消弭差等，在
概念上必然容易與「兼愛」糾纏[161]，當初程子弟子中即刻有人認爲張
載＜西銘＞與墨子兼愛說無異。但朱子說：

> 蓋以乾爲父，以坤爲母，有生之類，無物不然，所謂理
> 一也。而人物之生，血脈之屬，各親其親，各子其子，
> 則其分亦安得而不殊哉？一統而萬殊，則雖天下一家，
> 中國一人，而不流於兼愛之弊。萬殊而一貫，則雖親疏
> 異情，貴賤異等，而不牿於爲我之私。此＜西銘＞之大
> 指也。[162]

階序的原則在這裏非常清楚。在一個較高的層次上，天下一家，中國
一人，但是這個一統，也絕不消除「親疏異情，貴賤異等」。＜西銘

---

[158] 《康有爲大同論二種》頁 49.

[159] 《康有爲大同論二種》頁 54.

[160] 張灝曾指出，譚嗣同的＜仁學＞，康有爲的影響是一個助緣，而主要來源
則是張載與王夫之的思想。參張灝《烈士精神與批判意識──譚嗣同思想
的分析》（台北：聯經，1988）頁 90-96.本文這裏所謂基調的系統，不是指
個人學習上的具體影響，而是就思想模態言其基調。

[161] 馮友蘭認爲，張載立論，推行的是孟子哲學中神秘主義的傾向，與墨子功
利主義的兼愛說，完全不同。參馮友蘭《中國哲學史》頁 866.

[162] ＜西銘注＞《橫渠全集》。

>的「尊高年所以長其長，慈孤弱所以幼其幼，聖其合德，賢其秀也。」「吾」作爲主體在境界上的圓融和諧的整體一貫，與現存尊卑等級秩序的穩定與神聖化，是並行不悖的。譚嗣同的＜仁學＞雖然在歷史傳承上更爲多源了，儒的「仁」，墨的「兼愛」，佛的「慈悲」，耶之「靈魂」、「愛人如己」，以致於格致家的「愛力」、「吸力」都通爲一[163]。在這個基調上，所謂「平等者，致一之謂也。一則通矣，通則仁矣」[164]的「平等」，仍然是在階序格局中一個較高的第一層次上，而與第二個層次的等級區劃同樣是組成階序格局關係的要項。在這個階序格局下，所謂：「男女同爲天地之菁英，同有無量之盛德大業，平等相均，初非爲淫而始生於世。」[165]完全不觸及男與女的分工、對立、權力等第二層次的問題，以及在其他的價値體系下，不是所有的男女都是「天地之菁英」的問題。

　　這就觸及「平等」說的另外一個問題，事實上，「平等」脫離不了價値階序。前文曾經論及，在梁啓超的《變法通議・論女學》一文裏，「女學」重要性的呈現，在修辭上以及概念上操作了其他好幾個等級區分的價値體系（亦即：以「不平等」爲主要精神的價値高下），而每一種價値等級區分，在意識型態上又都源遠流長。比方說，人與禽獸之高下（人之異於禽獸者幾希）、讀書人與農工商之高下、生利者與分利者（生產者與消費者）之高下（生之者寡，食之者眾）、勞與逸之高下（「婦人逸而男子勞」）、「批風抹月」之學與「憂天下憫眾生」之學的高下（女子即使有才，才女之學也只是批風抹月之學）。在這種情況下，天地間的菁英其實不多，論及男女平等的同時，男與

---

[163] 譚嗣同＜仁學一＞《譚嗣同全集》（北京：中華書局 1981）頁 293.

[164] 譚嗣同＜仁學＞《譚嗣同全集》頁 293.

[165] 譚嗣同＜仁學＞《譚嗣同全集》頁 304.

女之間的不平等就被其他的價值不平等所取代。

嚴復在翻譯西書的過程中,是少數對於一些西方民權民主觀念,有過相當深刻分疏的學者。他曾經指出民權不恃仁心:

> 國之所以常處於安,民之所以常免於暴者,亦恃制而已,非恃其人之仁也,恃其欲為不仁而不可得也,權在我者也。使彼而能吾仁,即亦可以吾不仁,權在彼者也。[166]

又曾經指出,一個「不平等」的社會要實行民主投票之困難:

> 宜乎古之無從眾也,蓋從眾之制行,必社會之平等,各守其畛畔,一民各具一民之資格價值而後可。古宗法之社會,不平等之社會也。不平等,故其決異議也,在朝則尚爵,在鄉則尚齒。或親親,或長長,皆其所以折中居決之具也。使是數者而無一存,固將反於最初之道,最初之道何?強權是已,故決鬥也。且何必往古,即今中國亦無用從眾之法以決事者,何則?社會貴者寡而賤者眾,既曰眾,則賤者儔也,烏足以決事?以是之故,西文福脫(按:vote)之字,於此土無正譯,今姑以占字當之,取三占從二之義也。[167]

困難就在於既有的其他範疇的貴賤價值階序,「眾」指涉賤者,具有負面價值,個人性的平等在此刻很難被想像,因為每一個等值的個人所累積的多數,此刻是以帶著階序性價值的集體「賤者」的「眾」來

---

[166] 嚴復(譯)《孟德斯鳩法意法意》(台北:商務,1977)頁 46。
[167] 嚴復(譯)《社會通詮》(台北:商務,1977)頁 121。

對應。

男女平等方面，此刻可以成功談論的幾乎都是陰陽階序格局裏早
已經蘊含了的第一個層次的平等。例如康同薇說：

> 凡物無能外陰陽者矣。光有黑白，形有方圓，質有流凝，
> 力有吸拒，數有奇偶，物有雌雄，人有男女，未有軒輊
> 者也。形質不同，而為人道則一也。[168]

1898 年的《女學報》上不少這樣的文字：

> 天地之生人也，陰陽平等，無有偏毗，同此形骸體質，
> 即同是血氣心知。故女教一端，直與男教並重。[169]

> 故鳥有雌雄，獸有牝牡，人有男女，無不各具陰陽之理，
> 即無不有相資相濟之道也。在昔聖人之作六經，於《易》
> 順陰陽之序，於《詩》敘室家之情，於《禮》著婚姻之
> 義，未嘗有所偏重也。[170]

就這個層次所論的平等而言，其實並非新意，而是傳統階序體系中原
來已經蘊含的一個較高層次的平等的意義——在較高的層次上，男女
同為人。正因為就這個層次言平等，並沒有脫離階序格局，於是孔佛

---

[168] 康同薇＜女學利弊說＞（1898）轉引自全國婦聯婦女運動歷史研究室（編）
《中國婦女運動歷史資料（1840-1918）》（北京：中國婦女出版社，1991 頁：
84-88）頁 84.

[169] 蔣畹芳＜論中國創興女學實有裨於大局＞《中國婦女運動歷史資料（1840-
1918）》頁 99.

[170] 王春林＜男女平等論＞（1898）《中國婦女運動歷史資料（1840-1918）》頁
141.

之道,都可以詮釋爲平等,而關雎、內則等都可以是女學源頭:

> 是故孔佛之道,男女平等,孔子編詩,則首關雎,傳禮
> 則首內則,大義昭然,至可信據。[171]

陰陽男女的平等自由亦即夫婦室家的良好和合關係,意在於改善三綱
的明顯扶陽抑陰、尊男卑女:

> 陰陽奇耦,剛柔凹凸,造化之玄妙,以太之合分哉!吾
> 生讀書而深察於天地之間,入世而曲探乎種族之隱,彷
> 徨四顧,乃喟然而嘆曰:古者夫婦之好,一男一女,而
> 成家室之道,各具自由之權,無傷琴瑟之樂,存順沒寧,
> 孳乳蕃庶。降及後世,秩序有三綱之尊,嫁娶憑媒妁之
> 言,禮制愈繁,人道愈苦,扶陽抑陰之說起,尊男卑女
> 之法立,浸增壓力,女教淪胥。[172]

在這個格局下的「妻者齊也」,其平等的意義就變成對夫與妻各有相
應的要求:

> 夫天之生物也,人為貴。君人也,民亦人也,男人也,
> 女亦人也。原君之義,君者均也。君而不均,則亦何貴
> 乎其為君也?推之妻者齊也,妻而不齊,則亦何貴乎其

---

[171] 康同薇<女學利弊說>(1898)轉引自全國婦聯婦女運動歷史研究室(編)
《中國婦女運動歷史資料(1840-1918)》(北京:中國婦女出版社,1991 頁:
84-88)頁 87.

[172] 「中國日報」<男女平等之原理>《清議報全編》(台北:文海,1984)25
卷附錄一「群報擷華·通論」,頁 126。

為妻也？夫者扶也，夫而不扶，則亦何貴其為夫也？斯
世之妻，不齊極矣！吾亦未聞有為人夫者，扶而起之也。
173

鮑家麟杷梳歷史資料，研究陰陽學說與婦女地位，曾經指出，自戰國
以來，陰陽學說與男尊女卑觀念的關係，就理論層次言，陰陽兩儀對
等，沒有尊卑高下之別，但就實際與人事相關的層次，漢以來「大都
把陰物與女禍，夷狄和小人相提並論。」以杜蒙的階序理論說明，正
是第一個層次上有和諧，而第二個層次上有等級。而實然層次的等級，
結合了性別、種族與身分地位或道德的等級。鮑家麟說「清末到現代，
主張男女平權的開明學者援引陰陽對等之說以為證，使情況逐漸改
觀。」174從本文的討論看，「男女平權論」所措意主張的是階序格局
裏原已存在的理論應然層次上的陰陽和合，這個階序格局的陰陽對等，
必然以第二個層次的陰陽分工為配合。晚清以來的開明進步之說，如
果沒有看到這個階序格局的二個層次的互相配合，那麼，論及平等，
必然只能在一直以來已經就有平等有和諧的第一個理論應然的層次上
重申，但是要解決的現實不平等問題卻一直是在第二個實然的層次上。
階序格局裏「應然」層次的平等說，與實然層次的不平等，本是相輔
相成的。如果沒有認識到這一點，也就不能看見，晚清以來富國強種
議題下的「男女平等」，承襲了階序格局裏知識分子聖王說話主體，
必須以一種由上到下的勢力，以一種介入或殖民的方式，改變婦女的
生存，建立新的兩性或性別關係。力圖擺脫的議題則是被認為綱常或
封建體系的夫為妻綱、一夫多妻、婦女守節、婢妾制、低階層的娼女、

---

173 ＜男女平等之原理＞頁130。
174 鮑家麟＜陰陽學說與婦女地位＞在《中國婦女史論集續集》頁37。

婦女纏足、婦女不學等等，這些不合當時現代「西方」形象的「落後」
狀態。平等或不平等的問題，其實被涵蓋到「進步－落後」的階序價
值下。而「進步－落後」則是帝國/國族主義邁向現代化過程中生產出
來的一連串不平衡二元價值階序之一，如「泰西－中國」、「強－弱」、
「現代－古老」。

二、

翻譯與性別政治

「中國的」女權、翻譯的慾望 與馬君武女權說譯介*

前言：問題的提出

光緒二八年（1902）的《大公報》上有一篇時論＜論譯書＞，頗能道出當時「譯書」作爲一股神奇魔力的想像：

> 今天下啟民智、開風氣、破積弱、伸至強、增識見、濬性靈、博古以知今，由中以達外，固莫若讀新譯之書矣。然在上者果能讀新譯之書，則體國經野之事，富強之至計，憲法之規模，當可了了於胸中；在下者果能讀新譯之書，則國民之責任、合群之主義，必致盡人而知，以之勸導鄰里鄉黨，以之鼓勵後生小子，吾中國猶患不自立乎？故婦人女子販夫走卒，苟能稍稍研究新譯之書之理，其性情必奮發，其意氣必激昂，其見事必明，其處

* 本文是國科會補助的二年期計劃「清末以迄五四的國族主義、性別建構與異類女『性』」（NSC88-2411-H-007-026）第一年研究的初步成果之一。部份內容曾經由蔡英俊教授翻譯，以"The Desire to Translate and the Desire in Translation: Empire, Colonialism, and Identity/Resistance in Ma Chun-wu's Chinese Translation of 'The Rights of Women'"為題，發表於"American Studies Association: American Studies and the Question of Empire: Histories, Cultures and Practices" (1998/11/19-22, Seattle, Washington)國際學術會議。

事必當。甚矣，新譯之書不可不讀也。[1]

這是一種特別的翻譯活動，如梁啓超所說，「苟其處今日之天下，則必以譯書爲強國第一義」[2]，鑲嵌在帝國主義與救國強種的論述中，與過去翻譯佛經、淸中期滿漢藏諸文字的互譯等[3]，都不相同。翻譯不但擔負著使得中國從帝國傳統的過去解放出來的任務或幻想，同時夾帶著對於對象語言的強烈慾望。直到五四時期的胡適，仍然說：

> 怎樣預備方才可得著一些高明的文學方法？我仔細想來，只有一條法子：就是趕緊多多的繙譯西洋的文學名著作我們的模範。我這個主張，有兩層理由：第一、中國文學的方法實在不完備，不夠作我們的模範。……第二、西洋的文學方法，比我們的文學，實在完備得多，高明得多，不可不取例。[4]

透過這類的對於翻譯的主張，一方面躋身於現代化的文明進步行列，另一方面同時也生產或複製著「中國－西洋」的不對稱關係，這種不對稱又被構想爲一種時間序列上的成熟與不成熟。於是，西洋與中國的文學成爲完備與不完備之別。而這段話還透露的不易覺察的消息是，文中的「我們」其實既不是中國，也不是西洋。當胡適說「中國文學」

---

[1] 《大公報》（天津版）39 號（光緒二八年六月二十一日〔1902, 7, 25〕）「論說」欄。

[2] 梁啟超＜論譯書＞(1896)《飲冰室合集》1（北京：中華書局 1989）頁 66。

[3] 馬祖毅《中國翻譯簡史：「五四」運動以前部分》（北京：中華對外翻譯出版公司，1984）。

[4] 胡適＜建設的文學革命論＞（1918）《胡適文存》1（台北：洛陽圖書公司）頁 70-71。

不夠作「我們」的模範時，「我們」與「中國」並非一體，而似乎有
著時間上的距離，但這個距離在提出「西洋」時被消除，成爲「我們
的文學」；「中國」也因而在「我們」與「西洋」並列的時刻，成爲
一個永恆的過去式。但「我們」可能疏離徬徨交戰於中國與西洋之間，
想要學習、模仿、追趕「西洋」的慾望，與想要壯大獨特之自己的慾
望，糾纏在一起。「我們」不斷成爲「西洋－中國」這套範疇使力的
工具，又不斷繼續生產「西洋－中國」的此疆彼界。

　　另外，馬君武民國八年爲《達爾文物種原始》譯書自序中謂：

> 此書為全世界文明國所盡翻譯，吾國今既不能不為文明
> 國，為國家體面之故，亦不可無此書譯本。[5]

「國家體面」亦列爲翻譯世界名著的理由之一，是進入「文明國」的
手續之一。而進入文明國，以及擁有名著譯本，是那個歷史時刻的「不
能不爲」與「不可無」。

　　西元一九〇四年，《警鐘日報》上的一段文章〈黎里不纏足會緣
由〉，下面的這段話值得注意：

> 海通以來，歐美文明窈窕之花，將移植於中國。彌勒約
> 翰、斯賓塞之學說，汽船滿載，掠太平洋而東。我同胞
> 女豪傑亦發憤興起，相與驅逐以圖之，女界文明，稍稍
> 啟矣。[6]

---

[5] 馬君武(譯)《達爾文物種原始》（1919）（台北：中華，1984）頁2。

[6] 《警鐘日報》(羅家倫主編，中華民國史料叢編，1968)，1904年3月13號，
　　第三版。又見於《柳亞子選集》頁41。該文原刊於《女子世界》第三期(1904

而 1917 年《新青年》的＜女權平議＞一文仍說：

> 歐洲自盧梭，福祿貝爾，彌勒約翰，斯賓塞爾諸鴻哲提
> 倡女權，男女漸歸平等。[7]

從世紀之初開始，中國女權發展的敘事，便一直是這樣的一則「移植」的故事，女權的故鄉是「西方」或「歐美文明」，一朵已經在歐美長成的窈窕之花，搬來此地。而此地以「發憤興起」或「相與驅逐」來回應。在這個敘事模式之下，糾纏著的是「橘逾淮而為枳」的焦慮[8]，或者是「由移植到生根」的書寫慾望。在這個敘事模式之下，世紀之初歐美女權在歐美的歷史發展軌跡，以及當時歐美社會父權文化與女權之間的衝突、女權在歐美萌芽發展的奮戰過程，都消泯不見。在「移植」的敘事裏，歐美文明凝固在一個時間節點上，作為一朵成熟的文明窈窕之花，飄洋過海。這個敘事，基本上是上個世紀後半葉以來帝國主義的敘事。藉著生長－移植，飄洋過海－發奮興起這樣的自然或經驗心理過程，將西方－非西方、歐美文明－東方落後等對立項，凝固於一個非歷史的狀態中。這也同時將語言、文化、文明之間歷史性

年 2 月 1 日出版)，為柳亞子(1887-1958)代倪壽芝所作。又參李又寧·張玉法(編)《近代中國女權運動史料 1842-1911》（台北：傳記文學，1975）頁868。這段話中的一些用語，已見於《女界鐘》（1903），如「非有彌勒約翰、斯賓塞之雷霆冰雪，廓清掃蕩，則女界至今其猶晦寧也。」（頁 58）「而使法蘭西、美利堅國，文明窈窕之花，移植於黑暗淒涼之中國。」（頁57）

[7] 這篇文章作者為吳虞，但當時以妻子曾春蘭的名義發表。

[8] 從中國開始師法西方，便有著「淮橘為枳」的焦慮，略舉一例，嚴復的＜原強（修訂稿）＞便有如下語句：「此中大半，皆西洋以富以強之基，而自吾人行之，則淮橘為枳，若存若亡，不能實收其效者，則又何也？」（王栻(編)《嚴復集》（北京：中華，1986）頁 26。

的不對稱自然化。於是，在這樣的敘事中，建構出了中國人接受西方
男哲人之女權學說的方式，以及中國女人「奮發興起」的原因與結果。
在這樣的敘事裏，當時反對女權說的西方男性知識分子，或是當時西
方女權運動所經歷的反對抗爭過程，幾乎不被算爲歐美文明，「歐美
文明」成爲殖民敘事中製作的一朵窈窕的玻璃花。

　　不論東方西方，女人在各自的社會裏，都經歷過侷限、壓抑與改
變，女權主義，在不同的歷史中，經歷與不同的父權或各種傳統性別
規範抗爭的過程。西方的女權說，當然也是在一個爭戰論辯的過程中
產生的。例如，關於女子教育問題，十九世紀晚期西方保守的觀念是：
每一個女人天生自然都是要做妻子與母親的，那麼，給予女人學術或
專業教育，就被認爲是浪費了可貴的資源，而且可能使得她不能扮演
好她的傳統角色。與彌勒約翰（John Stuart Mill, 1806-1873）同時代的
英國學者史密斯（Goldwin Smith 1823-1910）就認爲，從生理的觀點而
言，受教育的女人會是比較差的母親[9]。但這樣的保守觀念，很少在殖
民效應的中國女權發展敘事中被指認爲「西方的」。

　　出版於一九〇三年，曾被譽爲「近代中國資產階級論述婦女問題
的第一部專著」[10]的《女界鐘》[11]，當時林宗素女士所寫的序文，稱作

---

[9] Goldwin Smith, "Female Suffrage," (1874) in *The Subjection of Women: Contemporary Response to John Stuart Mill*. Andrew Pyle ed., Bristol, (England: Thoemmes Press, 1995: 266-285).

[10] 劉巨才《中國近代婦女運動史》（北京：中國婦女出版社，1989）頁 153。

[11] 金松岑《女界鐘》，署名「愛自由者金一」。本書影印本的獲得，要感謝
李又寧教授、游鑑明教授，以及清華中文所洪曉惠。關於《女界鐘》一書
的作者、出版狀況及內容，參李又寧〈《女界鐘》與中華女性的現代化〉
《近世家族與政治比較歷史論文集》（臺北：中研院近史所，1992：
1055-1082）。

者金松岑(1873-1947)[12]為「我中國女界之盧騷也」(＜序＞:2)。這其實是一個具有弔詭性的稱呼。盧騷(Jean-Jacques Rousseau 1712-1778)與「女界」究竟關係若何？盧以生理之自然定義女人，亦即以性和生殖的自然功用定義女人，並且認為女人是附屬性的，而這並不是偏見或習俗，乃是事物之自然與必要次序。當今有女性主義者指出，盧騷對於女人的天性、教育以及在社會政治秩序中之合宜位置的觀念，可視為整個西方父權傳統看待女人的代表。從瑪麗・沃斯頓克拉芙特(Mary Wollstonecraft 1759-1797)批評盧騷《愛彌兒》(*Emile*)對於蘇菲(Sophie)的教育設計──不同於愛彌兒的理性發展，而著重感性的發展，成為體貼的賢妻良母──，到後來女性主義學者指出，盧騷對女人的觀念，其實破壞了他自己主要的倫理與社會學說的重要原則。[13]盧騷對於女性的意見，從未獲得所謂西方女權主義者之青睞[14]。然而，枳逾淮而為橘，

---

[12] 參嘉堯＜國學大師金松岑＞《人物》（1985 年 1 期：120-122）。

[13] Susan Moller Okin, *Women in Western Political Thought*. Princeton, (New Jersey: Princeton University Press, 1979: 99-105); Diana Coole, *Women in Political Theory: From Ancient Misogyny to Contemporary Feminism. Boulder*, (Colorado: Lynne Rienner Publishers, 1993: 78-101)。Lynda Lange 對於女性主義如何讀盧騷，有不同的觀點，但仍認為：因為盧騷是現代思想家，對於反女性主義，仍然有用。因此，女性主義閱讀盧騷，是一種「認識敵人」的操練，然而，由於盧騷對於男性宰制結構的諸多面向十分清楚，從女性主義批判角度去看，就可以成為一種對於宰制體系的有效批判。參 Lynda Lange, "Roussear and Modern Feminism" in *Feminist Interpretations and Political Theory*. Mary Lyndon Shanley and Carole Pateman ed. (UK: Polity Press, 1991: 95-109).

[14] 當然，盧騷對於賢妻良母教育的主張，會獲得賢妻良母主義者的共鳴，例如，1926 年 12 月 15 日的《晨報副刊》有梁實秋＜論盧梭的女子教育觀＞一文，大大贊同盧騷。梁氏提及，商務出版的《愛彌兒》中文譯本序謂盧騷論女子教育部份「他的主張非但不徹底，而且不承認女子的人格，和前四編的尊重人類相矛盾。」梁氏反駁這個說法，梁認為盧騷之論女子教育「的確精當」，「實足矯正近年來男女平等的邪說，非遇天才，曷克臻

二十世紀初的中國，出現「我中國女界之盧騷」作爲稱譽一位中國男性女權先聲的讚詞。這正是關於所謂「中國女權」的學說、歷史或再現之種種矛盾複雜性的一個癥候。「我中國女界之盧騷」一詞，在無意識層面的反諷性、弔詭性以及矛盾又不清純的雜種性，正是這個階段女權論述的歷史組成。刻劃著女權不僅止關乎性別。

彌勒於 1869 年發表"The Subjection of Women" 一文，在當時即引起廣泛討論[15]，他的確在女性主義歷史或政治思想上佔有一席之位[16]，是自由主義女性主義理論的重要開山之一[17]。七〇年代相當基進的女性主義者凱特蕭樂(Kate Millett)仍然欣賞彌勒的洞見[18]。然而，彌勒的女權說在中國經過馬君武的摘要翻譯，出現的是「家庭者，國之脊骨也，

此？」（頁 221）梁氏堅持男女有別，正當的女子教育即「使女子成為完全的女子」，亦即「賢母良妻」的教育，他說：「誰不知道，盧梭是革命思想的前驅，是平等學說的先覺，是近代教育思想的泰斗？以盧梭而主張『賢母良妻』的教育，所以益發值得我們的研究。」（頁 223）轉引自汪丹（編）《民國名報擷珍：女性潮汐》（天津：人民出版社，1998）

[15] 參 Andrew Pyle. (ed.) *The Subjection of Women: Contemporary Response to John Stuart Mill*. (Bristol, England : Thoemmes Press, 1995).

[16] 參 Susan Moller Okin, *Women in Western Political Thought*, (Princeton, New Jersey: Princeton University Press, 1979) pp.197-232; Diana Coole, *Women in Political Theory: From Ancient Misogyny to Contemporary Feminism*. (Boulder, Colorado: Lynne Rienner Publishers, 1993) pp.102-118; Stefan Collini ed. (John Stuart Mill) *On Liberty; with The Subjection of Women; and Chapters on Socialism*, (Cambridge, New York: Cambridge University Press, 1989) pp. xvii-xxi.

[17] Rosemarie Tong, *Feminist Thought: A Comprehensive Introduction*. (London : Westview Press, 1989) pp. 17-22.

[18] Gail Tulloch, *Mill and Sexual Equality*, (Hertfordshire [England]: Harvester Wheatsheaf; Boulder, Colo.: L. Rienner Publishers, 1989) pp.:xii-xiii; Kate Millett, *Sexual Politics*, (New York: Simon & Schuster, 1990[1969]) pp.88-108.

在家庭間如是，在一國中亦何獨不是」、「女人遂能與國相直接而有國民之責任焉」[19]等「適合國情」的意義；此與所謂西方女性主義對彌勒女權說的討論脈絡略無相干。

斯賓塞（Herbert Spencer，1820-1903）與女權的關係則比較複雜。他的女權思想在他有生之年就已被他自己遺棄。其"The Rights of Women" 出版於 1851 年，是 Social Statics 書中的一章，比彌勒的"The Subjection of Women"還早。當時他認為，男女生理的差異以及心靈上細微的不同，不能構成將佔半數人口的女人驅逐於法律、平等、自由之外的理由，而在 Social Statics 一書中，他也認為：選舉權應是不論性別與財產人人可得。然而，這個意見在他晚期成熟之後，就放棄了。男女之間的心靈差異，早年的他認為是「細微」的不同，而後期的他卻認為是重要到足以不允許女人獲得選舉權的理由。雖然日漸的進化是可以消泯男女差異，但他認為這還需要長久的時日，此刻女人還不夠格分享公共權力。這些意見都表達在他 1892 年的 Social Statics 修訂版中。在這個版本中，"The Rights of Women"一章刪掉了關於女人的政治權力的討論，以及關於平等自由法律的部份[20]。從這個例子看，橘逾淮的確不會再是橘，但作為枳，它也就在枳所在之地，擔任了枳的功用。枳之如何溯源於橘，也在於特定的歷史偶然性。

所謂「西方的」女性主義，當然不止一種，也各有其複雜的歷史過程。以英國女性主義為例，目前已有許多研究指出，十九世紀英國女性主義的一個極其重要而又被忽略的特色是：它是在帝國時代成熟的。帝國主義文化對於女性主義意識型態的影響，包括了工業革命對

---

[19] 馬君武＜彌勒約翰之學說＞(1903)《馬君武集》（章開沅主編，武漢：華中師範大學出版社，1991）頁 142-145。

[20] Michael Taylor, "Introduction," *Social Statics* pp. xiii-xv.

婦女生活的影響、或者自由主義的個人主義論述對於維多利亞婦女運動的衝擊等等。即使帝國主義意識並不容易度量,但當今史學家多同意:基於英國帝國地位,那種國家與種族的優越感,是維多利亞文化的構成原則之一,而維多利亞女性主義者無可避免地共享這份優越感。而這種與帝國共享的心態結構,使得她們可能不會把印度的女人視爲平等的姐妹,而是不幸而有待英國女性主義者拯救的姐妹[21]。所謂「西方女性主義」,同樣交織於諸多特定歷史文化社會脈絡,而不純粹是一個性別的覺醒,一個單一的源頭。

然而,中國-西方對應於移植-源頭,這樣的二元敘事其實行之已久,具體操作於這個二元敘事中的權力或疆界的版圖結構與交戰,究竟是什麼?

女權與國族主義

本文嘗試思考的背景問題在於,自上個世紀之交以來,「女性主義」普遍被認爲是一個源頭在於「西方」的舶來品,對於「女權」的提倡,或者中國婦女解放的歷史,則多被再現爲中國男性知識分子由上而下倡導的結果。[22]甚至,被認爲是「影響近代中國婦女生活與地位

---

[21] Antoinette Burton, "The White Woman's Burden: British Feminists and The Indian Woman, 1865-1915." *Women's Studies International Forum*. Vol. 13. No. 4, 1990: 295-308.

[22] 而這些研究也多半指出,清末以來注意婦女議題的男性知識分子,其出發點爲救國保種,而非婦女權益本身。例如,李又寧<中國新女界雜誌重刊序>《重刊中國新女界雜誌》(台北:幼獅,1977);林維紅<婦女與救國:清末到五四女權思想的發展>(《幼獅月刊》353期,1982);王秀雲<「女性與知識」的幾種歷史建構及其比較>(清大歷史所碩士論文,1992); Christina Kelley Gilmartin, *Engendering the Chinese Revolution:*

轉變的重要里程碑」的不纏足運動，也「幾乎主要靠男性的倡導」[23]。
晚近在漢學性別研究中，則更經常意圖區分一種「中國的」性別研究，
甚至是「中國的」性別(不)歧視或性別論述，以別於「西方的」「兩性
對立」式的「太過激烈」的女性主義或是其他主義。[24]

Radical Women, Communist Politics, and Mass Movements in the 1920s.
(Berkeley: University of California Press, 1995)；又參 Charlotte Beahan,
"Feminism and Nationalism in the Chinese Women's Press, 1902-1911,"
Modern China vol. 1, no. 4 (October, 1975)；Catherine Gipoulon, "The
Emergence of Women in Politics in China, 1898-1927," *Chinese Studies in
History* (Winter, 1989-1990).

[23] 林維紅＜清季的婦女不纏足運動（1894-1911）＞（《台灣大學歷史學系
學報》16，1991：139-180）。

[24] 這個說法的典型表達，可以韓獻博為例。他批評當今中文書寫的中國性別
研究使用西方的觀念及術語。他認為：過去中國有本土的兩性論述，使用
本土的字彙、價值、目的、思想等；因而質疑一個「民族」是否可能以「外
來」的思想適切了解其「本身」的問題。這篇文章在會議發表時，評論人
蘇哲安指出該文論述策略為「國族主義」的策略，無法擺脫西方啟蒙式的
認同。參 Bret Hinsch, "The Westernization of Chinese Gender Studies" 在《「性
別的文化建構：性別、文本、身體政治」國際學術研討會論文集》(新竹：
清華大學兩性與社會研究室，1997)。在漢學研究中，將「西方理論」與
「中國材料」作為一對類似「中體西用」的觀念，由來已久。這種說法的
典型圓融表達，一個例子如下：「引用西洋理論來研究中國題材的風氣，
發展到今天已司空見慣了。固然這可幫助認識現象和問題，但有時也不免
有勉強湊合，或削足適履和歪曲之弊，因為中國的素材和傳統思想路線，
不必適應西洋的模式。」（周策縱＜五四思潮對漢學的影響及其檢討＞林
徐典編《漢學研究之回顧與前瞻》(歷史哲學卷)北京：中華書局，1995，
頁 162。）「中國的素材和傳統思想路線」，也就在這個「是否適應西洋
某理論」的修辭性檢驗下，不斷重新被建構，並且重新排除某些詮釋方式。
就性別研究言，韓的這種批評模式毋寧是「西方」位置的。「西方─東方」
的抽象概念框架，隱藏歷史中殖民權力暴力與雜種事實，又由於任何一個
生存著的身體都交雜著多重複雜的認同與慾望，既不是「西方」也不是「東
方」，於是這個概念框架生產出的論述或發言位置佔有者，可以是「中國
人」也可以是「西方人」。任何佔這個論述發言位置的人，批評「中國」
的研究僭取了「西方理論」，因而失去了「中國」作為「西方」之「他者」

　　於是，兩種糾結矛盾令人感到興趣。所謂「本土女性主義」的再現，如果放在國家的架構內時，則有一個「男性」的源頭（即：中國的女性主義，來自中國男性知識分子的倡導），而放在帝國主義殖民架構時，則又有一個「西方」的源頭（即：中國的女性主義，來自西方的女性主義）。也就是說，如果要建構所謂「本土女性主義」的歷史，那麼，不論是問問題的方式，或者是提出的答案，都必然與「外來」糾纏不清，不論這個「外來」是女性的對立面男性，或是中國的對立面西方。因爲問題的本身就來自這個「本土－外來」、「中國－西方」、「女－男」的權力架構，而這個架構的本身，早已經是權力不對稱的產物。於是，總是以她的壓迫者作爲抗拒的對象，同時又免不了發現其抗拒壓迫的主體源頭正在於壓迫者，雖然她仍是以逃離這個源頭作爲目標。如是，這個性別與國家的後殖民主體建構，在意識層面之力圖純淨（亦即，力求「女性」與「本土」的純淨主體性），以及無意識層面之總是無法純淨（亦即，總是結果以她試圖擺脫的殖民者或壓迫者爲源頭，成爲一個雜種後代），讓人無法不面對後殖民主體難以清純的問題。

　　而這並不是僅見於中國女權論述的問題，第三世界被殖民國的女權與國家或民族主義的發展，可以見到類似的軌跡。例如，印度自十九世紀以來，也有類似的狀況。在掙扎於帝國主義強勢文化的奮戰過程中，「西方」是「落後的」印度要奮發圖強的主要資源。在印度，

的材料性或「東方性」時，「中國」的不穩定性或爭論性或緊張性，以及被慾望著繼續建構性，將以「西方理論不適於中國材料」的修辭方式出現。而有時，愈是在「西方」的位置，愈是必須堅持「中國」的「東方性」。而這個「西方」的位置，同時蘊含的另一面也是壯大「中國」的國族位置。（這不一定是國族認同的位置，可能也是學術領域的位置）。性／別議題就可能在「中國－西方」的議題裏被延宕。

提升婦女地位的女權運動也是「由她們的壓迫者——男人發起的。」[25]
印度也曾出現類似「中體西用」的論述，將印度本身視為精神的本質，
而西方則是物質文明資源。以精神本質為內在中心，問的問題是：外
在的西方有什麼是我們要的，而什麼不是。「我們」對於外在的西方，
不是盲目接受，而是截長補短，取其所需[26]。在這種思考方式的制約下，
「西方」成為外在於「我們」的一種物質或物資，它影響「我們」，
制約「我們」，而「我們」強迫自己去選擇、調適。「內在的本質」
不時焦慮著如何選擇性地向「外在的物質文明」取其所需，而又不失
其自我的「真正」本質。與這種內／外的對立相關的二元項，則是家
庭／世界，以及女／男。外在的世界是男人的（西方），而內在於家
的女人（東方），一方面要選擇性地自外追求新知，一方面又要竭力
保持她的內在純淨不受外在世界的污染。西方是外在世界，而內在於
家的東方，既不能心醉西風又不能墨守故紙。在國族內部性別與國家
的關係上，一方面要求婦女要成為「新女性」，一方面又充滿了對於
「新女性」之不純淨的焦慮；「她」既要與西方女性不同，又要與傳
統女性不同。又由於國族主義對於男／女、外／內、物質／精神的思
考形構未變，「新女性」也就仍要在新的父權體制之下被定義[27]。「中

---

[25] Vir Bharat Talwar, "Feminist Consciousness in Women's Journals in Hindi, 1910-20," *Recasting Women: Essays in Colonial History*. Sangari, Kumkum Vaid, Sudesh ed., (New Delhi: Kail for Women, 1989) p.205.

[26] 王爾敏謂晚清知識分子就中西分內外者，有兩種意義，「一種內外是就部位而言」，如張之洞：「中學為內學，西學為外學；中學治身心，西學應世事。」「另一種內外是就夷夏而言」，如＜龍南致用學會章程序＞：「春秋之義：內其國而外諸夏；內諸夏而外彝狄。今四彝交侵，小雅廢絕，危亡之禍，將不旋踵。合中國二十一行省皆諸夏，合英法德美俄皆彝狄。」參王爾敏《晚清政治思想史論》（台北：商務印書館，1995）頁 60-62。

[27] Partha Chatteriee, "The Nationalist Resolution of the Women's Question,"

國」焦慮著不能像西方，卻又不能不學習西方，而且早已經浸淫於「西風東漸」的世界裏；而「中國女人」既要向「西方美人」學習，又要不能像西方，也不能像「中國封建傳統女人」。讓「東方」或「女人」－－直處在被定義、被觀看、被評量的位置上，在東西二端之間掙扎出總已經是難堪而不清純的主體性，正是「東－西」二元框架的直接效應[28]。

另外一個問題是，當在女性主義的研究中，區分「中國」與「西方」時，性別的認同與國別或種族的認同，究竟關係如何？如果去殖民、去西方霸權是一種研究的意圖或倫理，那麼，刻意地將女性主義指認爲「西方」的舶來品，並且刻意地尋找「中國」或本土的女性主義，是否真是一種有效的策略？周蕾曾經指出：

> 刻意的將女性主義本土化和民族化，為的當然是想解構西方，對西方霸權話語作出批判。然而，對西方的批判不能區區藉著新名詞「女性主義」去發揚「中國」一字後面所含括的反動及國族主義的觀念而奏效。同樣地，希望透過女性主義來解構「父權話語」霸權的嘗試，也早被強調「中國」而遭封堵，因為在這種強調中，「中

Recasting Women: Essays in Colonial History. Sangari, Kumkum Vaid, Sudesh ed., (New Delhi : Kail for Women, 1989) pp. 233-253.

[28] 胡適曾經批評過「讒貶西洋文明為唯物的，而尊崇東方文明為精神的」這種見解，他認為「從前東方民族受了西洋民族的壓迫，往往用這種見解來解嘲，來安慰自己。」而胡適對於這個見解的批駁是，西洋文明是「真正理想主義的文明，決不是唯物的文明」，東方「懶惰不長進的民族的文明」才是「真正唯物的文明。」（胡適＜我們對於西洋近代文明的態度＞）這當然仍是胡適「充分世界化」（見胡適＜充分世界化與全盤西化＞）的主張下對於東、西文明的詮釋，在「西－東」框架裏，強化「西」的可欲性。

國的」變成了一個絕對的符號，一種無從量度的絕對差異。

我認為，偏偏當西方本位以外的「其他婦女」都如此這般地被指派了她們「各自」的國家及種族身分時，她們也就正好被褫奪了道出自己生存實況的發言權利。在民族主義的背景下安插上「中國女性主義」的旗幟，並未能真正為現代中國婦女開出一條屬於自己的通道；相反地，這只是反而一次又一次鞏固了根深蒂固的父權思想——……結果只成了本土傳統得以延續的最新明證。[29]

於是問題變成：對於西方以外的「其她」婦女或女權研究來說，如果不堅持一種所謂的本土性，作為一種差異，則將有埋沒於所謂西方霸權女性主義理論或話語泥沼之虞；但如果堅持一種本土性，卻又極可能落入國族主義典範中的所謂本土女性的本質性種族或國族身分的陷阱，而在說話當時失去了自己的聲音。也就是說，「中國」女人必須站在「中國」男人的同一邊，而在僅僅是相對於「西方」的「中國」（可能總已經是過去式了）這個符號下，放棄或者視而不見其內在或在地的衝突差異矛盾，以及全球文化交流後的雜揉性，不斷繼續建構一種不容變易的「中國性」。對於周蕾來說，以她討論丁玲作品的例子，似乎她並非反對「『中國的』女性主義」的說法，只是，必須要是一種脫離民族主義典範中所能承載的「中國的」女性身分：

---

[29] 周蕾，《婦女與中國現代性：東西方之間閱讀記》（台北：麥田，1995）頁 308-9。

> 那麼，丁玲的「中國的」女性身分，便比民族主義典範
> 中所能承載的遠為複雜。我認為「中國的」女性主義的
> 意義，應該落實在這些矛盾中，而非在一種「異時主義」
> （allochronism）式的所謂「中國化」女性身分中。[30]

也就是嘗試看見一種具有歷史性的中國女人，認識到她身上或作品中已經具有的歷史性的主體形塑以及過程中的張力，其間種種的複雜矛盾性。然而，這個歷史性的主體形塑或交戰過程，可能老早已經是一個「飽受西方文化薰陶」的混血雜種。

各種歷史文化軌跡在交會的過程中，無可避免的已經產生了無可計數的交配慾望與實踐[31]，那麼，「女性」或「女性主義」是否仍然要在殖民框架中繼續擔負維繫種族與國族之純淨的任務？而在「東方」與「西方」的此疆彼界不斷變動的歷史裏，如何看見這個版圖疆界的建構政治與歷史軌跡？如果這曾經是殖民的軌跡，並且早已經產生了交媾的雜種後代，那麼，雜種的自強方案，是否在東西兩端之外，不必是苦苦忠於「東－西」框架中「東方」位置的鄉愁或焦慮，而是看見雜種的歷史性、開放雜種的多重空間、創造新的關係？

當然，許多研究已經分別由歷史與理論層面指出了後殖民國家以國族或民族主義解決女性主義或婦女問題的必然失敗。一方面，國族主義假設的是一個忠誠團結合一的主體，以及連續性的線性歷史，而女性主義假設的主體要從歷史生存的父權體制掙脫，多少具有不忠性

---

[30] 周蕾《婦女與中國現代性：東西方之間閱讀記》頁 309。

[31] Jen-peng Liu, "A Desire for 'Western Beauty': Gender and Sexual Fantasies in Late Qing Feminist and Nationalist Discourses" presented at Second International Conference "Crossroads in Cultural Studies" June 28- July 1, 1998, Tampere, Finland.

[32]，並且必須肯定歷史斷裂性，才有重新出發的可能，二者方鑿圓枘；另一方面，西方帝國主義之後的國族主義本身，帶著一具已經爲西方所「玷污」的身體[33]，如果一方面選擇性地挪用西方，一方面又堅持固守自我的純淨不染，就成爲一個精神分裂的自我，也使得它所認爲的自我歷史，必然成爲一個壓抑性的，而且是本質性的「非歷史」。亦即，國族主義的本質性主體（例如：本質性、精神性的「中國傳統」），與一個要生產出物質－歷史知識的所在（在時空中不斷變動，與所謂外來因素不斷交流甚至交配，以致於發展至今的雜種異質），基本上是互斥的。國族主義無法爲自己的內在認同生產出符合自己的歷史（因爲，總是早已經接受了所謂外在的、西方的、所謂理性啓蒙進步的世界觀或認知方式，生產出的歷史，又成爲外在西方凝視下的非歷史）；於是，女人成爲這種歷史的失敗的一種比喻：國族主義會同時把女人當作犧牲者，以及女神[34]。這個現象，我們在晚清以來國族主義的婦女

---

[32] 婦運論述中表達出這個意思的，例如論及「婦女運動的意義」，民國二十三年的劉王立明說：「婦女運動就是婦女革命的意思，中國婦女運動就是中國婦女起來革命。」參劉王立明，《中國婦女運動》（上海：商務，1934）頁 2。當然，「革命」的實質意義或內容隨時空而不同，並且自覺不忠於某一結構時，卻可能不自覺忠於另一結構。例如，菁英知識分子的「女性自主」、「婦女解放」或「女性主義」（歷史證明，這是男女都可能佔領的論述位置），可能自覺地向封建傳統或父權結構革命，卻不自覺地忠於未經反省的知識分子美學、或結構性位置的優越性。

[33] 此處「玷污」必須脫離傳統價值判斷。「玷污」的身體是一個可以追究歷史、追究公義的地點，具有多重可能性。沒有鄉愁，面對的是衝突矛盾與不完整不純淨的歷史事實。

[34] Partha Chatterjee, "The Nationalist Resolution of the Women's Question," *Recasting Women: Essays in Colonial History*. Sangari, Kumkum Vaid, Sudesh ed., (New Delhi : Kail for Women, 1989) pp. 233-253.; R. Radhakrishnan, "Nationalism, Gender, and the Narrative of Identity," in Andrew Parker, Mary Russo, Doris Sommer, and Patricia Yaeger eds., *Nationalisms and Sexualities*,

解放論述中也可以看得見,一方面中國二萬萬婦女都是封建社會奴隸
般的存在,一方面二萬萬女子又是國民母,是救國強種的活水源頭。
而就當今宣稱「中國的」女性主義歷史研究來看,常見的明顯的矛盾
則是必須以非歷史的「中國性」將歷史婦女一以貫之。於是,論及「中
國傳統婦女」,便將「中國封建傳統的女人都是被壓迫的」說法歸於
「西方兩性對立式的女性主義影響」,或是「東方主義」的影響;而
以一種所謂中國與西方不同的「中國性」,謂中國歷史的兩性關係不
是西方對立式的,而是陰陽和諧的等等。將數千年歷史上的不同階級、
不同地域、不同生產方式等等異質的女人,都在一個「異於西方」或
者「異於現在」的「中國」假設之下,成為同質的一體。又或者,為
了扭轉「傳統中國女人受壓迫」的印象,於是以傳統上層婦女的「才
女」文化為再現的主體/題[35]。事實上,「傳統中國女人受壓迫」的論
證資料來自傳統男人經籍禮法律典道德論等,而「傳統中國才女文化」
的舖陳資料則多在於有資源進入文人圈的出版品。不論如何,在相對
於「西方」觀看的本質統一性的「中國」之名下,先行封閉了內在的
權力、衝突、差異與下層觀點的可能性。

國族主義意識型態佈署了內／外之別,亦即本土與西方之別,同
時又造成精神分裂的認同焦慮與壓抑的解決。於是,後殖民的工程以
及敘事,走出國族主義,尋求一個不同的政治倫理或目的論,既不是

(New York & London: Routledge, 1992) pp. 84-85.
[35] 近年漢學界婦女研究對於明清「才女」的再現相當盛行。如 Dorothy Ko,
*Teachers of the Inner Chambers: Women and Culture in Seventeenth-Century
China.* (Stanford: Stanford University Press, 1994);Susan Mann, *Precious
Records: Women in China's Long Eighteenth Century* (Stanford: Stanford
University Press, 1997);Ellen Widmer & Kang-I Sun (eds.) *Writing Women in
Late Imperial China*, (Stanford: Stanford University Press, 1997.)

西方啓蒙的主體，又不是一個對立的本質性本土主義，在理論上似已
無須辯論。然而，當面對具體的物質歷史，如何閱讀既存的佈署，不
致於驟然將挪用殖民者的在地對抗或自我培力，立即讀成是失去自主
性的效靈；也不致於輕易在斥責本質主義中替換以建構爲本質，這在
具體歷史的書寫或理解上，仍然是一個爭論或探索的所在。

　　晚近的漢學性別研究，意圖脫離所謂「東方主義」的模式，成爲
注目的焦點之一。批判「東方主義」而另起爐灶的論文，不在少數。
然而，對於「東方主義」這個假想敵的內容，其實有極不一致的想像。
例如，高彥頤（Dorothy Ko）指控的東方主義，是指西方帝國主義影
響之下，將傳統中國婦女建構想像爲受壓迫的、受害的奴隸形象。於
是她的研究力圖勾繪一個活躍而極具自主性的古典上層女性文化世界
[36]。另外一種被指控的「東方主義」則與此恰恰相反，如研究中國古代
性生活的著名荷蘭學者高羅佩，他勾繪了一個性愛生活健康而多彩多
姿的中國古代社會，也被指爲「東方主義」。Charlotte Furth 指出，高
羅佩的《中國古代房內考》自 1961 年初版問世起，即成爲英文漢學研
究在這方面的基點，它可視爲東方主義著作中的經典[37]。但不論所批判
的「東方主義」內容如何，如果研究的宗旨是找出脫離「東方主義」
的「真正的」「中國歷史婦女」、或是「真正的」「中國的性別研究」，
也就仍然固著在「東方」或「中國」上。而在自我東方化之下，依然
繼續建設不同的「東方主義」。晚近中國婦女史對「中國婦女」再現

---

[36] Dorothy Ko, *Teachers of the Inner Chambers: Women and Culture in Seventeenth-Century China.*

[37] Charlotte Furth, "Rethinking Van Gulik: Sexuality and Reproduction in Traditional Chinese Medicine" Christina K. Gilmartin, Gail Hershatter, Lisa Rofel, Tyrene White eds., *Engendering China: Women, Culture, and the State,* (Cambridge, Mass.: Harvard University Press, 1994).

策略的轉變，是傾向於將中國婦女呈現爲「歷史的能動主體」，而不是「父權體制所壓迫的客體」[38]，的確開拓了對「中國婦女」的想像圖像。但另一方面，從個人在體制中求生存（與求發展）的角度詮釋主體能動性，可能沒有個體不是能動主體；「父權體制所壓迫的客體」概念範疇所指，與歷史社會生存個體的複雜存在，是兩種回事。「父權體制所壓迫的客體」不必然就不是歷史現實生活生存中的能動主體；反之亦然。況且，權力與主體的關係，可能互相建構；體制的運作本身，當然也同時蘊含主體的投資；「客體」與「主體」的建構，關係可能相當紛雜。那麼，究竟在什麼意義脈絡或美學政治下，「父權體制所壓迫的客體」與「歷史的能動主體」二者，成爲再現女人情境的二種簡化而互斥的模式，在某一歷史時刻，只見前者；而另一歷史時刻，後者又比前者可欲？又由於「中國」與「中國婦女」在新的再現模式中都有待反轉被觀看的印象——「中國」要脫離「壓迫女人」的印象，「女人」要脫離「被中國壓迫」的印象，於是，對抗「東方主義」問題的起點與答案可能都難以脫離將「西方」作爲想像的觀看或凝視者。而「性別」作爲一個分析的範疇，所可能對「中國」歷史性

---

[38] 例如，Susan Mann 指出, Patricia Buckley Ebrey 的 *The Inner Quarters: Marriage and the Lives of Chinese Women in the Sung Period*. (Berkeley: University of California Press, 1993)與 Dorothy Ko 的 *Teachers of the Inner Chambers: Women and Culture in Seventeenth-Century China*, (Stanford, Calif.: Stanford University Press, 1994) 二本「劃時代的」中國婦女史著作，挑戰了「東方主義」的中國婦女觀，認爲二書提供了中國之外閱讀英語的史家，一個對於現代之前的「中國婦女」新的看法：將中國婦女呈現爲「歷史的能動主體」（historical agents），而不是父權體制所壓迫的客體（victims of patriarchal oppression）。參 Susan Mann, "The History of Chinese Women before the Age of Orientalism," *Journal of Women's History*, 8, no. 4, 1997, pp.163-4.

／別「體制」帶來的挑戰，以及，不同階層「婦女」的不同能動性、不同婦女不同主體性（甚至是有／無主體性）的歷史建構、歷史書寫或敘事的性／別政治等等，也都可能在一個某些材料代表的集體性「中國」以對抗「東方主義」的背後懸宕了。

最後，其實就理論層面言，學者已經指出，薩伊的《東方主義》著作本身，根本就拒絕以本質主義的方式來反轉東方主義的建構。後東方主義的學術，並非以找到一個更「真」或更「正確」或更「好」的東方，來取代所謂東方主義者的迷思，或者，以國族主義挑戰東方主義。而是，澄清一種後東方主義的詮釋立場，這種立場可以不再將第三世界的認同當成本質性的理所當然，而是追溯出一種關聯性的軌跡，看見關於第三界的知識是歷史性的，而把第三世界視為在歷史中、在論述上變化移動的多重立場，建構的是歷史偶然性與不穩定的認同[39]。

在 Mohanty 批判西方女性主義的殖民論述所生產的「第三世界女人」時，曾就一些西方女性主義的研究論文指出，西方女性主義以種族中心、卻又是跨文化的、單一的父權或男性宰制的觀念，建構了化約而同質性的「第三世界差異」。於是，不同階級、宗教、種族之間的複雜差異與衝突，就在一種將第三世界女人系統性地同質化的過程中，被西方女性主義論述殖民。形塑出的是一種「第三世界女人」的典型：基本上由於她的女性性別（被假設為性抑制的），以及她的「第三世界性」（無知、貧窮、教育程度低落、為傳統所束縛、家庭取向、

---

[39] Gyan Prakash, "Writing Post Orientalist Histories of the Third World: Perspectives from Indian Historiography," *Comparative Studies in Society and History* 32 (April, 1990) pp.383-4, 399.

受害者），她們都過著殘缺的生活[40]。這固然是帝國主義殖民論述的效應，西方女性主義者被再現爲現代的、受過教育的文明女人，身體與性自主，並且能夠自我決定。西方的書寫者是一種理論的生產，是參照的常模；而東方則是原料的提供者，或是再生產的地點。於是，西方女性主義者與東方女人的關係，則又像是生產者與再生產者的關係。但是，這個批判帶來的建議並不是第三世界或東方女人其實並不被父權壓迫，或是應該建構另外一種同質性的健康自主東方女人形像以抗衡之。而是要具體脈絡化：體制的壓迫必須在特定的社會歷史脈絡中被解釋或是理論化，而女性情誼也不能建基於一個普同性的性別基礎上，而必須在特定的、具體的歷史或政治實踐或分析中進行[41]。

翻譯與殖民

所謂「女性」或「女權」與「中國」的糾結而富爭議的關係，在世紀之初的女權論說中，顯現爲一個意義繁富的觀察地。而當中女權著作的翻譯，又是一個觀察各種論述權力匯聚角逐的地點。因爲，一旦涉及「翻譯」，就已經在認識論上預設了「本土」與「外國」，而在「翻譯」活動中，「本土」與「外國」的交匯，如果還有「女權」這個性別的權力關係交織，「翻譯」活動中發生的認同與慾望的糾結，其實可以說明「中國的女性主義」這個歷史敘事在世紀初這個歷史時刻的形構。

---

[40] Chandra Mohanty, "Under Western Eyes: Feminist Scholarship and Colonial Discourses," *Boundary* 2. 12:3/13:1 (Spring/Fall, 1984) p.335-7.

[41] Chandra Mohanty, "Under Western Eyes: Feminist Scholarship and Colonial Discourses," p.339.

　　文化全球化的結果意味著我們全都生活在一個「翻譯」的世界中，後殖民「主體」總是已經住在「翻譯」中了。我們的知識有多重多樣的來源，跨國越界交流的結果，幾乎每個文化地點，都是一個諸文化的交匯地。於是，在文化研究理論中，「翻譯」可以作為一種隱喻，一種修辭的圖像，一方面描述文化生產之日漸國際化，一方面描述那些掙扎於兩種世界與兩種語言之間的人。譬如，女人要把自己「翻譯」進父權的語言中，而移民要把自己的過去努力「翻譯」為現在。「翻譯」作為一種隱喻，可以表達一種邊緣位置的主體在主流文化中曖昧不明的生活或生存經驗[42]。另一方面，西方文明在帝國主義擴張下，也藉著人類學家對土著研究式的翻譯，去解釋異文化，將異文化納入自己的理解範疇中。Homi Bhabha 則在「雜揉」的觀念下，將「翻譯文化」看成是文化生產的一個新的地點，以及一個新的說話位置，是使得新的東西進入世界的過程之一。於是，這個新的介於二者之間、或者協商於二者之間的空間，並不專屬翻譯家或某些特定的或例外的主體，而是與後殖民主體甚至於任何國民都有關係的一種雜種的緊張性[43]。將「翻譯」視為一種晃動文化認同的行為，而且是文化創造的新基礎，是當代理解「翻譯」的重要趨向[44]。

　　女權著作的翻譯，其翻譯的過程，以及生產出來的女權論述文本，可視為一個國族、性別、語言、文化等各種不對稱權力關係交流交戰

---

[42] Sherry Simon, *Gender in Translation: Cultural Identity and the Politics of Transmission.* (London and New York : Routledge, 1996) p.13.

[43] Homi Bhabha, "How Newness Enters the World: Postmodern Space, Postcolonial Times and the Trials of Cultural Translation," *The Location of Culture,* (London and New York: Routledge, 1994) pp.212-235.

[44] Sherry Simon, *Gender in Translation: Cultural Identity and the Politics of Transmission.* (London and New York: Routledge, 1996) p.135.

的地點。如果「翻譯」總是一種認同疆界的改變,那麼,在翻譯的過程中,展現的正是各種慾望與認同交界的交錯流動變化。中國在十九世紀中葉以後,致力於西書翻譯的過程中,不只是「介紹新知」而已。在「強國強種」的慾望結構裏,「翻譯」其實是一種體質的改變,而翻譯的結果是「不中不西」[45]、「不倫不類」的雜種[46]。

　　除此之外,閱讀「翻譯」的另一個角度,是印度學者 Tejaswini Niranjana 對於翻譯強調其兼顧歷史與殖民脈絡的後結構主義的觀點,她提出的重要論點如下[47]:

　　在後殖民的脈絡下,「翻譯」是一個重要的「地點」,使得再現、權力,以及歷史性等問題成為問題。這個脈絡是一種說故事的競爭,故事試著要去解釋,或者重新述說民與民之間、種族與種族之間,以及語言與語言之間的不對稱或者不平等的關係。因為在殖民企業中所

---

[45] 梁啟超在論及晚清譯西書時曾提及,康有為、梁啟超、譯嗣同輩,是在一種「學問饑荒」的環境中,「冥思枯索,欲以構成一種『不中不西即中即西』之新學派」,而梁啟當時對於這個「新學派」在時局中的評量是:「而已為時代所不容,蓋固有之舊思想,既深根固蒂,而外來之新思想,又來源淺殼,汲而易竭,其支絀滅裂,固宜然矣。」(梁啟超《清代學術概論》台北:中華書局,1985[1921])頁 71。李澤厚進一步指責,「無論是裝在『公羊三世』套子裏的庸俗進化論,或者是《仁學》裏人權平等的政治呼號,都半是荒唐,半嫌膚淺,『拉雜失倫,幾同夢寐』。」(李澤厚《中國近代思想史論》(北京:人民出版社,1979)頁 258-9。

[46] 「不中不西」與「不倫不類」在日常用法中,具有指責的意味,因為這是一種逸軌、不純種、不合度。但在「翻譯」的慾望裏,我們其實看見,那慾望純種、清純、合法合度合軌的慾望主體,在歷史中所成形的,卻正是不中不西、不倫不類的雜種身體。而雜種身體的生存希望,應該不在於繼續否定雜種以慾望或鄉愁早已不可能的純種,而是看見雜種的歷史生存軌跡、看見雜種的生存權。

[47] Tejaswini Niranjana, *Siting Translation: History, Post-Structuralism, and the Colonial Context*, (Berkeley: University of California Press, 1992).

操作的，不止是帝國的強制性國家機器，同時也是透過哲學、歷史、人類學、語言學以及文學詮釋等等論述，殖民的「主體」透過權力／知識的種種技術或者實踐，而被建構出來，存在於各種各樣的論述與地點。其中一個這樣的地點就是「翻譯」。翻譯作為一種實踐，它在殖民主義的操作之下，塑造了、並且也是成形於不對稱的權力關係。值得注意的是被殖民者的再現問題，被殖民者就在他們那樣一種對殖民統治認可，以及汲汲於渴求西文圖書的態度中，被生產出來。

　　她又論及，傳統翻譯所依賴的是西方哲學對於「真實」、再現以及知識的觀念，「真實」被認為是某種毫無疑問「就在那兒」的東西，知識包含了對於這種真實的再現，而再現則提供了前往透明的真實直接而不經中介的通路。但是，這種說法卻無法解釋殖民宰治的問題。在形構一種特定的主體時，在呈現特定的被殖民者版本時，翻譯籠罩於真實與再現之間。這些關於真實、再現與知識的觀念，將伴隨著殖民主體建構過程中的暴力，完全封閉起來。於是，如果正視人民、種族、語言之間不對稱、不平等的關係，則關於「翻譯」論述本身，都充滿了問題性。她認為，在殖民的情境下，二種權力不平等的語言之間的「交通」，遠非平等，而且，究竟是哪一方受惠，也高度曖昧。在帝國殖民的法則下，語言之間不對稱的權力關係，由於強調現代／原始、西方／非西方、文明／野蠻、文化／自然的二元對立，殖民論述就藉著將這些二元對立自然化以及去歷史化，而不斷作用著。

　　她並且指出，在創造具有連貫性，而且是透明的文本與主體時，翻譯透過某種範圍的一些論述，參與了固結被殖民文化的過程，使得被殖民文化看起來像是靜止不變的，而非在歷史中被建構的。雖然，所謂的「原本」的東西，其實是透過翻譯才得以存在，但翻譯卻總是作為某種已經存在的東西的透明呈現而作用。弔詭的是，翻譯也會為

被殖民者提供一個「歷史」的位置，但這個「歷史」又以「非歷史」
的性質存在。

那麼，考慮翻譯的權力以及歷史性問題，並且詢問：經由翻譯，
什麼東西被移位了，被排除了，被壓抑了，將成爲研究的重點。正如
Niranjana 所說，翻譯理論之著迷於翻譯的人文主義性似乎使得作家們
看不見自己在翻譯與帝國主義視野之共謀（頁61）。

以上是 Niranjana 著眼於殖民的權力不對稱問題，對於「翻譯」這
個活動的看法。然而，Niranjana 的研究，著重點在於「西方中心」的
翻譯，探討的多是類似西方人類學家對於其他地區土著之凝視的權力。
至於在翻譯的行爲中，不對稱的權力關係如何交織作用，在不同的歷
史或空間裏，就需要進一步脈絡化的探討。此外，Niranjana 在討論中
並未放進性別的範疇。

本文則嘗試藉由一個英翻中的作品，亦即，馬君武(1881-1940)在
1902 年所翻譯的＜斯賓塞女權篇＞爲主要分析文本，試圖勾繪這個翻
譯過程中，透過原本已經不平等的二種語言之間的移動與轉換，所折
射出的帝國主義、國族主義的殖民認同與（或）反抗，與這個認同／
反抗中，擺盪在性別、國族之間的複雜權力結構與交織作用；以及，
原文和譯文涉及女權論述時，在二種權力不平等的男性語言使用者之
間，交雜或偷渡的各種性別與殖民認同與慾望關係。同時也探討「文
明進步的現代化國家」的認同、慾望、規劃、想像，與「翻譯」以及
「女權」之間的關係。十九、二十世紀之間歐洲殖民主義成長與擴張
中的歷史性過程中，透過「翻譯」以及翻譯這個活動所夾帶的意識型
態，所偷渡的現代化想像與國族情結，譯文的脈絡如何與帝國主義殖
民論述及慾望共振。但由於這不是一種霸權文化以霸權凝視小文化，

而是在某一歷史時刻感受被殖民威脅的大國在危機中欽羨霸權文化，又由於牽涉性別問題：一個沒落「泱泱大國」的男性菁英知識分子，翻譯另一個帝國文化菁英男性的女權作品，翻攪於其中的認同及慾望關係以及權力共謀，也就格外複雜。[48]

這裏「帝國主義」、「殖民」、「被殖民」等詞，對於「中國」世紀之交的情境，也許並不是那麼全無爭議。所謂「殖民」，其用法涵蓋面頗廣。就論述而言，它可以指一種經濟或政治的層級，或是特定文化論述的生產，例如：它生產出「第三世界女人」這種同質性的主體；它意謂著一種結構上的宰制關係，以及一種對於某種主體之異質性的壓抑[49]。就帝國主義文化的操作言，其權力／對抗之形成，其實也從來不只是經由物理性的強迫力，而是一種象徵秩序的蔓延性，生產並複製殖民秩序，不論是思考、情感或是行動，都抵制著另類模式的出現。從某一角度說，「中國」從未完全被現代帝國主義國家在政治或者軍事方面完全殖民，這和印度、非洲國家等被殖民的歷史社會情況完全無法同日而語。[50] 然而，「中國」與當時其他帝國主義國家

---

[48] 本文以女權論的翻譯作為分析的文本，對於外緣的歷史問題，如：二十世紀初的中國，何以知識分子選擇彌勒、斯賓塞的女權說作譯介？這些人的女權論在當時的英國，或者所謂的西方世界，被評價的狀況如何？而在當代的女性主義者，評價又如何？馬君武之選譯二位的女權著作，是基於中國現代化論述的親和性，或是基於其女權論述的重要性？這些問題，將另文討論。本文侷限於透過翻譯文本的仔細對照閱讀，勾勒女權／翻譯與帝國／國族主義之共振。

[49] 請參考 Chandra Mohanty, "Under Western Eyes: Feminist Scholarship and Colonial Discourses," *Boundary* 2, 12:3/13: 1(Spring/ Fall, 1984: 333-358) p.333.

[50] 周蕾曾經提及，東亞文化中的帝國主義行為，相當複雜，而「曾被認為第三世界領袖的中國，對蒙古、台灣及西藏，一樣施行霸權式的政策。這些事例都讓典型的『東／西』『被殖民／殖民者』的二元對立想法，變得過於隨便而無效。」參周蕾《寫在家國以外》（香港：牛津大學，1995）。

不對稱的權力關係，透過所顯現出的種種癥候群，那種經驗到與帝國主義權力關係交涉的多重面向，以及當時時論文章紛紛然涉及的問題討論，比方說與法國、日本、英國戰爭失敗的挫折感、特定地區所謂土地割讓所帶來的在文化、語言、法律、社會、政經等各方面都不平行、不對稱的權力關係所產的「人為刀俎，我為魚肉」的意象表達，[51] 以及最明顯的，對於所謂現代科技、或者籠統說來的所謂「現代性」的震驚、恐慌、焦慮或者意亂情迷，在在都讀到殖民以及帝國主義的字眼以及內容。而所謂「中國」的帝國主義殖民或被殖民經驗模式，在分析上的特殊性，除了上述的歷史、政治、軍事經驗的不同，在應對模式上，也同時帶著歷史特殊性，這個特殊性，本文暫時從「泱泱大國」士大夫德性傳統之認同並且慾望著或「聖」或「王」來理解[52]。作為「泱泱大國」的「中國」，殖民秩序的複製當然也絕不會是簡單的移植，在移植的過程中，承繼著向來為「聖」為「王」的聖王主體與含蓄美學[53]，所生產出的被殖民的帝國慾望，是本文想要著力探討的。聖王傳統諱言權力，但卻熟悉含蓄的權力[54]，它如何在富國強種的競爭慾望中，在一個翻譯女權的作品中，經歷了錯綜複雜的認同移位，值

東南亞國家與其他第三世界被殖民國的差異，以及內部殖民問題，學界尚未有充分研究。本文著眼點在於世紀之交時中國男性知識分子時論文字中所涉及的面對或回應西方帝國殖民敘事的型構。

[51] 略舉一例，梁啟超說：「中國之為俎上肉久矣，商務之權利握於英，鐵路之權利握於俄，邊防之權利握於法日及諸國。」〈變法通議〉，《飲冰室合集》1頁13。

[52] 詳第三章〈傳統階序格局與晚清「男女平等」論〉。

[53] 關於「含蓄」的政治，參劉人鵬、丁乃非，〈罔兩問景：含蓄美學與酷兒政略〉《性／別研究》nos.3&4，1998：109-155。

[54] 這是階序格局的一個特色，權力在階序格局中不能明言，否則就與階序原則矛盾。詳本書第一章。

得探討。而在用語上,本文暫時仍然沿用「殖民」、「被殖民」等詞,指涉國家、性別、種族等等的不平衡權力關係。

翻譯的慾望

　　郭廷以先生曾謂,西洋典籍之迻譯,明清之際爲第一期,道咸同光爲第二期。第一期西學東傳,「我們是被動的接受,」而第二期「則由於我們的主動爭取」[55]。 但值得注意的是,第二期的迻譯工程中,西人所組織以及清政府所設立的編譯機構,都共同參與在西方帝國主義的知識生產與傳播中,而這種知識包括了對於非西方的形象建構,以及整個世界權力關係配置的構想。「我們的主動爭取」其實鑲嵌在這整個殖民企業的操作中。[56] 正如嚴復在論及自強之必要時,引述梁啓超之語,謂:

> 善夫吾友新會梁任公之言曰:「萬國蒸蒸,大勢相逼,
> 變亦變也,不變亦變。變而變者,變之權操諸己;不變
> 而變者,變之權讓諸人。」[57]

---

[55] 郭廷以<近代科學與民主思想的輸入——晚清譯書與西學>《近代中國的變局》(台北:聯經出版社,1987)頁 51。另如,張玉法也曾說:「中國人主動擷取西方文化,主要有三個途徑:其一、翻譯外國書報,其二、設立學堂,教授現代知識,其三、派遣留學生,分赴各國留學。」(劃線爲筆者所加)。參張玉法<晚清的歷史動向及其與小說發展的關係>林明德(編)《晚清小說研究》(台北:聯經出版社,1988)頁 7。

[56] 這個時期西方人士的翻譯以及知識傳播,對於中國代表性知識分子的影響,可參朱維錚,<西學的普及——《萬國公報》與晚清「自改革」思潮>《求索真文明:晚清學術史論》(上海:上海古籍出版社,1996)頁 62-95。

[57] 嚴復<原強(修訂稿)>頁 32。嚴所引見梁啟超<變法通議>(1896)之

這的確是一個在願望以及實踐上都是「主動爭取」的現代化歷程。然而，也正如晚清這些知識分子所體會的，「大勢相逼，變亦變也，不變亦變。」在這種大勢相逼之下，當其強調爲「操諸己」的變之同時，也揭露了這種「變」的方向之強迫性，亦即：變的唯一方向必須是「變向西方」，以及在「變向西方」的過程中，所必須不斷肯定或強迫建構、生產或再生產的關於西方強權優勢之再現的制約結構。翻譯西書，鑲在帝國主義以及救國強種的拉鉅戰中，不斷生產與複製的慾望結構之一是慾望強者，民族想要成爲帝國，弱者想要成爲強者，而這是一種結構性的強迫性的慾望。

馬君武（1882-1939）譯＜斯賓塞女權篇＞

斯賓塞是清中葉以來追求新學的學者所熟悉並且努力譯介的西學對象之一。一八九〇年，基督教傳教士的編譯出版機構益智書會，審定教科書九十八種，即有顏永京所譯斯賓塞《教育學》的一部份，書名《肄業要覽》。光緒二十四年(1898)創刊的《昌言報》，章太炎主筆，曾由曾廣銓口譯，章太炎筆述，翻譯了斯賓塞的文集，以《斯賓塞爾文集》爲題，在《昌言報》上連載。該報館所購得的《斯賓塞爾全集》是倫敦一八九三年出版的 *Mr. Herbert Spencer's Works*, 而《昌言報》所譯爲該書最後一部分短論集之一小部份，如＜論進境之理＞、＜論禮儀＞等。其第一冊之＜本館告白＞謂：

斯賓塞爾爲英之名儒，生平著述甚夥，專討求萬事萬物

「論不變法之害」（《飲冰室合集》1，頁8。

之根源，每假格致之說，顯微妙之理，實為考究新學者
不可不讀之書，早為歐洲人士所推重。

《昌言報》的翻譯，曾為嚴復批評，謂：「再四讀，不能通其意。」
[58]而嚴復於一八九五年在天津《直報》上發表＜原強＞一文，即已論及
「錫彭塞」[59]，謂：「而又有錫彭塞者，亦英產也，宗其理[60]而大闡
人倫之事，幟其學曰：『群學』。」（＜原強＞）並謂其「于一國盛
衰強弱之故，民德醇漓翕散之由，尤為三致意焉。」（＜原強＞）嚴
於一八九七年底已譯出斯賓塞《砭愚篇》（即斯賓塞《社會學研究》
前二章），載《國聞匯編》。該篇於一九〇二年以《群學》之名於杭
州出版；一八九八年譯完斯賓塞《群學肄言》（*Study of Sociology*），
一九〇三年於上海出版。斯賓塞著作之翻譯與閱讀，一開始就已經鑲
嵌在「一國盛衰強弱之故」的求強慾望中了。而在一九〇三年金松岑
的《女界鐘》＜小引＞中，則將斯賓塞列為賜予歐洲自由平等新世界
之大師之一[61]；＜緒論＞則提到彌勒約翰與斯賓塞為提倡女權說之先
聲。

一九〇二至一九〇三年，馬君武在梁啓超等人的贊助之下，作為
梁啓超「新民」說的一系列助陣作品，接連譯出達爾文、斯賓塞、彌
勒約翰等人著作。馬氏也曾譯介國外文學作品，阿英曾收錄，當時有

---

[58] 嚴復＜論譯才之難＞（1898）《嚴復集》1（北京：中華書局，1986）頁 91。

[59] 《侯官嚴氏叢刻》（台北：成文，1968）所刊的＜原強修訂稿＞，「錫彭
塞」作「斯賓塞爾」。

[60] 按指宗天演之術。

[61] 「……於是人人有自由權，人人歸於平等。此今日歐洲莊嚴璀璨荼火錦繡
之新世界出也。推其原因，則盧梭、福祿特爾、黑智爾、約翰彌勒、赫胥
黎、斯賓塞之徒之所賜也。」（《女界鐘》頁 3）

些名詩如裴倫的＜哀希臘歌＞有蘇曼殊、馬君武、梁啟超等譯本，馬本譯於 1905 年。阿英謂：「這些詩篇在愛國主義與民主主義教育方面，當時對中國讀者起了良好作用。」[62]

馬君武對於男女平等思想曾著意引介，與女性議題有關的著作有＜女士張竹君傳＞、＜斯賓塞女權篇＞等，並簡介了彌勒約翰之《女人壓制論》。[63] 其中斯賓塞女權篇於光緒二十八年（1902）年出版，由少年中國學會發行，書名《斯賓塞女權篇達爾文物競篇合刻》，該書曾被稱為「中國近代翻譯、出版之第一本關於婦女問題的譯著」。[64] 但嗣後馬譯《達爾文物種原始》一再重印，在民國八年版的該書序文中，馬君武交待了該書翻譯始末，但未提斯賓塞女權篇以及合刻本。今日治中國近代婦女史者，多述及當時一些女權作品中引述《斯賓塞女權篇》，以論證該書出版之後的確在女權思想的傳布上發生過相當的影響。[65]

---

[62] 阿英（編），《晚清文學叢鈔・域外文學譯文卷》1-4 冊（北京：中華，1961）頁 4。

[63] 馬君武＜彌勒約翰之學說＞第二部份為＜女權說（附社會黨人《女權宣言書》＞，以五個要點簡介了彌勒的《女人壓制論》，但馬氏的摘要，其實混雜了斯賓塞的觀點，以及當時家國傳統結構下對於女權要義的想像，在 J. S. Mill 的"The Subjection of Women" 中，很難找到相對應的文字。

[64] 劉巨才《中國近代婦女運動史》（北京：中國婦女出版社，1989）頁 150。然而夏曉虹指出，花之安（Ernst Faber）之《自西徂東》（台北：文海出版社,1996 影印本）、傅蘭雅（John Fryer）譯《佐治芻言》（傅蘭雅口譯，應祖錫筆述），廣學會李提摩太譯《泰西新史攬要》（美華書館 1902[1895]）「數種發行量極大的西書對於西方近世文化的介紹，即傳遞了男女平等的信息。」參夏曉虹《晚清婦女文人觀》（北京：作家出版社,1995）頁 57。

[65] 例如劉巨才（頁 153）曾指出，王妙如《女獄花》（1904）中就提及女主角沙雪梅「隨手將桌上的一本書拉來，卻是斯賓塞女權篇」（《女獄花》光緒甲辰本，頁十六）。夏曉虹（頁 68）亦曾引證，1912 年曾蘭作《女界報緣起》（轉載於《婦女雜誌》1:11, 1915,11 月）多處引用斯賓塞語，

　　斯賓塞的"The Rights of Women,"首句是"Equity knows no difference of sex."馬君武譯作:「公理固無男女之別也。」晚清一些學者用「公理」一詞指涉自由、平等等觀念,例如樊錐(1872-1906)的＜發錮篇＞謂:「天之於生也,無非一也。一也者,公理焉。公理也者,平等焉。」[66]康有爲的《實理公法全書》謂:「人類平等是幾何公理」[67],而在《大同書》中幻想未來的大同世界沒有國界,「一切皆本公理而已」。「公理」有時又與「舊俗」相對,[68]指新的具有世界普遍性的理想。馬氏譯文中並不乏「平等」二字,爲什麼首句不譯爲「平等固無男女之別也」而要用「公理」?事實上,將「無男女之別」說爲「公理」,一方面是晚清論平等的修辭方式,另一方面,也是將其意義由「equity」一詞的符號脈絡,轉移到「公理」一詞的符號脈絡,而「公理」一詞的符號脈絡,則蘊含了晚清對於「平等」一語一方面在現代化的慾望中將其提升至全人類公理的層次;另一方面同時也是「適合國情」的意義融會。綜觀晚清知識分子時論,對於「權利」、「平等」等新觀念的討論,都歷經了傳統觀念結構的殘餘、對於傳統與新學的多重翻譯,以及眼前慾望結構的多重制約。[69]精熟國學的知

以及其他材料,證馬君武所譯斯賓塞與彌勒之女權理論,其流傳之廣、影響之深,參夏曉虹《晚清婦女文人觀》頁68-71。

[66] 《湘報類纂》(台北:大通書局,1968)甲集上,頁三八。

[67] 關於此書著作與刊布年代的問題,請參考朱維錚(編)《康有為大同論二種》(香港:三聯,1998)＜導言——從《實理公法全書》到《大同書》＞頁1-7.

[68] 例如章太炎有＜駁康有為論革命書＞(1903)討論了康有為＜答南北美洲諸華僑論中國只可行立憲不可行革命書＞(1902)中「公理未明,舊俗俱在」之語。

[69] 如康有為《大同書》中以「天賦人權」主張「男女皆平等獨立」,見＜總論欲行農工商之大同則在明男女人權始＞(台北:世界書局,1958)頁251-3。其他如《女界鐘》論及女子應當恢復入學、交友、營業、掌握財產、出入自由、婚姻自由的權利;《天義》報＜女子復仇論＞之批判傳

識分子通常守住舊文化的範疇爲基地，討論所謂新義。例如，康有爲論公理，「人類平等」，是以「夫婦」、「父母子女」、「師弟」、「君臣」、「長幼」、「朋友」，作爲討論的綱領。而梁啓超等從日本引入有關「國民性」的概念[70]，現代性的議題通常又納入德性或國民性改造的範疇裏討論，此與尙德的士夫夫傳統有關。例如梁啓超論平等，曾謂：

> 善夫諸教之言平等也（原註：南海先生有孔教平等義），不平等惡乎起？起於尚力，平等惡乎起？起於尚仁。（＜論女學＞）

將「平等」納入「仁」的德性裏，確保了士大夫德性語言的傳統。而「男女平等」如果是起於「尙仁」，那麼，由於歷來德性語言中尙仁的主體總是已經性別化的[71]，由這個尙仁的主體所主張的平等的公理，不能挑戰的仍是說話主體的性別，以及既定的聖王傳統。而這個聖王傳統一旦確保，以「尙仁」作爲「平等」的出發點，弱勢主體也就失去其主張權利的發動性，而必須成爲聖王仁愛的對象。在「尙仁」

男權使女子「有義務而無權利」、「削女子天賦之權」等等。參李又寧、張玉法（編）《近代中國女權運動史料 1842-1911》（台北：傳記文學社，1975）。對於晚清「權利」觀念意義演變的分析，請參考金觀濤、劉青峰＜近代中國『權利』觀念的意義演變——從晚清到《新青年》＞《中央研究院近代史研究所集刊》32（台北：中研院近史所，1999）頁 211-264；對於晚清「平等」觀念的分析討論，請參本書第三章。

[70] 劉禾＜一個現代性神話的由來——國民性話語質疑＞陳平原・陳國球主編《文學史》第一輯（北京：北京大學出版社，1993）頁 138-156。

[71] 參劉人鵬＜聖學道德論述中的性別問題——以劉宗周《人譜》爲例＞林慶彰、蔣秋華（編）《明代經學國際研討會論文集》（南港：中研院文哲所籌備處，1996）頁 485-516。

主體的貫注之下，「女」就不可能完全被發現，即使當她被揭露時，她仍然被抹消於未被反省過的「公理」中。此一時期女權論述中的「婦女」，爲了要作用爲「主體」，她被指定爲至高無上的、並且是決定性的角色，例如國民母、種族母之類，但在被指定爲「平等」的主體時，她雖然被呈現爲主體的原因，卻其實是「主體的效果」。另外，如果由現代「權利」觀點論平等，則「平等惡乎起」，應該與「尙力」有關，亦即，「平等」是確保原本在結構裏不平等的弱勢主體的「力」，而不是再度累積上勢主體的「仁」。現代權利或個人觀點出發的「平等」，與道德性的「仁」略無相干。因爲，平等並非由聖王的德行來確保，而是必須對基於不平等結構而處於非聖非王或不能聖不能王者，重新賦予人權上的肯定，甚至以之爲說話主體，挑戰聖王之仁的權力結構。然而，晚清「平等」、「仁」與「公理」的聯結，正是此刻多重時間多重翻譯的結果[72]。「公理固無男女之別」這句譯文的文本脈絡，除了「公理」一詞的歷史性，「男女之別」一語的歷史脈絡也值得注意。它並不是"difference of sex"的字面直譯，這個用語連結的乃是「男女有別」的語言歷史脈絡[73]，使得它的意義的挑戰性在於走出「五倫」傳統「男女有別」的語境[74]，但又不是走入"difference of sex"的語境。從「無男女之別」理解「平等」，是晚清知識分子論平等的常見模式，延續的是傳統階序格局的思考，在階序格局裏，宣稱「無男女之別」著重的是「關係」，而不是現代觀念裏的「個人」[75]。這句譯文的出現，

---

[72] 詳本書第三章討論。

[73] 「男女有別」的一個傳統意義的分析，參 Wei-Hung Lin, "Chastity in Chinese Eyes: Nan-Nu Yu-Pieh," 《漢學研究》9：2（1991：13-40）

[74] 下一章的討論將會論及，晚清論「平等」，其意義被理解對反於「綱常」。

[75] 參第一章〈傳統階序格局與晚清「男女平等」論〉。

是以晚淸對「平等」的理解格局爲背景的。無可逃於殖民論述中的女
權翻譯，可能在介紹女權的同時，對於脈絡中的男性傳統，既延續也
移位。而由於慾望在於「公理」的實現，性別結構的問題其實延宕。

《斯賓塞女權篇》中，流行最廣的一句話是：

> 欲知一國人民之文明程度如何，必以其國待遇女人之情
> 形如何爲斷，此不易之定例也。

斯氏英文是：

> That a people's condition may be judged by the treatment
> which women receive under it, is a remark that has become
> almost trite.

一國人民的文明程度，以其國女人之待遇爲斷，這的確是十九世
紀以來流行於英語世界的一句名言。有趣的是，當斯賓塞說這已經幾
乎變成陳腔濫調時，馬君武譯作這是「不易之定例」。

十九世紀的維多利亞文化裏，「進步」是一個關鍵性的觀念，彼
時女性主義論述要將女人與「進步」及「文明」連結起來，以對抗當
時反女性主義者之擔憂婦女解放帶來「人類末日」（the end of the human
race）[76]，於是便宣稱：一個國家女性的學識以及地位之高低，是其國
文明之衡量標準。這在當時英國女性主義著作中，成爲實踐性的格言。
她們說，將女性從卑屈隸屬的地位提昇上去，就是那女子所屬的整個

---

[76] Antoinette Burton, *Burdens of History: British Feminists, Indian Women, and Imperial Culture, 1865-1915.* (Chapel Hill & London: The University of North Carolina Press, 1994) p.83.

人群的利益，一國文明之程度，就看該國婦女地位提昇多少。在當時英國女性主義的論述中，把「女人」與「母職」以及種族的未來聯結，也是標準的口號。這種論述的效應是：女人與種族、國家的關係，比女人與女人的關係更親近，英國女性主義者對於英國男人表達更親近的關係或關切，更認同於英國男性，而不是東方的女人。例如，英國的女性主義者是文明的代表，而對於殖民地印度的女人幾乎看不到她的女人性。

中文世界裏，以女人地位的高低作爲國家強弱的指數，也是一個晚清以來已然流行，[77] 而直到五四時期仍然盛行的說法，直到民國十六年的《新女性》雜誌，仍刊登譯自蒲克納（Louis Buchner）《世紀之曙光》法譯本的＜女權論＞謂：「人們都知道，婦女的地位，除極少數例外的事實外，無論在任何民族與任何時代中，皆隨著文明的程度而轉移的，愈文明的地方或時代，婦女的地位愈高。」[78] 相關的來自西方白種人的民族帝國主義、社會達爾文主義、優生學等等的民族歧視之說，當時《新民叢報》中已大量引介。光緒二九年(1903)林樂知的《全地五大洲女俗通考》謂：「本書則以各國女人之地位，與其看

---

[77] 例如，鄭觀應(1842-1922) 在＜致居易齋主人論談女學校書＞中，有一句極其類似的話：「是故女學最盛者，其國最強，不戰而屈人之兵，美是也；女學次盛者，其國次盛，英法德日本是也；女學衰，母教失，愚民多，智民少，如是，國之所存者幸矣。」《盛世危言後編》（台灣：大通書局，1969）頁 70。

[78] 《新女性》2:4（1927）頁 38。該刊主編章錫琛在＜女人的故事跋＞中亦說：「我們知道一個時代或一個國土的女子地位的高低，是那時代或那國土的文化程度高低的反映。……所以我們看了目前中國女子所受的待遇，如婢妾制的存在，強制結婚的流行，財產權的不確立，女子教育的不發達和低程度等等，便可看出中國社會的文野比較西方諸國怎樣。」（《新女性》2:4）

待女人之法，爲比較教化優劣之定格，此即女俗通考之名所由取也。」
（＜序＞）「然而歐美各國今日興盛之時局，實皆爲提拔女人、振興
女學所之果也。」（＜例言＞）梁啓超亦謂：

> 是故女學最盛者，其國最強，不戰而屈人之兵，美是也；
> 女學次盛者，其國次強，英、法、德、日本是也；女學
> 衰，母教失，無業眾，智民少，國之所存者幸矣，印度、
> 波斯、土耳其是也。（＜論女學＞）

　　梁啓超在＜新民説＞中，完全肯定帝國主義之以兵力、商務、工
業或教會等力量向外擴張，認爲這是「時勢之所趨」，並極力表揚「競
爭」，認爲競爭是文明之母，競爭是進化之母。競爭由一人而一家而
一鄉族而一國，而一國爲團體之最大圈，乃競爭之最「高潮」。在另
一篇文章中，梁啓超甚至認爲，歷史就是「敘人種之發達與其競爭而
已。」[79]對於白種人的種族歧視之説，他也完全當作客觀知識或天然真
理，認爲白人優於他種人[80]， 而他對於白人何以優於他種人的説法是：

> 白人之優於他種人者，何也？他種人好靜、白種人好動；
> 他種人狃於和平、白種人不辭競爭；他種人保守，白種
> 人進取；以故他種人只能發生文明，白種人則能傳播文

---

[79] 梁啟超＜歷史與人種之關係＞（1902）《飲冰室合集》1，頁19。

[80] 關於世界人種之區分，當時說法不一，有四種、五種以致於數十種說者，
梁啟超採五種說，即黃、白、棕、黑、紅五種（見＜新民説二＞、＜歷史
與人種之關係＞），而五色人種中「最有勢力於今世者誰乎？白色種人是
也。」「五色人相比較，白色人最優。」（＜新民説二＞）關於梁氏人種
說的相關討論，可另參 Frank Dikotter, *The Discourse of Race in Modern
China.* (Stanford: Stanford University Press, 1992: 66-96)..

明。發生文明者，恃天然也，傳播文明者，恃人事也。[81]

這種關於世界人種的知識，被競爭與殖民慾望波濤洶湧地浸淫著。帝國主義者的殖民知識，同時也是被殖民者的慾望認同。他們共同翻覆於施虐與受虐的快感節奏裏，幻想著競爭的高潮。在關乎競爭的時刻，以白人－優－好動－競爭－進取－傳播文明－人事，對立於非白人－劣－好靜－和平－保守－發生文明－自然，而這對立的價值層級裏，競爭的慾望動用了知識的話語。[82]和平、保守、與自然，成為絕對的劣與弱。殖民權威建構於二種強有力的前提上，其一，它認為優秀的人種，譬如白種人，是一種同質性、清晰可辨的、具體的生物或社會實體，是一種具有一模一樣階級利益、一模一樣的種族特性、一個天然的共同體，一種比較高級的文化；於是也就有相應的第二個假設前提，就是被殖民者與殖民者之間的文化或人種特性（或者所謂國民性）差異，或者二者之間任何方面的分界限，是不證自明而清晰可見的[83]。也正是在這樣的論述中，一次又一次肯定白種人的優越性，不斷建構關於人種強弱的知識或信念。而婦女與種族緊緊地連結在一

---

[81] 梁啟超＜新民說二＞(1902)《飲冰室合集》6，頁4-5。

[82] 也正是在如此將「中、西」對立起來時，有了「心醉西風」與「墨守故紙」的焦慮。如梁啟超曾云：「必非如心醉西風者流，蔑棄吾數千年之道德學術風俗，以求伍於他人，亦非如墨守故紙者流，謂僅抱此數千年之道德學術風俗，遂足以立於大地也。」「必非如」與「亦非如」二語，看似主體折衷調和的理性選擇決定，但是在假設了世界僅有中－西的二元前提下，這個作選擇折衷的主體也就註定了他的必然一無是處。因為他必然不中不西。詳第三章＜「西方美人」慾望裡的「中國」與「二萬萬女子」＞。

[83] Ann Laura Stoler, "Carnal Knowledge and Imperial Power: Gender, Race, and Morality in Colonial Asia," *Gender at the Crossroads of Knowledge: Feminist Anthropology in the Postmodern Era.* Leonardo, Micaela di ed. (Berkeley, Los Angeles, Oxford: University of California Press, 1991).

起。如宋恕（1862-1910）說：

> 白種之國，男女識字者，多乃過十之九，少亦幾十之二。
> 黃種之民識字者日本最多。印度……今亦得百之四。赤
> 縣秦前學校最盛，男女無不知書，秦後頻遭慘劫，劫餘
> 之族日以昏愚計，今識字者男約百分之一，女約四萬得
> 一，去印度尚遠，況日本與白種乎？識字者之少如此，
> 民之積困安有解期？[84]

在論說男女識字或教育之必要中，種族優劣之說陳倉暗渡於其
中。而在基督教傳教士的論述中，訴諸國家或種族「文明」以提倡女
權者亦所在多有。例如，光緒二九年（1903 年）林樂知的《全球五大
洲女俗通考》謂：「中國之衰弱，在於其教化，在於其女人之地位。」
（〈序〉）又說：「本書為提拔女人、振興女學而作。」（〈例言〉）
而全書次序為：「先未教化人，次有教化人，終文明教化人，皆按照
人民進化之程度也。」無教化人如美洲印第安人等，半教化之人如非
洲黑人等，有教化之人，但「其人民仍守其拜奉偶像之舊規，信其虛
假誕罔之陋俗，白失其治理物之權，不得釋放自土，以成為大壞間之
完人，」[85]此如中華、日本等；而文明教化之人，即「地球上最上等之
全教化人」，則如「今日歐美諸國」。這些觀念並非該書始創，而是
十九世紀以來在西方殖民勢力傳播之下，早已普遍的種族歧視之說。
這種「歐美男女平權，而東方諸國則苦待婦女」的言論，亦出現於林

---

[84] 宋恕〈開化章第四〉《六齋卑議》頁 19。
[85] 〈總論地球面人民教化〉，在　林樂知(輯)上海廣學會(編)《全球五大洲
　女俗通考》上海：華美書局，1903）頁 15。

氏主編的《萬國公報》[86]，而《萬國公報》對於晚清知識分子具有相當重要的影響[87]。至於女性地位較高的教化文明之國，其女人情況究竟如何？林樂知謂：

> 若夫教化文明之國，其女人，類多以家務為本分內之事，亦得出門同人樂群敬業，不若回教諸國，及印度國人之禁錮女人也。且其女子，莫不讀書勸學，故嫁之後，類能相夫成家，既生育之後，亦能教子成名，賢妻賢母，可於一身兼之矣，更有傑出之之女人，能以其身，作為訓俗型方之榜樣，且能發其仁心，助成博施濟眾之善功者矣。[88]

在這個世界文明強弱高低的殖民敘事裏，女人以「家務為本分內之事」，作為賢妻良母，助成維護這個世界秩序或文明高低的想像。這是晚清以來，在現代化進程中提倡女權相當普遍的說法。

在這樣的論述背景之下，馬君武所譯的女權篇中，對於「中國」或「我英國」、「吾國」等涉及國族認同的詞語，就饒富趣味。在翻譯文字的有意或無意之變化中，反應的是男性知識分子在女權的翻譯中，對於國族的認同，由於殖民論述效應，一方面擺盪不安，一方面又在「進步」的慾望中不時越界。

斯賓塞原文的"we"、"us"、"our own"等詞，在馬君武的譯文中，

---

[86] 林樂知主編《萬國公報》（台北：華文書局影印本，1968）光緒二六、二七、二九、三十、三一、三二年等。

[87] 參李瞻、石麗東合著《林樂知與萬國公報：中國現代化運動之根源》（台北：台北市新聞記者公會，1977）。

[88] <總論地球面人民教化>頁16。

或者不譯,或譯為「凡是人類,」或譯為「我國,」而"England"則時而譯為「我英國」。當"this England of ours"被譯為「我英國之人,」而"our own"被譯為「吾國」時,女權說就不只是關於女權,這其中翻譯的政治,以及閱讀的各種折射效應,必須放在當時帝國主義殖民,以及想像中的中國國族追求現代化的歷史脈絡中,作比較複雜的分析理解。

斯賓塞的英文中有這麼一句:

Amidst their strictures upon the ill-treatment of women in the East, and the unhealthy social arrangements implied by it, most persons do not see that the same connection between political and domestic oppression exists in this England of ours at the present hour, and that in as far as our laws and customs violate the rights of humanity by giving the richer classes power over the poorer, in so far do they similarly violate those rights by giving the stronger sex power over the weaker. Yet, looking at the matter apart from prejudice, and considering all institutions to be, as they are, products of the popular character, we cannot avoid confessing that such must be the case.

馬君武的譯文是:

其平譏東方諸國之虐待女人也,東方社會之規則固不良矣。我英國之人亦知英國今日政治及家族之壓制,亦與

> 東方諸國相同之點甚多乎？如英國之法律及風俗，常侵
> 人權，與富者以大權，過於貧者；與男人以強權，過於
> 女人，是定非野蠻之俗乎？此非吾一人之偏見也。<u>吾亦
> 非謂英國國民之性情皆如是也。</u> （劃線為筆者所加）

這一段的譯文有幾處有趣的地方。其一，在斯氏英文中，貧富做為階級之間的強弱比較，以及性別是兩種生物性別之間強弱比較（亦即，一種權力關係的意義），對於英國法律與風俗的批評，指其亦有向強者靠攏的不公平，謂此為對於人的權利之侵犯，這意涵在馬氏譯文中是沒有的。馬氏譯文的「貧者」與「富者」首先是沒有階級的意義的，其次，在士大夫傳統中，這也不會是關乎權力的用語，而與天命、際遇、德性等等士大夫語言相關。再者，將"giving the stronger sex power over the weaker" 直接譯作「與男人以強權，過於女人」，也是將生物性別與社會性別立即結合，而對於人為體制中「強者權力就高」的批評意味，隱而不顯。在斯氏英文中，幾處提及「二種性別」或是「二種人類」，在譯文中都直接譯為男女兩性，或者未譯出，例如：

There are many who hold that the obedience of one human being to another is proper, virtuous, praiseworthy.

譯作：

以為服從者乃人類之正當美德善行也。

當斯氏說：「one human being」要服從於「another」時，已經蘊含了「同樣是 human being」的假設與批評，這在譯文中是不見的。

There are many to whose moral sense command is not
repugnant. There are many who think the subjection of the
weaker sex to the stronger legitimate and beneficial.

譯作：

> 且命令之當於正理者不少，而女類柔弱，服從於較強之
> 男類，有益不少。

這種譯法，多少牽就了當時中文裏只有「男」、「女」這兩類生理與
社會性別都本質化結合的語詞，而沒有現成的可以表達「the weaker
sex」與「the stronger sex」。於是，這一段裏，對於強者命令弱者，或
者，弱者屈服於強者，其對於「強」勢的批判，在馬譯裏也很難出現。
在當時執迷於「強」的論述背景中，兩性平等的意義又放在士大夫尚
仁的德行傳統裏，弱服從於強的不公義中，對於「強」的批判意義，
就不容易出現。晚清關於強弱的論述，類皆認同強而責求弱，在這個
強勢背景下，即使譯文是批判強，意義也彰顯不出來。

　　其二，斯氏女權篇其實充滿當時殖民論述中對於各國各族文明高
低的陳腔濫調，但也不乏對於英國殖民主義的批判。例如，他說："we
English justify our colonial aggressions by saying that the Creator intends
the Anglo-Saxon race to people the world!"（馬譯：「英人之辟殖民地
也，曰天將以英國人種遍布世界也。」）而上所引的一段是最明顯的
對於「西方英國為文明，東方諸國為野蠻」之成見一方面肯定不疑，
一方面又在此基本假設之下，批判當時英國在政治以及家族、法律、
風俗方面，對待女人並不比東方更好。有趣的是，在這一段譯文裏，

馬君武的譯文比原文多加了一句：「吾亦非謂英國國民之性情皆如是也。」當然這也可能是「considering all institutions to be, as they are, products of the popular character, we cannot avoid confessing that such must be the case.」一句之不準確的譯筆。而出現這樣的譯文，正透露了馬君武在女權翻譯中，潛意識認同之移位，以及充分受殖民主義論述民族歧視說之洗禮，在斯氏原文批判英國苛待女人之時，反而特意加了一句爲「英國國民性情」解釋之語。英國既是認同學習的楷模，作爲模範，德性與成就都必須完美；而作爲模特兒，身形也不被容許瑕疵。在一個強調「欲知一國人民之文明程度如何，必以其國待遇女人之情形如何爲斷，此不易之定例也」；並且汲汲於向歐美學習的時代裏，在譯文裏遇見英國與東方諸國同樣苛待女人的句子，感到尷尬難以置信而要彌補這個事實的，反而是東方國的男性菁英。但對於這個譯文越界的軌跡，我們還可以作另一種解釋。Gyan Prakash 曾謂：

> ……小心翼翼維繫著的東方－西方界限，從無法制止界限的穿越與干犯，而自我－他者之對立，也從來無法將所有的差異規定到二元的對立裏。第三世界，絕不被限定於它被指派的空間裏，而是在被「第三世界化」的過程中，已經插入了第一世界的至聖所──它勃起、勾引並且與第一世界被宰制的他者發生關係。與第一世界的弱勢聲音--像是社會主義者，基進主義者，女性主義者，弱勢族群等聯結，就逾越了界限。[89]

---

[89] Gyan Prakash, "Writing Post Orientalist Histories of the Third World: Perspectives from Indian Historiography," *Comparative Studies in Society and*

Arif Dirlik 則由此指出，必須將重點從國家民族或東方西方等既定的範疇移開，而注意主體位置的問題；同時不同主體位置權力關係之不均的事實也不宜忽略[90]。東方男性菁英其實也是在聯結西方弱勢論述（在這裏是女權論）的過程中，逾越作為「東方」的客體位置。在性別象徵秩序的約制下，他必須以認同西方男人的方式慾望西方女人；但隱約壓抑著的，則又是以認同男性的方式，慾望著翻譯另一端的男性。因此，馬氏的譯文說話主體游移於中國男人與英國男人之間。而這個男性的位置，其實又游移於像（西方）女人般慾望（西方）男人，以及，像（中國）男人一般慾望（西方）女人之間；而壓抑著的像同性戀男人一般，慾望另一個男人，對於英國男人的深深愛慕，卻在譯筆中不經意地流露了。於是，他悉心呵護並且為所愛戀的西方男人遮蓋缺點。這裏反映的，同時也是這個時刻中國男性知識分子對於「西方美人」的慾望與認同。於是，當一個中國男人翻譯一個西方男人的女權著作時，偷渡於其間的，卻是二個男人之間的慾望流動。

另外一個與此相反但構造相同的操作則是，斯氏原文有一句：

It matters not, in point of principle, whether such domination is entire or partial. To whatever extent the will of the one is overborne by the will of the other, to that extent the parties are tyrant and slave.

馬君武譯作：

History 32 (April, 1990) p.403.

[90] Arif Dirlik, "The Postcolonial Aura: Third World Criticism in the Age of Global Capitalism," *Critical Inquiry* 20 (winter, 1994), p.336, 342-3.

> 以廢棄他人之意志為原理，無論事之輕重，皆以伸己屈
> 人為獨一之目的。<u>東方暴君之對其奴隸</u>，亦莫不用此道
> 也。

斯賓塞在這一段裏，論及人與人之間任何「命令」與「服從」關係之不當，只要是命令與服從的關係，不論其間程度如何，都是不當。過去專制暴君與奴隸的關係，斯氏認為一直存留至今，如夫與妻的關係、殖民主與黑奴的關係等。斯賓塞在這一整段中，基本上從哲學上考慮（philosophically considered）委屈一個人的意志去滿足另一個人的意志的問題，而論及專制獨裁與奴隸之關係時，他是指一種「過去的」（past）野蠻形式，他批判了這種過去之野蠻形式於今猶存。斯賓塞其實試圖站在一個普遍原理上來談原則問題，這一段裏，倒是未曾觸及東西方文野。然而，可能存在於西方，也可能存在於東方，斯氏並未明指地籍的"tyrant"，在馬君武的譯文中，卻自動變成了「東方暴君」。

也就是說，在馬君武翻譯女權篇時，西方英國的文明，與東方的落後，是更不易拋開的框架，因為，那恰恰是當時中國女權翻譯的必要性以及可能性之所在。西方必須是文明而男女平等的，而東方必須是野蠻落後有暴君的，而後，才必須翻譯西方的女權說，作為落後者急起直追的楷模。如果「西方」也充滿了尚未從過去脫離的野蠻，如果「西方」根本不是一個完全自由平等的至境，那麼，此時中國辛勤翻譯西書，所為何來？於是，殖民主義的東西方文野的意識型態，就深深嵌在翻譯工作本身的潛意識中，隨時在「說溜了嘴」的譯筆滑落之處，露出馬腳。殖民者的自我批判，會在被殖民者的譯文中自動被修補，而被殖民者也會自動居於落後的位置，以成就翻譯所預設的意識型態：「原文」是意義的源頭，是價值、楷模、標準的所在地。

斯賓塞的女權篇中，提及英國，通常會加上「我們」的字眼，那是他的國家他的民族，他時而與其他國家民族比較。於是有"our own statute"、"our law"、"we English"等詞。馬君武在遇到這些字眼時，譯筆是極其微妙的。其實很多地方，馬君武都會自動區別觀念所屬之地籍。例如，對斯賓塞來說，"the Creator"是普遍性而沒有地籍的，他不必說歐人所信的造物主，而馬君武的譯文則會特別譯成「歐人莫不信造物主」。也就是是說，當觸及上帝宗教信仰，這在中國不是一個普遍性的觀念，原文的普遍性名稱，在譯筆中自動成爲特定性的名稱。譯文面對的是特定的讀者，再現的是特定的認同。但在關乎斯賓塞所屬的「我們」英國時，國族在帝國殖民論述中作爲一種現代性普遍性意識型態，馬君武的「我們」或「吾」、「我」就格外耐人尋味。

> Or, putting the question practically, it is required to determine by some logical method, whether the Turk is justified in plunging an offending Circassian into the Bosphorus? whether the rights of women were violated by that Athenian law, which allowed a citizen under certain circumstances to sell his daughter or sister? Whether <u>our own statute</u>, which permits a man to beat his wife in moderation, and to imprison her in any room in his house, is morally defensible? Whether it is equitable that a married woman should be incapable of holding property?

馬君武譯：

> 是皆難定之問題也。或謂當以論理法定之,則猶難。凡
> 野蠻之習俗已成,賢智者亦熟視之而無睹。土耳其投犯
> 罪之涉加西亞婦人于保司法老司之水。雅典之法律侵婦
> 人之權利,許其國人賣其姐妹及女兒。<u>我國</u>之法律,許
> 男人毆其妻,且能閉之於一室,是豈非道義上之所禁乎?
> <u>且吾國</u>之法律,雖既嫁之婦,不能有產業。

類似第一個句子,凡在語意連結中文較罕見的思路,馬氏翻譯的不中不西,在馬氏譯文中屢見不鮮,而翻譯正是創造「不中不西,不倫不類」的所在。值得注意的是,這裏斯賓塞的" our own statute"在馬君武的譯文中,成為二句都強調的「我國之法律」、「吾國之法律」,而不是「我英國」。此處用「我國」或「吾國」時,馬君武與斯賓塞之幾乎同國,幾不待言,因為,男人毆妻與已婚婦女無產業,是二國男性都熟悉的事實。但另外一處斯賓塞的"The laws of England"與"England"(第三節末尾),在馬君武的譯文裏,仍作「我英國」、「我英人」。除了當時殖民主義裏英國文明─中國落後的意識型態,以及中國菁英知識分子認同殖民權威及價值,還有翻譯本身的政治。這也是翻譯活動中所必然包含的此疆彼界之移動,以及失控。

結語:女權與翻譯的政治

Sherry Simon[91]曾謂,由於翻譯必然是「有缺點的」,於是,所有的翻譯都是所謂的「女人」。她認為,在歷史上,翻譯者與女人都是

---

[91] Sherry Simon, *Gender in Translation: Cultural Identity and the Politics of Transmission.* (London and New York : Routledge, 1996) pp.1-9.

處於一個相對低階的位置，正如同男尊女卑，翻譯者就像原作者的女僕。生產與再生產之位階次序，也就是原創作者與翻譯者的位階，原創作者強於、也高於翻譯者。而 Simon 主張，女性主義的翻譯理論要對這種將女人與翻譯者都視爲卑下的觀念進行批判，爲此，就需要探討翻譯被女人化的過程，並試圖攪擾這種權威結構。

事實上，考慮不同語言之間的不平等權力關係，實際狀況可能不止此一種。例如，西方殖民勢力在擴張過程中，必須翻譯殖民對象的文化或語言，在「東方主義」工程裏的翻譯，被譯對象的「原創性」可能消弭不見，翻譯者與原作者的關係就不盡是男尊女卑的關係。而在「被殖民」的「泱泱大國」的菁英男性翻譯西方男性的女權著作的這種例子裏，權力關係之錯綜複雜，慾望與認同之游移，更是微妙。

從馬君武譯斯賓塞女權篇的分析裏，我們看見了當時鑲嵌於帝國／國族論述中的翻譯工程，翻譯來的女權在體質上帶著以下特色：

一、 鑲嵌在殖民論述中的說話主體，身上帶著「西方」的凝視，「西方」對「東方」的打量。翻譯的女權說，銘刻了一種帝國主義殖民與國族主義的共謀關係，不論在現實（翻譯西書的工程）或是想像與慾望的層次上，都蘊含於國族現代化建設的議程中，也同時參與於帝國主義殖民論述中。在國族主義救國強種的議程中，翻譯承載著相應的新目的、意義與慾望；而在壯大國力的議程中，作爲半數人口的女人，也必須給予新的規訓、定義或位置，此時西方女權說的翻譯，負擔了傳遞新規訓的意義。西方新譯的女權說，成爲新的中國由女性化邁向男性化的進步富強的性別化想像。但性別化的原

文與譯文，在性與性別與國族的慾望或認同關係上，交錯游移。使得翻譯的認同與慾望疆界總是越軌而不純淨。[92]

二、 如果西方白種女性主義曾經也都參與在帝國主義種族歧視之說中[93]，那麼，西方白種男性的女權說，透過東方菁英男性的翻譯，這樣的女權說早已是層層媒介、魅影幢幢。國族與男性慾望，都在關乎女權的譯文中偷渡。

三、 無論是斯賓塞的女權說，或是馬君武所譯的女權說，寫作的主體都是有性別的。如果，我們暫且斷章取義 Spivak 的話，說沈溺在翻譯裏的，比較是一種「性愛的」（erotic），而不是「倫理的」（ethical）關係[94]，再者，如果我們聯想到 Eve Sedgwick 在文學作品中所發現到的男性之間同性社交情誼的慾望[95]，那麼，透過二者的翻譯，引介了一種經過重重媒介的女權說。但是，如果「東－西」、「女－男」、「內－外」的不對稱權力關係未經反省，陷在兩端之間尋求平衡點，那麼，在東方與西方的關係、男人與女人的關係，以及男人與男人的關係方面，就難以引爆徹底改變的火種。然而，翻譯[96]

---

[92] 這個結語的提出，要感謝何春蕤教授在西雅圖會議時的評論。

[93] Antoinette Burton, *Burdens of History: British Feminists, Indian Women, and Imperial Culture, 1865-1915.* (Chapel Hill & London: The University of North Carolina Press, 1994).

[94] Gayatri Chakravorty Spivak, "The Politics of Translation," *Outside in the Teaching Machine,* (New York: Routledge, 1993) p.183.

[95] Eve Kosofsky Sedgwick, *Between Men: English Literature and Male Homosocial Desire,* (New York: Columbia University Press, 1985).

[96] 這裏「翻譯」同時包括了字面義以及前文述及的引申義，亦即，不僅止是指

的確已經造就了雜揉中與西、不中不西亦中亦西、夾帶帝國
／國族主義與男性慾望的雜種[97]女權說。

傳統意義上二種語言或文字之間的翻譯，同時指任何溝通（或者難以溝通、
無法溝通）交流過程中不同主體在結構性位置中對於他者或對方的理解詮
釋。

[97] 此處完全不在於批判或歡慶「雜種」不清純的女權說是任何過失或缺陷或
美德。而是，認清雜種而不清純以及不可能清純的這個歷史，認清在翻譯
交流過程中時時進行或產生的慾望與交配。那麼，所謂女權，或者其他弱
勢主體議題及其歷史研究在某時某地的適不適切性，問題可能根本不在於
她是「西方的」或「中國的」，她是效顰「西方理論」（彷彿西方沒有歷
史），或是道出了「本土歷史事實」（彷彿本土從來沒有理論）。將中文
性／別研究或性／別運動議題，轉向本質性的夠不夠（是不是）「中國的」
或是否太過「西方」的問題，對性／別研究或性／別運動議題的進深來說，
可能成為一種延宕，或是轉移目標。因為在劃分中―西的化約中，內部的
複雜性必然消失。學者究竟如何透過「西方」與「東方」這對範疇來生產
或定義新的「中國」或「女性」，以致於「西方―東方」與「男―女」的
權力結構可能因此而繼續維繫，或者繼續忽略異於國族主體的異質女性或
其他弱勢主體的異質性？而在相對於「西方」（而不是相對於在地壓迫結
構）之下，對於「本土的女性主義」的檢驗與定義，說話者究竟站在什麼
樣的位置？在不同歷史時期與空間中，所要服務的究竟是哪一種本土？或
是哪一種「女性主義」？或者是某一種「西方」？或者竟而是仍然壓抑下
層或性／別越界分子的一種「本土」？或者是哪一種學術傳統或學術傳承
或學院科系的知識分子？彼此之間的關係又若何？都是在歷史中要認真進
一步面對的。

這篇論文的完成，要感謝丁乃非教授、白瑞梅教授於參加西雅圖"American
Studies Association: American Studies and the Question of Empire: Histories,
Cultures and Practices"會議時，在「翻譯與國族現代化議程」這個議題上的討
論，以及蔡英俊教授在英譯時游刃於字裏行間所產生的新洞見與新意義。英
文版在西雅圖會議中發表時，何春蕤教授擔任評論人，提供了寶貴的批評。
本文曾發表於《近代中國婦女史研究》第七期，感謝當時兩位匿名評審的意
見。而一切錯誤與缺失，完全是本人責任。

四、 有一些觀念,如「平等」,在晚清知識分子的多重翻譯中
　　 成形,理解的資源包括了對於傳統的翻譯,與對於新學的雜
　　 種性理解,在譯文中,會反映出這個理解的背景,而不一定
　　 是原文的直譯。

三、
「國族」與性別政治

「西方美人」慾望裏的
「中國」與「二萬萬女子」[1]
——晚清以迄五四的國族與婦女

前言

　　本文旨在析論晚清以迄五四關於國族與婦女的文本與修辭效應，主要以進步知識分子對於「西方美人」的慾望，分析帝國／國族、性／別論述中縱橫交錯的結構權力關係，以及現代化進步論述的慾望結構及其暴力與空白，並且進一步分析論述中各種普同化的抽象範疇所範限不住的越界、滑落與壓抑、出走與矛盾。更重要的，「婦女」在各種論述或歷史敘事的交會口，作爲符號與作爲實踐的主／客體，其間紛然雜錯的權力或說話位置、矛盾的關係，複雜的再現等等，亦是本文試圖解讀或分析的重點。

---

[1] 本文部份內容爲國科會補助專題計劃「女性與五四」（編號 NSC86-2411-H-007-027）的研究成果。部份內容曾以"A Desire for 'Western Beauty': Gender and Sexual Fantasies in Late Qing Feminist and Nationalist Discourses"爲題，發表於第二屆國際文化研究研討會"Crossroads in Cultural Studies" (Tampere, Finland 1998/6-28~7-1)。部份內容以＜「西方美人」與「二萬萬女子」——晚清的民族帝國主義與性想像＞發表於清華大學亞太／文化研究室主辦的「香港、澳門、台灣、大陸文化研究學術會議及學術交流」研討會(1998/7/10-11)。

　　上個世紀之交，正當中國對於「西方」帝國主義意亂情迷、同時又力圖擺脫的時刻，晚清重要知識分子梁啓超（1873-1929）在一篇文章中提出了「二十世紀是中華文明與西方美人結婚的時代」[2]的慾望表達。本文將以此做爲一個描繪這個歷史時刻國族慾望主體的重要隱喻。藉著勾勒「西方美人」所攪動的慾望，以及中西聯姻的想像，本文想要說明：中國這個「泱泱大國」[3]，知識分子在甲午戰爭[4]後所感受到的「被殖民」的位置，使得這個傳統泱泱大國爲聖爲王的陽剛主體，面對「西方」生氣勃勃的帝國主義，產生的一方面是強烈的認同感，民族渴望成爲帝國，「中國」對於「西方」是一種類似同性戀愛的認同與慾望的合一；然而這個被壓抑的不合法的慾望，卻使得它在隱喻上用雙層的轉化，使得這個被壓抑的慾望得以合法的修辭表現。一層是將對象女性化，讓「西方」成爲「美人」，在「香草美人」般的抒情體裏，自我在現實感受上的「女性」位置，轉化成男性書寫主體，並且透過操作象徵意義的異性戀婚姻的想像，轉化成爲合法慾望秩序的修辭策略──以「中華文明與西方美人結婚」，想像「中華文明」的宗嗣；另一層則是由於「西方」殖民之得以成就，必須倚賴「非西方」

---

[2] 梁啟超＜論中國學術思想變遷之大勢＞《飲冰室合集》（北京：中華書局 1989）頁 4。

[3] 陶緒的《晚清民族主義思潮》（北京：人民出版社，1995）曾經提及與近代關係密切的傳統民族觀念主要有四個方面的主要內容：「一是華夏文化中心的地理觀念，二是華夏文化優於其他民族的文化優越觀念，三是華夏文化制約其他民族的『羈縻』觀念，四是『夷夏之辨』的觀念。」（頁 12）

[4] 「甲午戰爭」被晚清以後知識分子表述爲「中國」挫敗與羞辱經驗的關鍵性深刻事件，使得「中國」面臨救亡圖存的問題，遍見於當時時論。參晚清報章雜誌，以及張柟，王忍之編《辛亥革命前十年間時論選集》（北平：生活、讀書、新知三聯書店，1977）。

作為相互建構的另一面，在泱泱大國求「強」的慾望裏，「中華」國族深深認同西方殖民勢力的「強」，國族慾望成為帝國，但在認同／反抗殖民的強迫性論述結構下，又必須建構一個異於「西方」的「中華」古老文明傳統以成就抗殖民的主體性。然而，建構「中華」主體的合法性表面在於對抗殖民，其作用則參與在建構「非西方」以轉化其對於「西方」的不合法慾望。

陽剛主體眼前的挫敗，使得它與「西方」所建構的弱勢她者結盟，帝國主義的被壓迫女性弱勢主體，對於挫敗的老大中國來說，一方面她的弱勢性是陽剛國族主體此刻的自我比喻，一方面卻因為這是認同者的慾望對象，也就成為慾望的標的，使得「西方美人」在隱喻上既是指向帝國主義，同時又是帝國主義的慾望對象。這也是晚清對於西方帝國主義、現代性、西方女權主義等，在「西方美人」此一符號的糾結。然而，由於慾望壓抑並扭曲，於是隱喻的表達總是自相矛盾，將標的滑落於他方。而國族論述所假設的國族主體，也由於種種壓抑扭曲的慾望以及自相矛盾，成為年齡、性別與所處時空俱不穩定的待建構的客體對象。而「婦女」在這個複雜的歷史過程中，作為一種不斷被召喚的主／客體，在論述與政治實踐中的各種效應，也就值得進一步分析。

就歷史文本分析，在價值、權力、知識等等諸意識型態眾系統中，「男女平權論」的出現，當然不可能只是一個性別的覺醒問題，也不只是一個「西方－中國」的問題，當然也不是兼顧男女與中西的二個二元對立，就可以釐清它整個的複雜性。因為還有許多的價值階序與慾望機制作用於其中，也在其中生產新的可供消滅的（非）主體。如果有所謂的後殖民，在思考形構上如何逃脫二元的困境，如何認真面對歷史中的各種差異，而在種種複雜性中不致於快速化約，或盲目於

再度鞏固既成權力結構,是值得我們在書寫歷史的同時努力再思的。

「天地間獨一無二之大勢力」
慾望裏的「世界」

晚清進步知識分子的進步性展現於他們認識到所謂「西方世界」的勢力時,「變」或「革」的重要,而「變」或「革」的重要,與其說是來自內在性、理想性、批判性地對於現狀的不滿,不如說是來自對於「勢力」的體認[5]。光緒二八年(1902),梁啟超在<論學術之勢力左右世界>一文中,思考「亙萬古,袤九垓,自天地初闢以迄今日,凡我人類所棲息之世界,於其中而求一勢力之最廣被而最經久者,何物乎?」他要探討的是一個「天地間獨一無二之大勢力」,能夠廣被又能經久,這是什麼樣的「勢力」?首先他用數行文字,以亞歷山大、梅特涅、拿破崙為例,指出威力、權術都會隨身名而滅,不是獨一無二之大勢力,那麼,答案究竟是什麼?梁氏說:

> 然則天地間獨一無二之大勢力,何在乎?曰智慧而已矣,
> 學術而已矣。(頁110)

智慧與學術,不在於修身齊家治國平天下,不在於經世致用,不在於安身立命,也不在於知識本身的價值,而是一種「勢力」,並且是「天地間獨一無二之大勢力,」何以故?梁氏指出,近世史文明進步之跡,

---

[5] 例如,梁啟超的《變法通議》就以極長的篇幅,論證「變者天下之公理也」、「大勢相迫,非可閼制,變亦變,不變亦變。」(《飲冰室合集》1,頁8)

在於十字軍東征與希臘古學復興，前者使歐人得與他種民族相接近，傳習其學藝，數學、天文、理化、醫學等於焉成立；後者使人能讀亞里士多德諸賢之書，「思想大開，一時學者不復爲宗教迷信所束縛，卒有路德新教之起，全歐精神，爲之一變。」而

> 其間因求得印書之法，而文明普遍之途開，求得航海之法，而世界環遊之業成。凡我等今日所衣所食所用所乘所聞所見，一切利用前民之事物，安有不自學術來者耶？（頁 111）

在梁的這個說法裏，歐西學術的成就、傳播與發展，是近世文明進步的全部原因。接著該文舉出了歌白尼、倍根、笛卡兒、孟德斯鳩、盧梭、富蘭克林、瓦特、亞丹斯密、伯倫知理、達爾文等十賢爲「犖犖大者」，另有康德、約翰彌勒、斯賓塞等等，

> 皆出其博學深思之所獨得，審諸今後時勢之應用，非如前代學者，以學術爲世界外遁跡之事業，如程子所云玩物喪志也。以故其說一出，類能聳動一世，餉遺後人。嗚呼，今日光明燦爛如荼如錦之世界，何自來乎？實則諸賢之腦髓、之心血、之口沫、之筆鋒，所組織之而莊嚴之者也。（頁 115）

傳統學術在此被化約爲一種遁跡世外的玩物喪志，不再能夠適應今後時勢。在那些「左右世界」（頁 111）的學者之後，尚有

> 不必自出新說，而以其誠懇之氣、清高之思、美妙之文，

> 能運他國文明新思想，移植於本國，以造福於其同胞，
> 此其勢力，亦復有偉大而不可思議者。如法國之福祿特
> 爾、日本之福澤諭吉、俄國之託爾斯泰諸賢是也。（頁 115）

最後則是「敬告我國學者」：

> 公等皆有左右世界之力，而不用之何也？公等即不能為
> 倍根、笛卡爾、達爾文，豈不能為福祿特爾、福澤諭吉、
> 託爾斯泰？即不能左右世界，豈不能左右一國？苟能左
> 右我國者，是所以使我國左右世界也。吁嗟山兮，穆如
> 高兮；吁嗟水兮，浩如長兮，吾聞足音之跫然兮，吾欲
> 溯洄而從之兮，吾欲馨香而祝之兮。（頁 116）（劃線皆
> 筆者所加）

這篇文章中值得注意的是，在梁的用法裏，「世界」與「本國」的關係。當梁說：「今日光明燦爛如荼如錦之世界」時，那是一個「能讀亞里士多德諸賢之書，思想大開，一時學者不復為宗教迷信所束縛」、「歐洲列國之革命，紛紛繼起，卒成今日之民權世界」、「能使全世界之政治商務軍事，乃至學問道德，全然一新其面目，而造此世界者，乃在一煮沸水之瓦特，與一放紙鳶之富蘭克令」等等，一個從梁氏看來，「我國學者」未曾參與貢獻、但是今日人人住在其中的近代理性、工業、民主科學的「泰西文明思想為主義」的「世界」；並且，梁氏也假設了普天下所有人都享受、受惠於這個「世界」。這是一個沒有壓迫、沒有殖民、沒有貧窮，「物競天擇，優勝劣敗，非圖自強，則決不足以自立」的「光明燦爛如荼如錦之世界」。強者是物競天擇優勝劣敗的結果。這也就意味著，弱者、敗者即劣者，在「世界」沒有

立足之地。但是，面對這個「世界」時，「本國」似乎既在「世界」之中，又在「世界」之外。「我國學者」被呼籲、被「敬告」要「溯洄而從之，馨香而祝之」，彷彿「世界」在前而我在後，我要發奮興起才能及於「世界」；然而，這個追趕「世界」的「我國」，心目中的志向卻又是「使我國左右世界」。

　　如果去掉最後一段「敬告我國學者」，這篇文章說話主體的說話位置，完全是「世界」的，璀璨世界的璀璨性，來自亞里士多德、歌白尼、達爾文等學者，但這並沒有被稱為「西方世界」，而是「世界」；其「學術」並不是「泰西學術」，而是「學術勢力」[6]。說話主體並沒有異於這道「學術勢力」的觀察或判斷視角，也沒有住在這個理性、文明、競爭的「世界」之外，具有可以評量這個「世界」的另外的判準。也正是這道「學術勢力」，賦予了說話主體「世界」性與「學術人」（因為學術是天地間獨一無二的大勢力）的說話位置。

　　然而到了「敬告我國學者」這一段，說話主體認同的分裂性卻出現了。從詞義概念上說，「我國」是「世界」的一個子集合，那麼，如果要說今日「世界」是理性、格致、民主的現代化世界，應當是在其中任何一地、任何一國都現代化的情況下，才可以說「世界」是現代化的。但現在當面對「我國學者」時，「我國」與「世界」的關係似乎並不是子集合與集合的關係。在帝國主義殖民論述中，白種西方中心的知識、技術、價值體系作為普遍世界性文明，是以非白種、非西方的個別性及其落後作為一體的另一面，兩者間的關係是彷如錢幣的兩面而建構的。然而，此刻說話主體同時認同帝國主義殖民論述所

---

[6] 梁氏另有一篇＜論中國學術思想變遷之大勢＞（《飲冰室合集》1），見下文討論。

再現的文明進步「世界」，以及國族論述的「我國」，而「我國」又
是「世界」之所以為「世界」的建構條件──落後不文明的「非世界」，
於是說話主體位置於「我國」與「世界」間不對稱權力關係的糾葛，
其癥候為對「世界」既有著「溯洄而從之」的傾慕追求，又有著「使
我國左右世界」的操控性狂想。[7] 說話主體作為「我國」的知識分子，
慾望著「世界」的大勢力：「吁嗟山兮，穆如高兮；吁嗟水兮，浩如

---

[7] 「使我國左右世界」的思考邏輯，還有一個可能的解釋是：在「世界性」
籠罩下，個別性所能想像的唯一生存之道是必須自我壯大為世界性，這
可以梁漱溟《東西文化及其哲學》中的一段話為註腳：「大約假使東方
化可以翻身，亦是同西方化一樣，成一種世界的文化──現在西方所謂
科學和德謨克拉西的色彩，是無論世界上那一地方人皆不能自外的。所
以此刻問題，直截了當的，就是：東方化可否翻身成為一種世界文化？
<u>如果不能成為世界文化，則根本不能存在</u>。若仍可以存在，當然不能僅
止使用於中國，而須成為世界文化。」（頁 12）胡適曾經批評梁的「『凡
一種文化，若不能成為世界文化，則根本不能存在；若仍可存在，當然
不能限於一國，而須成為世界文化』這種邏輯是很可驚異的。」但胡適
之所以不同意，是由於他認為梁的「主觀化的文化哲學」對於中、西、
印度文化的觀察太過攏統。而胡適提出來反對梁之邏輯的幾句話，頗值
得玩味。他認為，文化是複雜多差異的，如果否認種種時空差異，則「無
論何種劣下的文化都可成為世界文化」，那麼，如「極黑暗的油燈」、「很
笨拙的騾車」、「喇嘛教」、「甚至於鴉片、細腰、穿鼻、纏足，如果走運
時，何嘗都沒有世界化的資格呢？」正見出「現代化」論述的洗禮下，
什麼是可以「世界化」的，而什麼是必須被防範成為「世界化」的，早
已經鑲嵌在關於理想「世界」的想像中了。胡適又說，「若明白了民族
生活的時間和空間的區別，那麼，一種文化不必須成為世界文化，而自
有他存在的餘地。米飯不必成為世界化，而我們正不妨吃米飯；筷子不
必成為世界化，而我們正不妨用筷子；中國話不必成為世界化，而我們
正不妨說中國話。」（胡適＜讀梁漱溟先生的《東西文化及其哲學》＞
對於主張「充分世界化」（見胡適＜充分世界化與全盤西化＞）的胡適
來說，吃米飯、用筷子、講中國話等「文化」的不須要「世界化」，正
可見「世界化」的想像，必須保留一個個的具有殊別性的「我們」，方
可與「世界性」相互建構，但這個「我們」，由世界的觀點衡量，有些
部分沒有資格世界化，有些部分則不必世界化。

長兮，吾聞足音之跫然兮，吾欲溯洄而從之兮，吾欲馨香而祝之兮。」「世界」——其實從全文的描述看，不過就是「泰西」——，如山之高，如水之長，又如所謂伊人在水一方，我欲溯洄而從之。然而這種慾望與認同合一的同性愛情的傾慕追求想像，在文化裏的不合法性，使得它自始至終隱藏壓抑，而迂迴出之以其他合法的修辭或隱喻。這也就是梁啟超在＜論中國學術思想變遷之大勢＞一文，對於「中國」與「西方美人」的關係必須想像成：

彼西方美人必能為我家育甯馨兒，以亢我宗也。

香草美人般的傾慕，竟成為娶妻生子以亢我宗的婚姻目標。進步知識分子以「學術」為「天地間獨一無二之大勢力」，其面對「世界」的焦慮，在迎娶並傳宗接代的的幻想裏，再現的是什麼樣的權力與強迫性慾望結構？而制約慾望的敘事機制又是什麼？

「強權」慾望裏的「西方美人」
與雜種「甯馨兒」

梁啟超於光緒二八年（1902），以「中國之新民」為筆名，發表於《新民叢報》第三號的＜論中國學術思想變遷之大勢＞一文中，開宗明義即指出：「學術思想之在一國，猶人之有精神也」、「欲覘其國文野強弱之程度如何，必於學術思想焉求之。」如果說，梁氏在＜論學術之勢力左右世界＞一文中勾勒了「世界」，那麼＜論中國學術思想變遷之大勢＞一文，則是翻過錢幣，呈現建構「世界」慾望的另一面「我國」。而不論「世界」或「我國」，在這個「新民」的現代

化過程裏，它們的內容在知識分子筆下唯被再現為「學術」，而此刻「學術」也很清楚地被再現為一種大**勢力**，天地間獨一無二的大勢力，而不是其他的想像學術知識的可能性，如「真理的追求」，或「安身立命」等等。梁氏說「我中華」是「立於五洲中之最大洲而為其洲中之最大國」、「人口居全地球三分之一」、「四千年之歷史未嘗一中斷」，又有「三十世紀前傳來之古書」等等「世界莫能及」的偉大，事實上「我國」才是「世界」。繼之而起的自然是情感上對於「我國」的認同膜拜：

> 於戲！美哉我國！於戲！偉大哉我國民！吾當草此論之始，吾不得不三薰三沐，仰天百拜，謝其生我於此至美之國，而為此偉大國民之一分子也。（頁1）

接著他以常帶感情的筆鋒，以「深山大澤而龍蛇生焉，取精多用物宏而魂魄強焉」等瑰麗的美文，一種文人性知識分子可以運用的生產方式，「至美之國」就在美文所圖繪的美景中凝聚出來。此刻說話主體處在出神陶醉的狀態裏：「吾不自知吾氣燄之何以溢湧，吾手足之何以舞蹈也」，召喚著「生此國，為此民」的眾讀者為「吾輩」，共同成為朝聖膜拜的子民，成為偉大國民的一分子。於是在尚未有任何文字透露「中國學術思想」的任何實際內容時，學術作為一種「勢力，」偉大之國的光耀威武就在「最大」、「第一」等等的讚美聲中已然成形，而仰天百拜的萬民都參與在「偉大國民之一分子」的榮耀一體中。

然而，如果把這幅膜拜的場面放在當時「世界」的圖像裏，「時差」其實是一個關鍵的問題。「世界」文明是「近世史」的成就，是「近世文明」，然而「中華第一」的時代，卻是在「上世史」與「中

世史」。梁氏說:「合世界史通觀之,上世史時代之學術思想,我中華第一,」「中世史時代之學術思想,我中華第一,」但是「惟近世史時代,則相形之下,吾汗顏矣。」因此,膜拜者「不能自已」地膜拜著偉大中華的這個歷史時刻,並不是中華第一的光耀時刻,卻正是膜拜者在「世界史」中為中華感到「汗顏」的歷史時刻,——也正因為汗顏,使得他強迫性地要膜拜。膜拜者此刻至少處在三種時間裏:「我祖國」過去的榮耀、眼前「世界」的文明,以及未來「我國」「執牛耳於全世界」的幻想。因此,膜拜中華的時刻,並非進入宗教崇拜似的時間性消失的永恆狂喜狀態,而是在一種多重時間錯亂並置的歷史糾紛、以及主體既汗顏又歌舞的焦慮或精神既躁又鬱裏。——他既在此刻膜拜,又在此刻慾望逃離這個膜拜,以期進入被「世界」膜拜。就在這樣一種時間多重而錯亂的潛藏躁鬱裏,說話主體圖生存的一個便捷方式是簡化世界以進入一種想像秩序。將世界文明一舉二分,將讓人躁鬱的時間差異加以否認,或予以動機性遺忘,以便將時間的差異平面化為地理空間的區隔[8],一旦化簡為地理空間的區隔,時間所意味的變化(老化)便凍結住。於是,膜拜者在今日的「復興時代」,再現的圖像是一幅簡單明瞭的「大地」:

> 蓋大地今日只有兩文明,一泰西文明,歐美是也;二泰東文明,中華是也。(頁46)

我們可以就兩個面向分析。一是就「東-西」殖民論述的層次而言,

---

[8] 唐小兵討論過時間空間的問題,但在不同的問題意識之下。請參考 Xiaobing Tang, *Global Space and the Nationalist Discourse of Modernity: The Historical Thinking of Liang Qichao*, Standford, California: Stanford University Press, 1996).

一旦參與在這個帝國／殖民敘事的「東－西」論述裏，「中華」文明也就必須放在「非西方」裏被想像，於是關於「中國學術思想」的建構與長短得失的評價，從「胚胎時代」到「復興時代」，都透過與「各國」、「他國」或「西方」的「比較」而產生。這個「中華學術史」的建構工程，包含了對於「世界」的翻譯[9]、想像的「世界」作為想像的凝視者、「中華」在「世界」的鏡像、將「中華」想像為一個同質而具有連續性的整體等等。而「中華」作為「非西方」而被建構的過程中，也正所以同時建構「西方」——這也就是梁啓超＜論學術之勢力左右世界＞與＜論中國思想變遷之大勢＞二文正如同錢幣之兩面。

其次，就論述所生產出的「中華」知識分子主體的歷史性而言，此刻其實是多重時間錯亂、汗顏焦慮而又充滿狂想的危機時刻。至於這個危機感的紓解策略，則是這個知識分子作為國族主體，一方面他是「天地間獨一無二之大勢力」的學術論述效應，一方面他在論述中站上傳統父權論述中男人的位置，娶妻生子，以保障血統的延續。

異性戀結構的兩性關係想像，以及優生學和族外婚以及混種的知識，引導了梁啓超對於東西兩文明要交媾的慾望構圖[10]。梁氏以「生理

---

[9] 這裏「翻譯」是指：將對象語言或文化想像為一個同質的整體，而用另一套被構想為同質整體的語言加以詮釋。參 Naoki Sakai, *Translation and subjectivity : on Japan and cultural nationalism*, （Minneapolis : University of Minnesota Press, 1997）.

[10] 當然，這個想像並非梁啟超獨創，晚清以至民國，中西聯姻或混血的想像，在各種論述中並不少見，比方說優生、強種等等，這種中西聯姻想像所要的效果，在當時易鼐的＜中國宜以弱為強說＞曾經論及，以弱為強的要點之一在於「合種以留種」，「何謂合種？黃人與白人互婚也。」（頁 19）「如以黃白種人互為雌雄，則生子必碩大而強健文秀而聰穎。」（頁 24）易鼐曾在湖南時務學堂任教習，而梁啟超為總教習。＜中國宜以弱為強說＞，見《湘學報》，參《湘報類纂》（台北：大通書局）甲集上，頁 18-24；又參丁偉志，陳崧《中西體用之間——晚清

學」的「公例」，論證這二大文明交媾的必要性：

> 生理學之公例，凡兩異性相合者，其所得結果必加良，
> 此例殆推諸各種事物而皆同者也。……其後阿剌伯人西
> 漸，十字軍東征，歐亞文明再交媾一度，乃成近世震天
> 鑠地之現象，皆此公例之明驗也。(頁4)

梁所謂的「兩異性相合」，從他自己加的小註來看，是指他認為放之
於動、植物以及人類皆然的異種相配原則：

> 種植家常以梨接杏，以李接桃；牧畜家常以亞美利加之
> 牡馬，交歐亞之牝駒，皆利用此例也。男女同姓，其生
> 不蕃，兩緯度不同之男女相配，所生子必較聰慧，皆緣
> 此理。

由於緯度不同之男女相配，所生之子「必較聰慧」，於是東西兩大文
明今後的關係被期許成：

> 二十世紀則兩文明結婚之時代也，吾欲我同胞張燈置酒，
> 迓輪俟門，三揖三讓，以行親迎之大典，彼西方美人必
> 能為我家育寧馨兒，以亢我宗也。

這話看似異想天開，但可能十分認真。並且，就晚清知識分子對於世
界權力關係的佈署，以及「中國」主體性與性／別關係的想像規劃而
言，這個意象相當典型，意義也十分繁複。這是一個年長而尊大的父

中西文化觀述論》（北京：新華書店，1995）。

權盛國,然而在種種時差中,被構想為老大而衰弱的中國,(前文曾經論及,在物競天擇適者生存的世界裏,弱即是劣),面對年青力盛的西方時,會產生怎樣的情慾關係?──這是一個執著於「亢」的慾望,藉著將「他者」女性化,納入「我」的宗族血脈,以亢「我宗」。對於這個焦慮的知識分子主體來說,最具穩定性、保障性以及繁殖力的論述資源是異性戀父權婚姻關係。於是,藉著將「西方」女性化為「美人」──抽象的理想異性原型,使得焦慮中的主體得著紓解。一旦進入這個異族婚姻想像,則關切的主要焦點就不會在於年輕美麗誘人的女子或準母親,也不是未來兒子的混血雜種性,而是老父親的長生不朽。在現代國家競爭的時刻,「婚姻」是論述投資的地點之一,「西方美人」一詞,此刻在梁啓超「筆鋒常帶感情」的美文中,隱約透露了壓抑而含蓄的慾望。「西方美人」像那個傳說中以美妙歌聲誘惑航行海上水手的女妖,此刻不斷以誘人的歌聲迷惑著民族主義。這個西方美人只會唱歌而不會說話。而在民族帝國主義的論述中,無論這個西方美人的誘惑力是多麼來自她年輕誘人的現代性風姿綽約的面貌,在合婚的想像中,她仍然必須被去性化,並且神聖化,成為母親,為父權盛國產育傳宗接代的甯馨兒。弔詭的是,這裏所以亢「我宗」甯馨兒的母親,其實是「西方」美人,也就是說,若老邁的「中華文明」果然在這個歷史時刻迎娶了西方美人以繁殖後代,則「中華」甯馨兒的「國民母」或是「種族母」,其實是「西方美人」,而這個傳宗接代的甯馨兒,有一半的血統必然在「西方」,這個為中華傳宗接代的甯馨兒,其實是一個雜種混血兒。這也就同時意味著,中華國族主體面對「世界」的這個危機時刻,在其命脈延續的構想中,「二萬萬女子」其實無分於這樁婚姻。亦即,如果晚清男性知識分子想像未來的方式是「中國」與「西方美人」聯姻以亢我宗,則中華的「二萬

萬女子」在這樁婚姻想像裏，或者必須消失於「中華」這個國族符號裏，或者消失於「西方美人」的符號裏。這也就解釋了何以晚淸的婦女論述，或者召喚「二萬萬女子」加入救國強種的行列，或者要以西方美人爲進步的楷模（詳後）。這個正在膜拜中華文明的中華主體，當其建構「中華文明史」的學術勢力，以求綿延中華的關鍵時刻，理想的「國民母」，竟然是讓他挫折焦慮又豔羨的「泰西文明」，他幻想用她年輕美麗的身體，盡其爲中華文明再生產的終極任務。「中華文明」——不論是老態龍鍾或少年中國——作爲男性主體，所求得的可以亢我宗的甯馨兒子嗣，已經不是血統純淨的中華宗嗣，而是以西方美人爲母親的混血雜種。然而這個慾望構想中的「雜種性」，在合婚想像的論述中，始終未曾被明說，未曾被討論。當國族主體慾望著西方美人，幻想著中華文明的甯馨兒時，慾望早已經越界，實踐著象徵秩序所不允許的雜種交媾，但是雜種的污名性不在論述中作用，則可見這個越界慾望的力道，這個慾望的力道，使得論述中充滿矛盾，卻又罔顧矛盾，矛盾中又展現了矛盾的一致性[11]。

當「西方美人」意指泰西文明，國族主體以「西方美人與中華文明結婚」幻想著中西文明的結合，幻想著國族的重新壯盛。然而，如果「西方美人」意指一個西方女子，在現實婚姻裏，「中國」子民的「娶西婦」仍然被認爲是與「愛國」矛盾的。

光緒二十九年(1903)，梁啓超遊美，＜新大陸遊記＞中提及，梁

---

[11] 這裏我聯想到的是，Jacques Derrida 在分析「結構」時所說的"And, as always, coherence in contradiction express the force of a desire." 參 "Structure, Sign, and Play in the Discourse of the Human Sciences" in *The Structuralist Controversy: The Language of Criticism and the Science of Man*, ed. Richard Macksey and Eugenio Donato, (Baltimore: The Johns Hopkins Press, 1970), pp. 247-272.

到哈佛大學，會見了當時中國初次出洋留美的學生時，他「舍歡息之外，更無他言」，因為他們所學所成「不復能為中國用」，並且「人人皆有一西婦，此亦與愛國心不相容之一原因也，一嘆。」[12]中國與西方美人之聯姻，作為「中國」與「泰西」（「世界」）慾望認同關係的壓抑轉化，一個老大帝國的長生慾望想像，在合法的異性戀修辭下，是「西方美人」「必能為我家育甯馨兒以亢我宗」。但在現實的個人性實踐中，娶西婦的留學生其實又被認為是悲情而沒有遠景的。在帝國殖民勢力不對稱的局勢中，「西婦」當然不會是忠愛夫國為夫國延續子嗣的中國媳婦。中國與西婦聯姻的甯馨兒，只滯留於陌生的異地，開始在文化與種族的衝突中繁衍雜種的下一代，在國族與國族的中間空隙中掙扎生存著不同的遊牧流放主體，他們既不在中國，也不在西方。更不能「為中國用」，只能讓愛國者歔欷不已。個人實踐層次上「西婦」與「愛國」主體之不相容，映照出「中國與西方美人結婚」這個慾望在結構層次上的力道，以及在修辭上複雜曲折的壓抑與矯飾。

「西方美人」這個抽象的理想原型，當具體化為各式各樣的有關西方的知識時，它破破碎碎的矛盾性或相對性也就顯現了，這使得泰西文明的身形也在變幻莫測中。我們可以舉《新民叢報》為例。除了嚴肅的論文，它每一期中都還有一些「雜俎」、「圖畫」等等，介紹輕鬆的文字與人像、風景等。「雜俎」中「新智識之雜貨店」所介紹的關於世界的知識是極耐人尋味的。比方說，在第一號中，有一則「男女毛髮」，內容是：「男女毛髮有區別，以顯微鏡視之可得。」另有「蠻人食品」一則說：「阿非利加及南洋土人，以蜘蛛及各種蟲類為最美之食品。」這些都是儲藏在雜貨店裏的新智識。當然也是當時帝

---

12 梁啟超＜新大陸遊記節錄＞（《飲冰室合集》7），頁 47。

國主義百科全書式世界圖像建構的知識形式。雜貨店中有一則十分有趣的「知識」是「接吻時刻」：

> 歐人之新夫婦，結婚前後數年間，接吻最多之時期也。
> 大約每日男接於女，女接於男者，最少各一百回，合計
> 共二百回，則五年間共三十六萬五千回，一回約費時十
> 秒，則五年內為接吻之事，竟枉費去四十二日零六點鐘。
> 此亦文明人種之所以為文明耶，一笑。

這樣的新知識，雖然以「此亦文明人種所以為文明耶，一笑」如此諧趣的口吻作結，但是放在嚴肅的《新民叢報》第一號裏，與其他關於世界人或動物或生活的新知識放在一起，它斷然不止是「一笑」而已。這樣的知識，反應的是「西方美人」作為一種全然新奇而異國情調的現代性，是那麼地稀奇誘人，但是那種色色的誘人性卻是在嚴肅的救國強種論述裏說不出口的。於是，這樣的關於歐西的知識，只能放在雜貨店中，以「一笑」作結語。即使記錄者或編者用了雜貨店中最長的篇幅，那麼精確地算準幾分、幾秒、幾回，似乎在記錄或描述一項科學事實，在介紹一則關於歐西文明人種之新知識，但最後也只能以「一笑」作結。因為，對於西方美人，不論她多麼誘人，不論她誘人之處多麼在於她的善於接吻並耗時於接吻，只能一笑；只能說：不，她應該與中國文明結婚，作我兒子的母親，為中華育甯馨兒以亢中華。國族主體對於「西方美人」（現代性）情不自禁的慾望，在嚴肅的論說中修辭上合法化為要服務於國族繁殖的目的，然而越界的情慾與純淨守分的監控機制，卻在不同的文類中欲蓋彌彰。

這個與「西方美人」聯姻的想像，又與帝國主義競爭中父權盛國

的「強權」慾望異曲同工。

光緒二五年（1989）梁啓超的《自由書》中＜論強權＞一章，對於「強權」的定義及發達等皆有論說，可以見出當時部份知識分子在社會達爾文主義的籠罩下，對於「強權」的構想。梁說，「強權云者，強者之權利之義也」，也就是「強者於弱者而所施之權力也，」並謂「此語未經出現於東方」。文中引康有爲說：

> 康南海昔為強學會序有云：天道無親，常佑強者。至哉言乎！世界之中，只有強權，別無他力，強者常制弱者，實天演之第一大公例也。然則欲得自由權者，無他道焉，惟當先自求為強者而已。欲自由其一身，不可不先強其身；欲自由其一國，不可不先強其國。強權乎！強權乎！人人腦質中不可不印此二字也。（頁31）

亦即，「強者」的「強」是被保佑、並且應當被慾望的，追求平等自由的責任擔在弱者肩頭，弱者要變強，才有自由、平等。

梁在＜新民說＞中，完全肯定帝國主義之以兵力、商務、工業或教會等力量向外擴張，認爲這是「時勢之所趨」，並極力表揚「競爭」，認爲競爭是文明之母，競爭是進化之母。競爭由一人而一家、而一鄉族、而一國，一國爲團體之最大圈，乃競爭之最「高潮」。在另一篇文章中，梁啓超甚至認爲，歷史就是「敘人種之發達與其競爭而已。」[13]對於白種人的種族歧視之說，也完全客觀化爲社會科學知識或天然真理，認爲白人優於他種人[14]，而梁對於白人何以優於他種人的說法是：

---

[13] 梁啟超＜歷史與人種之關係＞《新民叢報》14號，頁19。
[14] 關於世界人種之區分，當時說法不一，有四種、五種以致於數十種說

白人之優於他種人者，何也？他種人好靜、白種人好動；
他種人狃於和平、白種人不辭競爭；他種人保守，白種
人進取；以故他種人只能發生文明，白種人則能傳播文
明。發生文明者，恃天然也，傳播文明者，恃人事也。[15]

這種關於世界人種的知識，被競爭與殖民慾望波濤洶湧地浸淫著。帝
國主義者的殖民知識，同時也是被殖民者的慾望與認同。他們共同翻
覆於施虐與受虐的快感節奏裏，幻想著競爭的高潮。

胡適的《四十自述》憶及 1904-1910 在上海的六年，其中提及當
時《天演論》「優勝劣敗，適者生存」的思想「像野火一般，延燒著
許多少年的心和血。」「『天演』、『物競』、『淘汰』、『天擇』
等等術語都漸漸成了報紙文章的熱語，漸漸成了一班愛國志士的『口
頭禪』。還有許多人愛用這種名詞做自己或兒女的名字。」胡適的「適」
就來自「物競天擇適者生存」。而胡在追想中認為，當年受益於梁啟
超最多的即是＜新民說＞與＜中國思想變遷之大勢＞。梁的健筆「使
人鼓舞，使人掉淚，使人感激奮發」，胡適說，「我在二十五年後重
讀，還感覺到他的魔力。何況在我十幾歲最容易受感動的時期呢？」
而在胡適記憶再現的文字中，這二篇文章啟發胡適的實際內容，卻是
耐人尋味。胡適說：

者，梁啟超採五種說，即黃、白、棕、黑、紅五種（見＜新民說二＞、
＜歷史與人種之關係＞），而五色人種中，「最有勢力於今世者誰乎？
白色種人是也。」「五色人相比較，白色人最優。」（＜新民說二＞）
關於梁氏人種說的相關討論，可參 Frank Dikotter, *The Discourse of Race
in Modern China.* Stanford: Stanford University Press, 1992) pp. 66-96.
[15] 梁啟超＜新民說二＞《新民叢報》第二號，頁 4-5.

> ＜新民說＞諸篇給我開闢了一個新世界，使我澈底相信
> 中國之外還有很高等的民族，很高等的文化；＜中國學
> 術思想變遷之大勢＞也給我開闢了一個新世界，使我知
> 道四書五經之外中國還有學術思想。（頁52）

胡適說，「『新民』的意義是要改造中國的民族，要把這老大的病夫
民族改造成一個新鮮活潑的民族。」然而，意圖在於「新中國之民」
的一篇文章，爲胡適所開闢的新「世界」，不是讓他更加理解「中國
之民」本身，卻是「中國之外」的「很高等」的民族與文化；而＜中
國學術思想變遷之大勢＞所開闢的新「世界」，竟然是「中國還有學
術思想」。也就是說，在「中國」要強國強種的熱流中，中國之外的
「世界」以及中國的學術史「世界」同時被建構出來。但二者卻分屬
於不同的時間，一是同時性的現代，這在中國之外，被稱爲「世界」，
同時也作爲「新中國之民」的未來而被想像著；另一個時間則是歷史
性的過去，這是「中國學術思想」，這個「新世界」在過去的時間向
度裏，卻被慾望著強迫置放到現代西方的同一平面上，成爲中國與西
方地理空間的差異。這個說法的涵意是，「世界高等文化」以及「中
國學術思想」其實都不在「中國」的此時此地，──「中國學術思想」
在另一個過去的時間裏，被稱爲「中國文明」；而「世界高等文化」
則在另一個遙遠的地點，被稱爲「世界文明」。「中國」的此時此刻，
既沒有可以傲人的學術思想，也沒有世界性的高等文化。「中國」的
此時此刻，是一片空白，同時也是一個多重的時間與空間佔據或交戰
的一個變動的過程（這些時間與空間都在別處或從別處來）[16]，在疆界

---

[16] 一個有趣的例子是，王德威研究梁啓超的小說＜新中國未來記＞
（1902），發現在這個小說敘述中，「有過去，有未來，而由過去如何

不穩定、時差也待調的爭戰過程中,被建構著,而建構的過程則總是
充滿越界的慾望、不意的結果與矛盾的一致性。比方說,胡適在《四
十自述》提及,

> <新民說>的最大貢獻在於指出中國民族缺乏西洋民族
> 的許多美德。梁先生很不客氣的說:

> 五色人相比較,白人最優。以白人相比較,條頓人最優。
> 以條頓人相比較,盎格魯撒遜人最優。(頁52)

梁氏在建構「中國新民」的努力中,帶給重要讀者胡適最大的貢獻,
卻是指出了中國民族的「缺乏」,而這個缺乏指的正是不如西洋。輕
易傳播而震撼人心的,反而是白種人的種族歧視說,讓重要讀者胡適
在關鍵的時刻,接受了「白人最優」、「盎格魯撒遜人最優」的種族
歧視說。當然,胡適看重的是,在那個井底之蛙抱殘守闕的時代裏,
梁氏之勇於面對中華的缺乏,勇於破壞以追新。然而,酩酊於強權競
爭大勢中,隨著殖民敘事的「西方－非西方」起舞的節奏裏,慾望的
結果,總在意料之外滑落於他方:或者在追求高等文明時,將高等文
明座落在泰西;或者在建構光榮的中國學術史時,將光榮停格於過去
五千年;或者在新中華現在之民時,將最優的子民定位於白種盎格魯
撒遜人。使得眼前當下的「中華」,總是缺乏不足。既游盪於多重時

過渡到未來的『現在』部分,獨被犧牲。」(王德威<翻譯現代性>《如
何現代,怎樣文學?——十九、二十世紀中文小說新論》(台北:麥田,
1998:43-76,頁 56)從本文的分析看,「中國現在」的空白是結構性
的瘤瘡,正是國族主體在帝國/國族主義的掙扎結構中被掏空的時間(即
空間)。

空，又在紛雜而時時移位的慾望與認同衝擊中，顯現了她的渾然空洞。如此架設出的中華主體，既慾望西方美人為我育甯馨兒，卻又忘記所亢的我宗已然是與西方美人交媾後的混血雜種。

梁啟超在＜新民說＞中曾經強調：「必非如心醉西風者流，蔑棄吾數千年之道德學術風俗，以求伍於他人；亦非如墨守故紙者流，謂僅抱此數千年之道德學術風俗，遂足以立於大地也。」[17]表面上這是一種對於道德、學術、風俗之折衷於保守、進取之間的調和理性，但是，在西／中，白人／非白人的二元項裏，這些二元項表達的不止是地理的差異，膚色的分別，而是一個價值的階序，二元項的兩端，權力關係並不對稱，那麼，對於非西方的知識分子來說，「心醉西風」與「墨守故紙」的分別，表達的其實是「非西方」內部菁英面對強勢西方文化時，分門別派的焦慮政治。由於現代的「中國傳統」是一個在現代「西方」對照之下，不斷待建構或者被想像的一個對象，而且，在帝國／國族主義生產出來的「西方－中國」二元框架下，作為「非西方」的（非）主體，堅持不能心醉西風、也不能墨守故紙，這是他建立主體性的唯一出路。主體性也就在內部不斷宣稱不能心醉西風，也不能墨守故紙；而又互相指責誰心醉西風，誰墨守故紙中掙扎出來[18]。「心

---

[17] 梁啟超＜新民說一＞《新民叢報》第一號，頁10.

[18] 有一個例子可以說明這一點。民國二十四年，薩孟武等十教授發表＜中國本位的文化建設宣言＞，「要而言之：中國是既要有自我的認識，也要有世界的眼光，既要有不閉關自守的度量，也要有不盲目模仿的決心。」胡適的＜試評所謂「中國本位的文化建設」＞批評其為「正是『中學為體西學為用』的最新式的化裝出現。」「其實還是他們的保守心理在那裏作怪。」但胡適的批評，是把「中國本位」與「文化」的定義滑移到不同而又互相矛盾的地點，他說，「這個本位就是在某種固有環境與歷史之下所造成的生活習慣，」但又說，「物質生活無論如何驟變，思想學術如何改觀，政治制度如何翻造，日本人還是日

醉西風」與「墨守故紙」一對範疇，作用在於論爭時標籤一個「非西方」的知識分子是「崇洋」或「頑固保守」。而這個標籤的劃定，總免不了以「西方」作為帝國之眼。當陷於帝國殖民論述生產出的西方／中國的不對稱權力關係時，「西方」或「西方人」無論如何無須被檢驗，──一個追求東方文化的「西方人」，無須焦慮於「心醉東風」，一個墨守著西方學術傳統的西方中心的學者（通常被稱為「世界性」的學者），也無須有「墨守西方故紙」之虞。「西方」是「世界性」的，唯有「非西方」要困在「西方／中國」的論述框架裏被檢驗是否心醉西風，是否墨守故紙。而在此框架中，「西方」總已經是問題的起點與權衡的標準。不對稱權力結構中被檢驗或有問題的總已經在權力結構中決定了他的難有是處。一旦落在「西方／中國」的脈絡或責難框架裏，被檢驗的「中國人」，論述框架賦予他的位置也就只有二個極端：他不是「心醉西風」便是「墨守故紙」，然而在這個論述框架中，他既不能夠「心醉西風」，也不能夠「墨守故紙」。亦即，一旦落在這個論述框架中，做為對立於「西方」的「中國」，它已然進

本人，中國人還只是中國人。試看今日的中國女子，腳是放了，髮是剪了，體格充分發育了，曲線美顯露了，但她無論如何摩登化，總還是一個中國女人，和世界任何國的女人都絕不相同。一個徹底摩登化的都市女人尚且如此，何況那無數無數僅僅感受文化變動的些微震盪的整個民族呢？所以『中國本位』，是不必勞十教授們的焦慮的。」事實上，胡適指出的現象，恐怕正是十教授焦慮之處，而胡適的焦慮，則在於「中國今日最可令人焦慮的，是政治的形態，社會的組織，和思想的內容與形式，處處都保持中國舊有種種罪孽的特徵，太多了，太深了。」胡所看到的「中國」是「從讀經祀孔，國術國醫，到滿街的性史，滿牆的春藥廣告，滿紙的洋八股。」一旦籠罩在「中國本位」或是「西化」的爭論裏，無論進步或保守，可能都在一個「西方─中國」的抽象框架裏，隱藏或延宕了許多對於新問題本身的探討，例如，對於「國術國醫」的偏見，對於「性」或「性別」的焦慮等等。

退失據地失去了與西方相當的主體性。爲什麼不能夠「心醉西風」也不能夠「墨守故紙」？因爲「西方」的主體性在「西／中」論述框架中是被保證的，而「中國」的（非）主體性則只有透過這種看似折衷理性、實則自相矛盾的修辭政治以掙扎出來。這種看似折衷調和理性的矛盾以及矛盾的一致性，在梁啓超論及競爭的時刻便彰顯出來。他以白人－優－好動－競爭－進取－傳播文明－人事，對立於非白人－劣－好靜－和平－保守－發生文明－自然，兩種絕對的價值層級呼應著世界帝國主義競爭大勢；而這對立的價值層級裏，競爭的慾望動用了知識的話語。和平、保守、與自然，成爲絕對的劣與弱。這個價值層級，彰顯的是折衷調和於中西之間的矛盾狼狽。因爲，如果西方白人的好動、進取是優，西方是今日文明的模範，而非白人的狃於和平、保守是劣，是無法在競爭中求生存的，那麼，爲什麼不能夠見賢思齊而「心醉西風」？而如果不能夠「心醉西風」的理由是因爲要維繫文明大國的國族主體性，文明大國如果已經有足夠的優良傳統，那麼，又爲什麼不能夠「墨守故紙」？前面說過，對「西方」的學術大師而言，墨守西方故紙理所當然，被梁氏列爲帶動整個「世界」的學術偉人，全都是在西方故紙堆裏走出來的。何以故？因爲「泰西」在「西方－非西方」的殖民論述中，並不是與「東方」或「中國」對等的另一個地點，「泰西」是「現代化的世界」，而「中國」是古老過去的中國，她們並不在同一個時間平面上。「中國」的主體只能以否定的方式，以既不能心醉西風，又不能墨守故紙的否定方式而建立出來，必須以「非西方」爲特色而存在，以維繫住「西方－非西方」的界限。而「中國」這種既不能「心醉西風」又不能「墨守故紙」的步履維艱的焦慮，掩不住的是在「西風壓倒東風」的敘事結構裏，在可能已經分不清風之東西，只看見世界之風的時刻，東風的躁與鬱。

順著所謂強國大國的眼睛，梁啓超看到自己的弱國是「鬼脈陰陰，病質奄奄，女性纖纖，暮色沈沈」，「嗚呼，一國之大，有女德而無男德，有病者而無健者，有暮氣而無朝氣，甚者，乃至有鬼道而無人道。」[19]在競爭的「高潮」裏，國族主體發現自己竟是一個陰性的病弱之國，近乎鬼。在這種說法裏，似乎中國應該、也必須是男性，而且是強壯的男性，然而，不幸淪爲近似女性，男而似女，成爲美學上、德性上的惡與病。這個惡又相當於「非人」或「死人」——鬼。基本上，理想的「新民」是「西方化」（現代化）的剛健陽性。[20]

「弱」與「不尙競爭」或不夠「雄飛」，於是成爲國族的一種道德上的惡，要被譴責。這在《新民叢報》的言論中屢見不鮮。例如，奮翮生（蔡鍔）的＜軍國民篇＞一文，檢討中國之文弱，有「原因於文學者」，謂：

> 獨怪夫中國之詞人，莫不摸寫從軍之苦與戰爭之慘，從未有謂從軍樂者，……然中國之小說，非佳人則才子，非狐則妖，非鬼則神。[21]

這個觀察在梁啓超的＜中國積弱溯源論＞（1900）就曾出現：

---

[19] 梁啟超＜新民說五＞《新民叢報》（1902 年），頁 11。

[20] 李歐梵先生在評論二〇年代張競生西化的人體美時，曾有一個有趣的觀察，他說，梁啟超的「新民」，與嚴復所提倡的，都是生機勃勃的人，而到了張競生的筆下，「新民」成為具有白種外貌的強烈不受約束之性慾的美好國民。參陳淑渝 1991＜「性博士」傳奇：平心論張競生＞《聯合文學》7:4, 1991, 頁 64-79; Lee, Leo Ou-fan, *The Romantic Generation of Modern Chinese Writers.* (Cambridge, Mass.: Harvard University Press, 1973.)

[21] 奮翮生＜軍國民篇＞《新民叢報》第一號（1902 年）頁 86。

> 吾嘗觀歐西、日本之詩，無不言從軍樂者。又嘗觀中國
> 之詩，無不言從軍苦者。……雖然，為君相者不可以好
> 兵，而為國民者，不可以無勇。處今日生存競爭最劇最
> 烈百虎眈視萬鬼環瞰之世界，而薾然偷息，酣然偃臥，
> 高語仁義，寧非羞耶。（頁 25）

在國際競爭的局面中居於劣勢的「中國」，由於對「弱」的抗拒與厭
棄，將弱勢自我異化或陌生化為狐妖鬼神的另類低級存在。而奮翮生
對於中國與域外列強的關係所作的比方是：

> 若罹癩病之老婦，而與獷悍無前之壯夫相鬥，亦無怪其
> 敗矣。（頁 81）

「中國」不但是一陰性的「婦」，而且是「老」而「罹癩病」的婦女。
而這種對於婦、陰、弱、老的厭棄怨懟，又在文字隱喻的層面，轉而
成為對於「中國二萬萬女子」的厭女修辭[22]（詳下文）。

「西風一夜催人老」：
從「老大帝國」到「少年中國」

---

[22] 先略舉一例，Louise Edwards 曾就世紀初著名的中國女權作品《女界
鐘》分析其鑲在救國說裏的對中國女性的呼召或規訓文字中所蘊含的
厭女及否定女性的保守性，而這樣的厭女或否定女性的女權說，也與
傳統女教或晚清其他女權文本呼應，可以參考。見 Louise Edwards, 1994,
"Chin Sung-ts'en's A Tocsin for Women: The Dextrous Merger of
Radicalism and Conservatism in Feminism of the Early Twentieth Century,"
《近代中國婦女史研究》2（台北：中研院近史所，1994）頁 117-140。

　　「中國」由「傳統」邁向「現代化」的進程，在修辭上又被構想爲從「老大帝國」老朽年邁轉向「少年中國」[23]新青年的返老還童的過程。這其實是一個十分弔詭的想像，因爲在這個想像裏所用的「少」、「老」等詞，是自然生長過程，然而，有關這個生長過程的想像，卻又是與自然過程相違背的從老到少。就歷史脈絡而言，從晚清的興女學、廢纏足，到五四時期「婦女問題」，中國「婦女」一直被想像成中國國家社會邁向現代化過程中一個亟要解決的「問題」。然而，如果「中國」是論述所呈現的一個努力於返老還童的年邁主體，那麼，婦女議題的討論，正是要壓抑、改造或革除自我身體中「女性」與「文弱」的部份，以朝向青年陽剛的男性。

　　關於中國老弱的形像，在晚清時論文字中，每每強調其來自歐美、日本的照映與命名。梁啓超曾言：

> 日本人之稱我中國也，一則曰老大帝國，再則曰老大帝國，是語也，蓋襲譯歐西人之言也。[24]

世紀之初的時論文字中，不時出現這樣的句子：

> 東球之陸有國焉，處世界大潮流之中，當帝國主義、軍國民主義橫行無忌之日，其朝野上下，粉飾塗附，奄奄然若無所於戚，無所於懼。世界文明人，指而目之曰：「老大帝國」；或相與謚之曰：「東方病夫」；重其辭

---

[23] 感謝《清華學報》匿名審查人之一的評審意見，指出「少年中國」的修辭策略，爲十九世紀末「西方」國族主義論述常用，如「少年義大利」。
[24] 梁啟超 1900＜少年中國說＞《飲冰室合集》1，頁 7-12。

則曰：「行屍走肉」。悲夫！我中國乃真無可望矣！[25]

吾聞泰西人詬吾國者，曰亞東病夫，曰老大帝國；又聞其所以待我者，曰瓜分，曰開通，曰保全。嘗持此以叩吾國人，曰：是誠然，是誠然，吾固病，吾固老大。[26]

今日外人之詬我中國也，不曰老大帝國，則曰幼稚時代。[27]

從以上引文，我們不難看出，「我」或「我中國」的健康檢查表，其實來自「日本人」、「歐西人」、「西人」、「世界文明人」、「泰西人」、「外人」的觀看、命名與填寫。但另一方面，對於「我」與「我中國」來說，自己的性別、年齡與身體健康狀況，似又處在一個可以議價的市場上，藉著性別、年齡、身體的價位爭議，協商自己在市場中的生存可能性。然而，她之所以相信自己具有塗改健康檢查表內容的可能性；或者，她之所以想要自立自強、立志返老還童、或幻想自己可以是少年中國，正是因為她內化或完全同意外人觀看與秤量的權衡。比方說，梁啓超面對「老大帝國」之說的對抗性說辭是：

嗚呼，我中國其果老大矣乎？梁啟超曰：惡是何言！吾

---

[25] 穀生 1905 <利用中國之政教論> 《東方雜誌》2:4。

[26] （未具名）<審勢篇> 《外交報》1, 1902，轉引自《辛亥革命前十年間時論選集》一卷上冊，頁 103。

[27] 楊度 <留學譯編敘> 《游學譯編》1, 1903，轉引自《辛亥革命前十年間時論選集》一卷上冊，頁 247。

心目中有一少年中國在。[28]

他認為：

> 然則國之老少，又無定形，而實隨國民之心力以為消長
> 者也。[29]

求強的慾望轉而訴諸「心目」中的少年中國，以及國民之「心力」。
藉著老、少這對符號所積澱的意義，試圖將「中國」老、弱、保守的
部分棄絕，轉化為少年、強壯、進取。「西風一夜催人老」[30]一語，道
盡了此刻「氣息奄奄與鬼為鄰」的緣由，而「稱霸宇內主盟地球」的
「中國」原始慾望，念茲在茲的是再度揮灑「指揮顧盼之尊榮」。＜
少年中國說＞一文中，「老－少」這一對符號聯結的意義是：

> 老－常思既往－生留戀心－保守－永舊－惟知照例－常
> 多憂慮－灰心－怯懦－苟且－能滅世界－常厭事－常覺
> 一切事無可為　－如夕照－如瘠牛－如僧－如字典－如
> 鴉片煙　－如別行星之隕石－如埃及沙漠之金字塔－如
> 秋後之柳－如死海之瀦為澤。
>
> 少－常思將來－生希望心－進取－日新－常敢破格－常
> 好行樂－盛氣－豪壯－冒險－能造世界－常喜事－常覺
> 一切事無不可為－如朝陽－如乳虎－如俠－如戲文－如

---

[28] 梁啟超 1900＜少年中國說＞頁 7。
[29] 梁啟超＜少年中國說＞頁 10。
[30] 梁啟超＜少年中國說＞頁 11。

潑蘭地酒－如大洋海之珊瑚島－如西伯利亞之鐵路－如
春前之草－如長江之初發源。[31]

當歐西、日本等帝國主義以「老大」歧視中國之時，國族主義的回應
必然在同一個二元框架中，試圖建構二元的另一端「少年」。二元框
架思考模式下，必然一端是正，一端是負；一端是生，一端是死；一
端是美善，一端是醜惡。從＜少年中國說＞一文看，「中國」很明顯
是一個待建構的對象，而不是一個既有的、就在那兒的明確實體，而
其年齡之為老為少，更是一種「心目中」的事。是一種帝國／國族擴
張與長生慾望的再現。從不同的觀看角度，或是不同的論說策略，「中
國」就有不同的年齡及其相對應的身心狀態。這也是＜少年中國說＞
一文中時而見唐虞三代以至於康乾之武功，皆謂之「我國民少年時代
良辰美景」（「中國」曾經幾度少年）；時而見「我中國在今日為少
年國」（今日「中國」為少年國）；有時則謂「吾中國者，前此尚未
出現於世界，而今乃始萌芽云爾」（「中國」剛出生）；有時又說「造
成今日之老大中國者，則中國老朽之冤業也。」（「中國」已年邁老
朽）。總之，論述目標在於「製出將來之少年中國」，而「心目中」
此一問題之重要性，是來自世界帝國／殖民論述的凝視。國族主義的
「國」本身的疆界、時間或年紀並不穩定，但在國族主義論說中，確
實穩固並不斷獲得強化的是少－老、強－弱、雄－雌、西方－中國等
二元框架的價值層級，是國族對於帝國的認同與慾望：「少年勝於歐
洲，則國勝於歐洲，少年雄於地球，則國雄於地球。」

帝國殖民的敘事與慾望，同時也表現為一種觀看的制約結構，約

---

[31] 梁啟超＜少年中國說＞頁 7-8。

制著關於「中國－西方」的書寫。例如，光緒二十九年(1903)梁啓超在
＜新大陸遊記＞中，寫出了他新大陸之行對於美國的觀察，文中對於
美國的性別、種族等問題，都有記錄。然而，在帝國殖民敘事的大架
構中，許多零星的觀察，在文本中是影與影外的微陰罔兩。譬如，當
梁啓超觀察到美國人對黑人的私刑「靈治」（按即 lynch）時，他相當
驚訝地表示：

> 每黑人有罪，不經法官，直聚眾而焚之。當二十世紀光
> 天化日之下，而有此慘無人理之舉，使非余親至美洲，
> 苟有以此相語者，斷非余之所能信也。

並且說：

> 而國家於妄行靈治之人，不加以相當之刑罰，抑又何也？
> 無他，人種上之成見則然耳。美國獨立檄文云：凡人類
> 皆生而自由、生而平等，彼黑人獨非人類耶！嗚呼，今
> 之所謂文明者，吾知之矣。（頁87）

這個「西方」，在「親至」的聞見中，並不是善良可愛的美人，並不
是心目中實踐著自由平等的新文明世界，而是種族歧視、容許光天化
日之下聚眾焚燒人類的「慘無人理」的地方。這篇文章中也再現了華
人在美種族歧視之下被苛待的情況，以及美國黨政的不公義，例如：

> 二十二日到表雪地，華人六百餘，甚瘠苦，多以西人餐
> 館為業，數年前工黨用強制手段，不許西人就食於華人
> 餐館，因此損失甚鉅，全市為之寂寥，此事屢以國際交

涉，提出於美政府，莫能伸也。（頁 97）

然而，這種種「親至」的「事實」的觀察，不會在思考結構上構成挑戰[32]。在帝國殖民敘事結構中，不論在西方看見多少瑕疵，總會被歸為難以想像的例外。「西方」的「慘無人理之舉」是難以令人相信的：「使非余親至美洲，苟有以此相語者，斷非余之所能信也。」在既定的關於「世界」的概念框架中，「西人」無論如何總應該是效法的對象，而有缺點總是眼前應該被改造的「中國」人，於是＜新大陸遊記＞後半部，梁啓超仍然論列四項「中國人之缺點」：「一曰有族民資格而無市民資格」、「二曰有村落思想而無國家思想」、「三曰只能受專制不能享自由」、「四曰無高尚之目的」，甚至由種種所謂「中國人性質」，再度印證「東、西人種之強弱優劣可見。」(頁 121-126)至於性別問題，該＜遊記＞文中也曾再現如下：

> 美國號稱最尊女權，然亦表面上一佳話耳，實則紐約之婦女，其尊嚴驕貴者固十之一，其窮苦下賤者乃十之九。驕貴者遠非中國千金閨秀之所得雍，下賤者亦視中國之小家碧玉寒苦倍蓰焉。以文明之地，結婚既難，而女性復多於男性數倍，故怨曠之聲，洋洋盈耳，以華人之業賤工者，而中下等之西女，猶爭願嫁之，則其情形略可想矣。[33]

然而，在帝國殖民主義敘事的中西二分的世界裏，這種破碎空間裏的

---

[32] 梁啟超此次目睹美國種族歧視以及華人受壓迫的感想是：「共和政體不如君主立憲之流弊少而運用靈也。」（《新大陸遊記》）
[33] 梁啟超＜新大陸遊記節錄＞頁 41。

性別、階級、種族的衝突矛盾複雜性，仍然會是大論述邊緣被視而不見的影子。在＜遊記＞的結尾，梁氏再度拿出婦女地位作爲考量一國文明程度的標準：

> 西人有恆言曰：欲驗一國文野程度，當以其婦人之地位
> 爲尺量，然耶？否耶？凡遊美者皆謂美國之風，女尊男
> 卑，即美國人亦自謂然。以余觀之，其實際斷非爾爾，
> 不待辯也。雖然，謂美國婦人之地位，在萬國中比較的
> 最高尚者，則余信之。（頁 145-147）

顯然，曾經觀察到的任何有違意識型態的事實，都只是難以置信的例外，最後作爲結論的，仍然是可以證成「美國婦人權利優於他國」的「表面之現象」。帝國殖民的敘事結構或書寫機制，也約制著遊記文本的寫作。在求強的慾望中，「強」的維繫與被維繫，浮現在意識中，也深入於潛意識裏。

國族及其影子：
「二萬萬女子」與「西方美人」

十九世紀末以來，面對西方以及日本的帝國主義，中國知識分子亟思脫離政治弱勢的局面，他們的論述焦點在於將中國從傳統的過去掙脫出來，重建可以抗衡列強的國家、社會以及個人。某些關於婦女的社會議題也在這樣的脈絡中被重新佈署[34]，——婦女問題作爲增強國

---

[34] 當然，明清以來已有一些學者觸及婦女問題的討論，如李汝珍、俞樾等等，論及的問題，也多與清末以至於五四的婦女解放思想有承繼關

力的一環而被考慮、召喚與討論。「二萬萬女子」此刻被召喚出來，但是這「二萬萬女子」究竟是「自身」或是「他者」？而這二萬萬的「弱女子」，和「西方美人」之間，又透過何種媒介被穿針引線？

「婦女」之所以能夠在救國強種論中輕易被召喚，是許多不同論述資源交會的交集，而交會交集的過程中，論述所生產出的「二萬萬女子」與「西方美人」或「泰西女子」必須相互建構，以助成「西方－中國」、「男－女」等帝國殖民與異性戀性別關係權力結構主軸關係的維繫。

乾隆七年（1742）陳弘謀《教女遺規・序》提出：「夫在家為女，女嫁為婦，生子為母。有賢女然後有賢婦，有賢婦然後有賢母，有賢母然後有賢子孫。王化始於閨門，家人利在女貞，女教之所繫，蓋綦重矣。」[35]就傳統來說，「女教」的重要，從來不是一件新鮮事。不論是《詩序》的「關雎樂得淑女以配君子」，《易》的「大哉乾元，萬物資始。至哉坤元，萬物資生。資始資生，變化無窮。保合太和，各正性命。」「女」放在家族「繁殖」的慾望裏，「教」或「學」的重要不會被輕易質疑[36]。但從這個傳統看，在救國論述中可以被召喚的女，

係，參曹大為＜明清時期的婦女解放思潮＞《史學論衡》2（北京：師範大學出版社，1992）頁 47-62；李國彤＜明清之際的婦女解放思想綜述＞《近代中國婦女史研究》3（台北：中研院近史所，1995）頁 143-161；Paul Ropp, "Women in Late Imperial China: A Review of Recent English-Language Scholarship." *Women's History Review* 3, no. 3 (1994)一文回顧了英文文獻對於這個問題的討論；至於晚清文人的討論，則可參夏曉虹《晚清文人婦女觀》（北京：作家出版社，1995）。

[35] 陳弘謀（輯）《五種遺規》（1742，台灣：中華 1978）。

[36] 但是在才德之辨的脈絡下，就會出現不同的意見。請參考劉詠聰＜中國傳統才德觀及清代前期女性才德論＞與＜清代前期關於女性應否有『才』之討論＞，《德才色權：論中國古代女性》（台北：麥田，1998）

也正是、或只可以是作爲「君子」、「家」以致於「王化」的賢女、賢婦、賢母。不同的是，在強國強種的呼聲裏，「婦女」責任更加重大了，被呼召參與保國、保種、保教的使命[37]。但是，「賢妻良母」作爲國族主體可欲的對象，在世紀之交被召喚，除了呼應著「王化始於閨門」的傳統，同時也呼應著當時世界某種主流的女權論說。十九世紀以來，將女性的生殖、養育等功能，作爲女性應該或可以跨出家的範限，以參與公共領域，作爲一個種族或國族的母親，以強健種族，是女權主義論者常用的說詞。這類論說皆強調女性在道德、照顧工作、清純的女性特質等方面的優越性，藉此說明婦女對於國家種族可以有的貢獻，這也是自由主義布爾喬亞女性主義常用的論點。比方說，英國女性主義者就將培育文明的責任視爲自己作爲當時帝國或種族之現代女性的一項負擔，而英國女性主義者對印度女人的教育負擔，或者，對於印度婦女教育之強調，也由是而生[38]。另外，美國早期倡導婦女教育，以期光耀妻、母角色，教導兒子成爲共和國公民[39]，以及日本的賢母良妻主義等，就論述型構、或者「婦女」與家國關係及其社會政治功能的想像而言，可以說，這個模態的婦女論是各國現代化議程中世界性論述的一環。

在從所謂傳統的「男尊女卑」走向現代「男女平等」的過程中，

頁 165-252；253-310.

[37] 梁啟超 1896《變法通議：論女學》（《飲冰室合集》1，頁 37-44）。

[38] Antoinette Burton, "The White Woman's Burden: British Feminists and The Indian Woman, 1865-1915." *Women's Studies International Forum,* 13: 4 (1990), pp. 295-308.

[39] Wang Zheng, *Women in the Chinese Enlightenment: Oral and Textual Histories.* (Berkeley, Los Angeles, London: University of California Press, 1999) pp.69-70.

性別上的「男女平等」，其實透過重新生產或複製或維繫許多意識型態系統裏不同二元軸的不平等結構而操作。比方說，晚清救國強種的女學或女權論生產出了「二萬萬女子」與「西方美人」（或「泰西女子」），並且透過二者的相互建構，以助成「西方－中國」、「男－女」、「強－弱」、「進步－落後」等意識型態上權力不平等階序的維繫。「興女學」是晚清關於婦女的重要議題之一[40]，而關乎種族或國家的「國民母」角色也不斷被召喚著。具體而言，論及「興女學」之必要，晚清知識分子一個常用的說法是：女子必須加入「生利」的行列。梁啓超說，女子無學，則不能自養而待養於他人，「全屬分利，而無一生利者」[41]，是天下積弱之本。對梁啓超來說，這是一個策略性的說法，因為他曾指出：「居今日之中國，而與人言婦學，聞者必曰天下之事其急於是者，不知凡幾，百舉未興，而汲汲論此，非知本之言也。然吾推極天下積弱之本，則必自婦人不學始。」[42]因此，如果要作為現實上較易成功的論說策略，梁氏討論女學之必要，必須訴諸男子（若人人足以自養，則天下男子不必苦於女子之拖累）、種族國家教化（物產增加，躋於文明進步，且可以保國、保種、保教）、泰西通儒與古先哲王（引用「西人」之說與《大戴禮》胎教說）等既有的強勢論述作憑藉。但從歷史的後見之明看，可以說，此一論說策略是成功的，女學成功地進入了公共議程，興女學、廢纏足等議題，在數年之後，即使是最保守的知識分子，也能論說其重要性。但是，成功

---

[40] 早在光緒十八(1892)年廣學會刊載於《萬國公報》的年會報告即有「女學論」，而光緒二七年《萬國公報》亦刊載華立熙的＜女學興國說＞。

[41] 早在《萬國公報》中李提摩太即有分利生利之說，此說後來廣見於不纏足與興女學的討論中。參（纏馨仙史譯稿）＜論生利分利之別＞《萬國公報》52 冊(1893 年 5 月)

[42] 梁啟超＜論女學＞頁 38。

的原因卻在於它在宣揚女學的重要時，以繼續維繫男子、西方、古先哲王、家國種族的優先性爲代價，也正因爲如此，女學的重要性得以說服知識分子。然而，也正因爲它繼續維繫著男子、西方、古先哲王、家國種族的優先性，「女學」其實也就沒有「女」，甚至正是以壓抑「女」作爲代價，因而可以說，此一論說策略是失敗的。再者，這種論說策略也同樣呼應著抑弱求「強」的慾望。光緒二五年（1989）梁啓超的《自由書》中＜論強權＞一章，曾經說：

> 康南海昔爲強學會序有云：天道無親，常佑強者。至哉言乎！世界之中，只有強權，別無他力，強者常制弱者，實天演之第一大公例也。然則欲得自由權者，無他道焉，惟當先自求爲強者而已。欲自由其一身，不可不先強其身；欲自由其一國，不可不先強其國。強權乎！強權乎！人人腦質中不可不印此二字也。（頁31）

「物競天擇，優勝劣敗，非圖自強，則決不足以自立」[43]是當時很多知識分子的共識。於是，在提倡女學的同時，生產的是更多關於強－弱或優－劣的價值階序。

梁啓超光緒二十二年（1896）的《變法通議・論女學》一文，是個好例子。在這篇論文裏，「女學」重要性的呈現，在修辭上以及概念上操作了其他好幾個等級區分的價值體系（亦即：以「不平等」爲主要精神的價值高下），而每一種價值等級區分，在意識型態上又都源遠流長。比方說，人與禽獸之高下（人之異於禽獸者幾希）、讀書人與農工商之高下、生利者與分利者（生產者與消費者）之高下（生

---

[43] 梁啓超 1902 ＜論學術之勢力左右世界＞。

之者寡，食之者眾）、勞與逸之高下（「婦人逸而男子勞」）、「批風抹月」之學與「憂天下憫眾生」之學的高下（女子即使有才，才女之學也只是批風抹月之學）。此外，「進詐而爲忠，進私而爲公，進渙而爲群，進愚而爲智，進野而爲文」等，種種價值階序，更可以聯結於傳統士大夫知識分子「聖王」傳統的價值體系與說話位置（「君子」）[44]。在這套價值體系與說話位置的主導之下，梁啓超論平等的基調，就在於「平等惡乎起，起於尚仁」，將「平等」納入「仁」的德性裏，確保了士大夫德性語言的傳統。而這個聖王傳統一旦得以確保，以「尚仁」作爲「平等」的出發點，那麼，聖王以外的主體將失去其主張權利的發動性，而必須成爲聖王仁愛的對象，並且走向尚仁主體的既定價值，如：「人」、「讀書人」、「生利者」、「憂天下憫眾生」等等。進一步說，如果價值階序體系不變，則全文的「女」字其實就只是一個喻詞，比喻一種需要轉變的落後狀態，這是一種忽略平等的弱勢主體觀念（只有「尚仁」的說話者才是主體），實則維繫既存的求「強」價值體系的「平等」論[45]。

　　這種平等論的一個結果是排除現存不合格主體，而不合格主體則正是在這種迫於強勢的追求現代化、卻滿載傳統價值系統的平等論中產生。回顧歷史，我們發現，在救國強種論述中，當急著生產可以匹

---

[44] 這裏「聖王」一詞，「聖」指說話主體在道德位置上的上勢，而「王」則指說話主體在政治、思想上的上勢，也就是說，一旦掌握了使用語言的發言位置，主體總是預設一個道德整全、或在德性或在政治地位或在說話位置上的高階。詳請參第一章〈傳統階序格局與晚清「男女平等」論〉。

[45] 對於這個說法的詳細分析討論，請參考第一章。本文認爲，問題在於，此刻出現的「平等」論，並非現代西方以個人爲價值的平等觀，而是從傳統階序格局走出來的多重翻譯的雜種性平等論。

配現代進步男子的天足上學女時，取代「男尊女卑」的，恰恰是另外一些尊卑價值階序，如「天足尊纏足卑」、「讀書尊不讀書卑」、「賢妻良母尊娼妾婢卑」（對於提倡「超於賢妻良母」主義者來說，則是「獨立自主尊經濟不獨立卑」）等等。

以纏足來說，婦女史通常再現的是這個歷史階段「廢纏足」的進步性與成功，但是，這段被標識為「進步」的歷史，其實有著它的另一面。晚清以來的「全國二萬萬女子」，除了呼應著現代化國家或種族對於女性功能的召喚，又經常作為「泰西女子」的對照面而出現。譬如，1896 年《萬國公報》的〈纏足論〉一文，就用了將「泰西婦女」與「吾華弱女子」對照的論說策略，謂：「今幸西國閨秀，創立天足會，冀救吾華弱女子於裏扎束縛之中，誠盛舉也。」並藉著「纏足」這個議題，構築了「中華婦女」與「國勢」、「男子」、「泰西婦女」、「富強」等等議題的關係架構：

> 方今國勢，甚貧弱矣！士農工商，皆當奮發興起，力求自強，女子亦當合力相助。若仍令忍痛含怨，矯柔造作，則狠心辣手，既乖母女之情；寸步艱難，復失內助之義。重男子內顧之憂，有妻女為累之嫌，是有礙於倫誼交接者，一也。經營局廠，製造貨物，雖男子之責，其需女工者亦不少。西人貿遷異國，多挈妻女同行，若纏足之人，惟有安坐家中，刺繡描花已耳！欲如泰西婦女之兼任外事，更謝不敏，是有礙於富強經營者，二也。纏足則朝夕愁悶咨嗟，因是氣血不舒，無殊殘廢，提攜既覺其艱，操習亦形未便，較之西女之游行自在，何啻霄壤？所育子女，亦難望其強盛，是有礙於身體壯健者，三也。

> 況乎今日,中外一家,吾華素號教化最先之國,乃此等
> 惡俗,遍地球不見於他國,而偏盛於吾華,豈不益增外
> 人之恥笑輕侮耶?言念及此,在今日之廢此俗,誠有不
> 可稍緩須臾者。且果廢此事,何異驟增二百兆有用之人?
> 而覷國者亦以為,數千年惡俗,尚欲一旦廢之,則他事
> 之振興可知,欽敬之心,不期而至。

在這一段裏,幾乎囊括了晚清廢纏足論的所有重點:纏足是痛苦而殘
忍的,令女子纏足是中國母親之狠與愚,纏足有累於丈夫、家、國以
及「種」,中國的纏足被外國人恥笑,是國族的羞恥,纏足的婦女比
不上行動自由的西方女子等等。廢纏足論之所以可以在晚清成為不論
保守或進步知識分子都同意的議題,正因為它的論說型構是牢牢維繫
著「男─女」、「西方─中國」、「強─弱」等權力結構常態。也就
是說,廢纏足論所構築的世界、國、家、男、女關係,在結構上是呼
應著帝國╱國族主義、異性戀主義、父權體制、國族現代化進程的。
最重要的,在這個「廢纏足」的議程裏,「纏足」的眾主體在「廢纏
足論」中,作為羞辱的「二萬萬女子」,於是成為一個聯結於苦痛、
落後、弱、貧、女、惡、恥、殘廢、有礙生產與生殖的符徵,並且是
「中國」的國族身體努力於返老還童、致力於生產陽剛少年的現代化
進程中,所要棄絕或剷除的「弱」、「女」部份。這是國族主體厭棄
女性化、以邁向陽剛性、並且厭棄「弱者」的過程。「纏足」的眾主
體作為客體或異類,存在於符號系統中,同時,在國族主義廢纏足論
述或實踐中所經歷的,也許竟是在婚姻市場中價位的改變。例如,梁
啟超的<試辦不纏足會簡明章程>第三條明定:「凡入會人所生男子,
不得娶纏足之女」。當「西方美人」才是國族主體的幻想對象時,「纏

足女」也從被慾望轉成為不被慾望，而被拒於婚配的選擇之外。

直到 1931 年 3 月的天津《大公報‧讀者論壇》中，還出現如＜為已纏足的婦女請命＞這樣一篇文字：

> 我是一個時代的落伍者，是一個纏足的婦女。我也曾受過相當的教育，對於纏足在精神上和肉體上，更飽受了痛苦，自然是一個極願意放足的人。無奈我的母親在二十年前，將我一雙足裹得太小了，已到了斷頭難續的地位。我雖然解放過，而現在依舊多少要包著一點，才能步履如意；尤其是冬天，不纏便要害凍瘡。但是為著這幾尺布條兒，竟使天地之大，幾乎沒有我容身之處！

> 數年前隨外子住在開封，正趕上馮玉祥用纏足帶考成縣長的時候（便是責成縣長在一月中至少須繳若干付的舊纏足帶表示放足的成績，當時有縣長買了新帶向人換舊帶以應功令的笑話），一班警察先生，奉了檢查纏足的風流差使，便高興的執行起來。一天我在街上行走，竟受了當街放腳的一場羞辱。……

> ……我想應當注意於未纏者絕對不許纏，已纏者的放，可以稍從寬大。好在只要沒有新的小腳增加起來，老的總可死一個少一個的了。謹假貴報一席地，為我輩罪孽深重已纏足而無法變成天足的婦女請命，望主張嚴禁纏足的先生們，依忠恕之道，平心靜氣地讀一遍，功德無

量！[46]

「進步」的「廢纏足論」同時也就生產出「罪孽深重」的「落伍的纏足者」，這些纏足的「落伍者」成為新的邊緣人口，藉著她們的纏足帶以及論述生產出的羞辱，標誌新國家的政績。換句話說，在邁向現代化「文明進步」的潮流中，「罪孽深重」的纏足女成為國家機器展現權力的一個新的地點。她們也許不是被父權體制所壓迫，而是被國族現代化的理想所折磨。國族主體在「西方美人」的慾望中，邁向現代化的進步過程中，對於標誌為落後的部分「二萬萬弱女子」來說，同時也是一個滿載暴力的過程。

早在一八九七年，《時務報》上刊載的＜中國女學堂章程＞[47]，就明定了招選學生的條件，纏足女在興女學、廢纏足以邁向現代化的過程中，成為漸漸要被時代淘汰的落後人類，漸漸喪失入學的資格：「纏足為中國婦女陋習，既已講求學問，即宜互相勸改，惟創辦之始，風氣未開，茲暫擬有志來學者，無論已纏足未纏足，一律俱收。待數年以後，始劃定界限，凡纏足者皆不收入學。」而奴婢娼妓，也是女學堂明言拒收的：「立學之意義主平等，雖不必嚴分流品，然此堂之設，為風氣之先，為他日師範所自出，故必擇良家閨秀，始足儀型海內。凡奴婢娼妓，一切不收。」纏足女、奴婢、娼妓，就在「男女平等」的現代化開風氣之先的呼聲中，首先被排除於男女平等的現代「女」之外，而在因「男女平等」而興的女學中，除了良家閨秀，學堂中另

---

[46] 余淑貞＜為已纏足的婦女請命＞原載天津《大公報 · 讀者論壇》1931
年 3 月 25 日。轉引自汪丹編《民國名報擷珍：女性潮汐》（天津：人
民出版社，1998）頁 31-32。該書編者於作者「余淑貞」下註：「原署
名為『鄒余淑貞述，鄒吉甫記』」。

[47] 《時務報》（台北：華文書局，1967）47 冊(1897 年 11 月 28 日)。

外的女性是服侍閨秀的女僕。上述章程的堂規第二十條是：「堂中僱潔淨誠懇之僕婦等，學生來學者，一切侍奉，均須周到，若有不戲使令，應告提調更換。」論者每謂晚清「興女學」、「廢纏足」是婦女運動的二大重要議題，然而二者間的關係不止是同樣重要的二大議題而已。一興一廢之間，關係的卻是眾多女體在這個過程中身體意義與價值的被決定。新興的女學校先行排除了落後的纏足女與奴婢、娼妓，取代的則是女學生與潔淨誠懇的侍俸僕婦，是邁向現代化的空間裏，二萬萬女子之間新的尊卑貴賤等序。

　　另外一個例子是，在「興女學」的進步潮流裏，民國元年由上海名妓們發起成立的「青樓進化團」，自行籌款辦學校，但因為經費、時間等問題，短時間即無以為繼。然而，當時《婦女時報》曾有沈淑貞為文反對，說：

> 今以聖人之書而教之於邪惡之人，豈非汙敗聖人之書乎！近日滬上發起開辦妓女學校，余聞之，不勝歎歟歎息。

> 彼等妓女，況其父母兄弟一家之人，多倚賴於此人，一旦入校求學，其父母兄弟之衣食，將托付於何人？吾乃知欲使妓女入校求學不再作妓女之行為，則斷斷乎不能也。如此言之，妓女學校之宗旨，無非仍作妓女之行為，而兼之求學，天下豈有此理也哉！嗟呼，學校為文明之地，豈可與妓館並立耶！且女界之妓女，為人道之蠹賊，會社之蠹蟲，其行事皆百害於人民，而無一利於人民也。

在一片喧囂的「興女學」呼聲中，主導性的傳統價值階序觀其實並未
改變，「學校」、「聖人」、「文明」以致於「人道」等語詞的傳統
意義或價值體系皆未經過基進的反思或辯論。在這種情況下，「女」
的問題也終究仍是在「聖人」的價值體系中被置放。因此，當「二萬
萬女子」被呼召成爲「國民母」時，女子中的「妓女」主要意義不在
於其爲「女」，不在於其「父母兄弟之衣食所托付」，而在於「不可
與文明之地並立」。

　　對於西方美人的慾望與幻想，有時會具象化成爲一把量尺，來度
量二萬萬女子。晚清嚴復的文章是一個好例子。他說，「泰西婦女皆
能遠涉重洋，自去自來，故能與男子平權，」「我國則苦於政教之不
明，雖有天資，無能爲役。蓋婦人之不見天日者久矣。今日既興女學，
效法泰西，然猶不使之增廣見聞，則有學堂與無學堂等。」然而，在
男女平權的呼籲中，女「性」的捉摸不定卻總是在字裏行間讓人躊躇
再三。嚴復說，中國婦人要有自主之權，能出門晉接、自行擇配，是
將來必至之俗；然而，中國婦人中，能有自主之權、日事宴游、自行
擇配的，卻是「娼家之女」；而且「西人之紀各國娼妓之數者，以中
國爲至多。」[49]「泰西婦女」與「娼」成爲「西方美人」這把量尺的兩
端。嚴復的說話頗能道出當時士大夫對於「娼妓」與「婦女」的錯綜
糾結，在現代化議程中，「婦女」要與傳統割裂，成爲西方美人，但
「中國」的現代美人一旦出現，則瀕於「娼妓」的想像立即成爲揮之

---

[48] 沈淑貞＜滬上擬設妓女學校論＞《婦女時報》7, 1912。
[49] 嚴復＜論滬上興女學堂事＞1898，在王栻主編《嚴復集》（北京：中華
　　書局 1986）頁 468-471。

不去的疑慮。

就當時歷史脈絡來看，在提倡女學、設立新式學校、提倡自由戀愛，以及婦女進入職場的呼聲中，同時呈現的也是女子在新的公共空間裏發展出來的新的（亦即：逸軌的）情慾與身體。於是，婦女解放論述中一個弔詭的現象是，解放意味著自主性，而自主性的女性身體，卻常常是一個模糊了傳統或主流性別分界的身體；性別的分界是婦女解放論述中新的對於性別化身體的規訓，而婦女自主性也是婦女解放的新要求，而這二個訴求在自求解放的新女性的身上卻成爲拔河的交戰地。比方說，五四時期張若名就曾說：

> 這個時代，提倡女子解放，與社會風俗相反背，一定要犧牲若干腦力同精神，這種事是「不言而喻」了。就是名譽犧牲也是免不了的。因為提倡女子解放，第一步要打破男女界限，就與社會情形相「齟齬」，一定要惹出什麼「不是人類」、「傷風敗俗」、「不守古訓」的批評來，甚者大家不拿「人」看待她。 (頁 53)[50]

而沈從文在《記丁玲》一書中也曾以回憶丁玲的方式說：

> 「解放」同「爭鬥」有不可分離的情形，那時節女孩子既要解放，家中方面雖不能力以拘束，也還能消極否認，否認方法便以為暫且停止經濟接濟，看看結果誰的意見適於生存。

---

[50] 張若名＜「急先鋒」的女子＞1919，收在中華全國婦女聯合會·婦女運動歷史研究室編《五四時期婦女問題文選》（北京：生活·讀書·新知三聯書店，1981）頁 49-58。

又說：

> 那時節女人若在裝扮上極力模仿妓女，家中即不獎勵，
> 社會卻很同意；但若果行為灑脫一點，來模仿一下男子，
> 這女人便在家中社會皆將為人用希奇眼光來估計了。（頁
> 23-25）[51]

「婦女解放」論述同時提供的也是更多觀看品評女子身體、行為、舉止、裝扮的社會空間，沈從文所謂的「希奇眼光」一語道破了此刻繽紛的「女」性／體在普同抽象化的「西方美人」與「二萬萬女子」之間，找不到座落的定點。女子的頭髮，也成為一種藉以討論性別與中西或國族界線受干擾之焦慮的地點。那是一個象徵性的議題，其中國族、現代、傳統、性/別的危機與焦慮都在這個縮圖中運作。例如1912年的《民立報》上〈女子剪髮之狂熱〉一文，記載湖南衡粹女校一女學生倡設女子剪髮會，官方批示：「女子剪髮之制，實中外古今之所無。」謂此風一開，「將來必至釀成一種不女不男不中不西之怪狀，不獨女界前途之憂，實民國風俗之憂。」[52]此外，宣統三年（1911）創刊的《婦女時報》（北京、上海：有正書局），一直發行到民初，一隻隻「希奇眼光」所獵取的有〈婦女與紙煙〉、〈人體美〉、〈上海婦女之新裝束〉、〈女界之裝飾與國家經濟談〉、〈論貴族婦女有革除妝飾奢侈之責〉、〈論女界之囂張〉、〈運動與美人之關係〉、〈論上海女學生之裝束〉等等，廣告中也有了「女子脫肥」的主張。至於沈從文說社會可以同意女人裝扮上模仿妓女，從當時一些文字論

---

[51] 沈從文《記丁玲》（上海：良友圖書印刷公司，1934）。
[52] 轉引自桑兵《晚清學堂學生與社會變遷》頁437。

述看，倒也不見得，至少，許多文章曾批評當時女學生裝扮似妓女，並大加撻伐[53]。對於女學生的批評，如服裝、生活、行為舉止等，在當時各類報刊文章中，並不少見，女學生常常並未以「求知者」的身體或心智被看見，而是以有「性」的身體而被看見。女學生一事打扮便被批評為「窰姐」或「妓女」，這一直到二、三０年代的期刊或小說雜誌中仍常看見。而女子在學校中所受的教育內容則又是另一回事。民國四年《婦女雜誌》的第一卷第一號裏，有一則商務印書館的廣告，列出教育部審定的初等及高等小學的「女子修身」、「女子國文」，以及高等小學的「女子新國文」和「通俗實用」的《家計簿記》，並刊出「女子新國文」的「審定評語」如下：

> 是書大半取材男子高等小學國文教科書，而益以女子教材。前二冊較彼書程度稍淺，似尚通用，增刪各課，均甚切當，准作女子高等小學校學生用書。

當時女子教育內容以國文、修身為要，「女子新國文」有所謂「女子教材」，並且較一般男子教科書「程度稍淺」。王會吾女士曾經回憶自己在女子師範所受的教育：

> 我從前在嘉興女子師範裏，「修身」一科的結晶體是「服從」和「敬順」，又有什麼「賢母良妻」什麼「三從四德」時時總要接觸著我的耳鼓。商務印書館的《婦女雜誌》，也是脫不了這個主義，還有夏天出版的日用百科

---

[53] 小說雜誌中亦可見，可參蔡玫姿《發現女學生——五四時期通行文本女學生角色之呈現》（新竹：國立清華大學中國文學系碩士論文，1998）第四章＜被窺視的客體——遊蕩公共空間的女學生＞頁 96-134。

全書，其中＜家庭＞這一篇，竟是把曹大家的＜女誠＞
來填充，還加上些什麼「懲驕惰于未萌，嚴禮法於不墜，
於是以為百代女師可也」的話頭。[54]

國族慾望裏的婦女教育創造並且提倡女性的輔助性與匹配性，保守者
主張著三從四德的教育，而進步分子如金松岑的《女界鐘》則勾勒著
「男性」化的理想女子教育：

今吾欲教育女子之方法，其道如下：
一　教成高尚純潔完全天賦之人
二　教成擺脫壓制自由自在之人
三　教成思想發達具有男性之人
四　教成改造風氣女界先覺之人
五　教成體質強壯誕育健兒之人
六　教成德性純綷模範國民之人
七　教成熱心公德悲憫眾生之人
八　教成堅貞激烈提倡革命之人　（頁 45）

國族的慾望在興女學的戰場上交戰著，而混凝於「西方美人」與「二
萬萬女子」之際的眾多「女」「性」主／客（身）體，其實與不斷幻
想並實踐雜種交媾的國族主體同樣令人眼花撩亂。

現代化進程中「男女平權」論的提出，同時是「文明」與國力強
弱的指數。梁啓超就曾指出，女學的盛衰或是女性地位的高低，是國

---

[54] 王會吾女士，＜中國婦女問題－圈套－解放＞，在《少年中國》第四
期「婦女號」，民國 8 年 10 月，頁 11。

力強弱的指數，他說：

> 是故女學最盛者，其國最強，不戰而屈人之兵，美是也；
> 女學次盛者，其國次強，英、法、德、日本是也；女學
> 衰，母教失，無業眾，智民少，國之所存者幸矣，印度、
> 波斯、土耳其是也。[55]

這是一個晚清以來已然流行，而直到五四時期仍然盛行的說法[56]；這也
並不始於中國人自己，而與來自西方白種人的民族帝國主義、社會達
爾文主義、優生學等等的民族歧視之說相關，當時《新民叢報》中已

---

[55] 梁啟超＜論女學＞1896《飲冰室合集》1，頁 37-44。

[56] 光緒二六年以後的《萬國公報》有好幾篇文字論各國婦女地位，如林
樂知＜論印度古今婦女地位＞（光緒 26）、＜論高麗婦女地位＞（光緒
27）、＜論女俗為教化之標準＞（光緒 29）等等。林樂知《全球五大洲
女俗通考》宣揚此說最力。又如鄭觀應(1842-1922) 在＜致居易齋主人
論談女學校書＞中，也有一句極其類似的話：「是故女學最盛者，其國
最強，不戰而屈人之兵，美是也；女學次盛者，其國次盛，英法德日
本是也；女學衰，母教失，愚民多，智民少，如是，國之所存者幸矣。」
（《盛世危言後編》頁 70）。直到民國十六年的《新女性》雜誌，仍有
譯自蒲克納（Louis Buchner）《世紀之曙光》法譯本的＜女權論＞，謂：
「人們都知道，婦女的地位，除極少數例外的事實外，無論在任何民
族與任何時代中，皆隨著文明的程度而轉移的，愈文明的地方或時代，
婦女的地位愈高。」（《新女性》2：4 頁 381）；而該刊主編章錫琛在＜
女人的故事跋＞中亦說：「我們知道一個時代或一個國土的女子地位的
高低，是那時代或那國土的文化程度高低的反映。……所以我們看了
目前中國女子所受的待遇，如婢妾制的存在，強制結婚的流行，財產
權的不確立，女子教育的不發達和低程度等等，便可看出中國社會的
文野比較西方諸國怎樣。」（《新女性》頁 463-4）關於《新女性》雜誌
的二三事，以及女性情慾與國族論述的一些討論，可參彭小妍 1995＜
五四的『新性道德』──女性情慾論述與建構民族國家＞《近代中國
婦女史研究》3（台北：中研院近史所，1995）頁 77-96。

引介大量這種學說[57]，馬君武(1881-1940)所譯的斯賓塞（1820-1903）
《女權篇》即謂：

> 欲知一國人民之文明程度如何，必以其國待遇女人之情
> 形如何為斷，此不易之定例也。[58]

已有學者指出，這樣的一種論述脈絡，使得現代女權主義在中國一開
始就像是國族主義的女侍[59]。

　　但是，從全球的角度去看，這其實也不是當時中國的特殊現象。
國家與國家間的關係，本不止是政治、經濟、武力與資本，而同時倚
賴著女人作為象徵符號，女人作為消費者、女工以及慰安者[60]。二十世
紀初，世界各地的國族主義有一些共通性，其中之一就是運用性別差
異或性別分工以建構現代國家。將女人再生產的能力作為國家的資產
之一，而不是國家公民的條件之一；中產階級女權主義者也多會將「母
親」作為所有女人的共通形象，她們在國家中的角色就是生產與培育
健康的後代，以光耀國族。「賢妻良母」作為女子教育的重要目標，

---

[57] 例如，梁啟超的＜新民說＞有一節「就優勝劣敗之理以證新民之結果
而論及取法之所宜」，完全接受了西方白種人的「白種人優於他種人」
的民族歧視說，而強逼自己在白種人的歧視裏，加入民族競爭的行列。

[58] 馬君武譯＜斯賓塞女權篇＞（約譯於 1902 年）第四節，《馬君武集》（章
開沅主編，武漢：華中師範大學出版社，頁 20）；又參劉巨才《中國近
代婦女運動史》（北京：中國婦女出版社，1989，頁 150-153）。

[59] Kelley Gilmartin, *Engendering the Chinese Revolution: Radical Women, Communist Politics, and Mass Movements in the 1920s.*(Berkeley: University of California Press,1995) p. 21。

[60] Cynthia Enloe, *Bananas Beaches & Bases: Making Feminist Sense of International Politics.* (Berkeley Los Angeles: University of California Press,1989) p. xi。

為世紀之初許多國族主義所共持。基本上，這種性別分工的主張所強調的是：雖然男女有別、卻都是國家的一份子，也就是把女人在家中的角色，擴及於國。卜樂首（Ida Blom）曾經指出，這種象徵的使用，其實強化了男人對女人的宰制，並且有助於建立國家內的性別層級區劃[61]。茉桁蒂（Chandra Mohanty）也曾指出，十九世紀的殖民國與帝國主義文化，是經由一些特定的統治關係而鞏固的，其中包括知識的各種形式[62]，性、性別、種族、階級的調節機制等，而這些調節機制又轉而引出各自不同的個別或集體抗拒模式。她歸納了帝國主義殖民規則運作的幾個癥候性的面向，即：一，把白種人的陽剛性當作標準常模的意識型態建構與強化，以及隨之而來相對應的對於被殖民者的種族化與性化；二，殖民體制與政策在轉化本土父權結構、並且鞏固都會以及被殖民區領導支配性的中產階級文化，所造成的效應；三，女權主義政治與意識就在這樣的歷史脈絡中興起了，婦女解放運動就在國家解放運動中，同時也對抗著國家解放運動。[63]雖然，茉桁蒂的這個分析並非意圖建立通則，而只是就英國對印度的殖民作樣本，但是，這個模態，的確我們似曾相識。

---

[61] Ida Blom, "Feminism and Nationalism in the Early Twentieth Century: A Cross-Cultural Perspective" *Journal of Women's History*, Vol. 7, No. 4(1995 Winter), Pp. 82-93.

[62] 面對現代化，知識形式、結構、信念都要改變，例如，嚴復在＜原強＞（修訂稿）中說：「不為數學、名學，則吾心不足以察不遁之理，必然之數也；不為力學、質學，則不足以審因果之相生，功效之互待也。」（《嚴復集》頁 17）數學、邏輯、物理、化學，此刻作為具有永恆必然性之認識宇宙之知識而有追求之價值，而與傳統注重的知識形式斷裂。

[63] Chandra Mohanty & Russo, Ann & Torres, Lourdes. *Third World Women and the Politics of Feminism.* (Bloomington and Indianapolis: Indiana University Press, 1991) p.15。

帝國／國族／婦女論述中,「女性」有時並不是作為與「男性」對立的另一性別範疇,因為,「二萬萬女子」弱小可憐,「西方美人」則是令人欣羨的文明形象。典型的描述如陳獨秀所謂:

> 婦人參政運動,亦現代文明婦人生活之一端。律以孔教,……婦人參政,豈非奇談?西人嬪居生活,或以篤念舊好,或尚獨身清潔之生涯,無所謂守節也。婦人再醮,決不為社會所輕。……西洋婦女立自營之生活,自律師醫生以至店員女工,無不有之。……[64]

同樣的,胡適的<美國的婦人>也表揚了「那『超於良妻賢母』的人生觀的一種表示,便是美國婦女精神的一種代表。」性別與「現代文明／封建傳統」或「西方／中國」等階序(意指一種價值高下層級),其實是緊密結合的。對於「二萬萬女子」的貶抑、憐憫與鞭策,所呼應於性別、國族的求強而棄絕弱者的慾望,陳獨秀說得十分明白:

> 一九一六年之青年,其思想動作,果何所適從乎?第一,自居征服 To Conquer 地位,勿自居被征服 Be Conquered 地位。全體人類中,男子,征服者也,女子被征服者也。白人,征服者也,非白人,皆被征服者也。極東民族中,蒙滿日本為征服民族,漢人種為被征服民族。[65]

---

[64] 陳獨秀<孔子之道與現代生活>,在《陳獨秀著作選》,第一卷(上海:人民出版社,1993)。

[65] 陳獨秀<一九一六年>,在《陳獨秀著作選》(上海:人民出版社,1993)第一卷。

透過書寫與呼籲二萬萬弱女子，可以不斷表達那種厭棄「被征服」，而想要居於「征服者」的深層慾望，同時也抒解著「被征服」的焦慮；性別化的書寫主體（男性），在書寫「女子」的軟弱中，暫時脫離了作為非白人、被征服者的位置。在此等論述中，書寫主體作為一種相對優勢的性別，並且認同於這相對優勢，同時又是非白人與漢人，在某種意義上，他既是男，也是女，但是，「女」的部份終究是要被他厭棄，必須被剷除。於此，被厭棄的當然是國族／書寫主體「被征服」的位置，而不是「征服／被征服」的不公義結構。在「征服／被征服」的結構中，被征服者作為一個國族主體的慾望，表現於透過論述與實踐，重新佔據「征服者」的位置。

民國四年《婦女雜誌》裏的一篇＜忠告女同胞＞，是運用「二萬萬女子」與「西國女子」這對喻詞相當典型的文本結構：

> 吾中國積弱之故，彼二萬萬之男子，固不得辭其咎，然吾所尤可痛心者，乃我二萬萬之女子也。女子積習，其最可鄙最可喪者，略有數端。識見卑陋，眼光如豆，自私自利之心，固結於胸中，妄尊妄大之見，時形於辭色，修辭是務，效時裝以炫目，不特人視之為玩物，即己亦以玩物自處。嗟乎！蠢如鹿豕，呆若木石，安怪人之呼為下等動物也！夫以二萬萬女子，居國民之半數，殆殘廢無用，愚陋無知，焉能盡國民之責任，盡國家之義務乎。西國則不然，女子立身端正，心地光明，有獨立之精神，無依賴之性質，為國捨身，為民流血，其遺跡見於歷史者，不可勝數。故男子見之均生恭敬畏懼之心，偶有絲毫失禮於女子者，則終身不齒於人類。……人必

　　自賤而後人賤之，女子程度之幼稚，思想之簡單，即足
　　以招男子陵侮與壓制，況優勝劣敗，公理難逃，不出代
　　價，而思購得自由，不知競爭，而欲享受平等，事有所
　　不然，勢有所不能。是女子之不能享受自由與平等，乃
　　自己放棄之罪，而不得歸咎於他人者也。（頁8）

這種「二萬萬女子卑陋呆蠢，西國女子光明獨立，只因二萬萬女子自
侮自棄，而西國女子自尊自重」的論說結構，提供的是一種觀看、認
識或詮釋的框架，並結合了強／弱對比結構下對於強者錦上添花，而
要求弱勢主體負擔失敗責任的俗常道德責備習慣。這種論說結構，其
實無法作實證性的反駁，亦即：「當然並不是所有二萬萬女子都是殘
廢無用的，也不是所有西國女子都立身端正、心地光明，」或者，「其
實二萬萬女子中很多立身端正、心地光明者，而西國女子也多有殘廢
無用者」，這種簡單的常識，在這個論說結構中是無法瓦解其效力的。
因為觀看結構之所以是觀看結構，正因為它是一套觀看範式，當範式
本身未經質疑時，溢出結構之外的「事實」，可以輕易以個別性的「例
外」解釋或忽略或另案處理掉；更重要的，當觀看範式尚穩固時，也
不易看見夠多的「例外」。事實上，如果所謂西方帝國主義殖民是某
一個歷史時期的歷史說明，那麼「非西方」的「中國泱泱大國」進入
帝國殖民所生產出的這種中／西對比的敘事或語言結構，並對結構裏
的強弱二極錦上添花以及落井下石，這種論說結構所負擔的作用其實
是：國族主體亟欲在所謂外力壓迫下，極力維繫內部既定的性別、階
級秩序於不變。於是，不論說話主體生理性別如何，「二萬萬」人中
具有文化資源進入此一論說結構者，透過「女子程度幼稚，思想簡單」
等語言的運用，穩固了既定的文化階級秩序，也就是有思想、文化資

本較豐厚者，向文化資源寡少者求全責備；並且透過「女子自賤足以
招男子陵侮與壓制」等語言的運用，性別秩序也就得以不墜。

五四時期，對於婦女的呼籲，漸漸轉爲「超於賢妻良母」，以期
婦女具有獨立健全人格、配合社會改革的腳步。然而不論是賢妻良母
或是超於賢妻良母，言說方式都以西方女子爲二萬萬婦女的模範。保
守者說西方女子是賢妻良母典型，新文化知識分子則說西方女子具有
獨立高尚健全的人格，是「超於賢妻良母」的[66]；而「二萬萬婦女」不
論如何都是亟待改造或必須自我改造的落後表徵。王政研究當時《婦
女雜誌》的婦女解放言論，就認爲：「其實，當以負面或輕蔑的觀點
看女人時，保守的男人與新文化男人之間幾乎無別。」[67]

從晚清到五四，知識分子對於中國婦女所受「封建社會」的壓迫，
也是不斷加以記錄、並且批評不遺餘力的[68]。從另一個角度看，這又如
同傳統列女傳的書寫模式，把女子的犧牲作爲男性讀者觀看與慾望流
動的對象[69]。書寫者居於邁向「現代」的民主潮流中國族主體位置，而

---

[66] 胡適＜美國的婦女——在北京女子師範學校講演＞1918《胡適文存》
（台北：洛陽圖書公司）第一集，頁648-664。

[67] Zheng Wang, *Women in the Chinese Enlightenment: Oral and Textual Histories*, (Berkeley, Los Angeles, London: University of California Press, 1999) p.82

[68] Roxane Witke 在討論毛澤東寫趙五貞女士的自殺事件時，曾經指出這
一點，參 Roxane Witke, "Mao Tse-tung, Women and Suicide." In *Women in China: Studies in Social Change and Feminism*. ed. Marilyn Young, (Ann Arbor: Center for Chinese Studies, University of Michigan, 1973) p.7-31.

[69] 參 Katherine Carlitz, "The Social Uses of Female Virtue in Late Ming Editions of Lienu zhuan." *Late Imperial China,* Vol.12. No.2 (1991 December), Pp.117-48.; 又 Ming-bao Yue 曾將五四文人之書寫婦女問
題，類比於列女傳的書寫，指出書寫者將被寫者當作客體，不但使得
書寫者本身的歷史未被呈現，而被寫者仍然是在一種新的視角之下被
沈默，參 "Gendering the Origins of Modern Chinese Fiction," in *Gender*

被書寫的中國女人則是弱小可憐的封建舊社會壓迫下的他者[70]。也正是透過對於中國女人的軟弱的書寫，不斷形塑或建設「中國」對於強者、宰制者的認同。同時，也是在書寫弱小女人時，抒發著「中國」在列強的競爭中，病弱而近乎女人的焦慮。一八九八年，康有爲的＜請禁婦女裹足摺＞頗道出了個中況味。他說：

> 吾中國蓬篳比戶，藍縷相望，加復鴉片熏纏，乞丐接道，外人拍影傳笑，譏爲野蠻久矣，而最駭笑取辱者，莫如婦女裹足一事，臣竊深恥之。[71]

馮克（Frank Dikotter）曾指出，國族主義將恥感植於國族的每一主體，恥感蘊含著集體責任感，那麼，國家的失敗，就不是由於外在於人類意志的原因，而可以責備每一個國人缺乏努力或是能力不足[72]。在「國人」向現代化求進步的慾望列車上，最能喚起這種恥感的，是乞丐、婦女的取辱，也是乞丐、婦女最能使得「國人」將恥感投射出去。當「吾」作爲國族主體的說話位置（這是一個向來屬於男性知識分子的性別化的說話位置）時，乞丐、婦女、纏足女、妓女、鴉片吸食者等

---

and Sexuality in Twentieth-Century Chinese Literature and Society. ed. Tonglin Lu, (New York: State University of New York Press, 1993) pp.47-63.

[70] 關於當時男性文人對於婦女的勾勒，若要得到一個大略的印象，可參陳東原，《中國婦女生活史》（台灣：商務，1994[1937]）第十章「近代的婦女生活」，pp.364-83。

[71] 康有爲＜請禁婦女裹足摺＞《康有爲詩文選》（北京：人民文學）。

[72] Frank Dikotter. "Culture, 'Race' and Nation: The Formation of National Identity in Twentieth Century China." *Journal of International Affairs*, 49: 2, 1996, p.601-2.

衰殘形象，可以說既是自身，又是她者。當「外人」拍影傳笑時，他／她們是「吾中國」自身；而當「臣竊深恥之」時，他／她們又是不配於「吾中國」的非我族類。

「西方美人」一詞，在晚清以來報章中，並不罕見，例如，《女學報》曾刊登＜世界十女傑演義＞，副標題即「西方美人」，譯介者「楚南女子」陳擷芬序言謂：

> 我今年看見一部書，是譯他們西國的，名字叫世界十女傑，是說的各國女豪傑的事蹟。……我將這十個女豪傑的事，編作白話，既可以與諸位姐妹消消悶，又可以曉得我們女子中的人物，倘然看得合式，就可以學他也做一個女豪傑出來，豈不是件有益的事麼。[73]

譯介的主角是法國女子美世兒，「美世兒最喜歡讀盧梭」、「同了他的哥哥齊歐盧，唱女權歌」，是個捨命忘身、革命愛國的女子，文中並喚起中國人自嘆不如之感，如：「咳，我們中國人，……聽見美世兒這句話，豈不要慚愧死嗎？」又如，民國元年《神州女報》第二期中「女界要事」的新聞，記者翻譯二則關於美國傑出女士的事蹟，一是「女律師」、一是「女巡士」，而大標題名爲「彼美人兮（兮？）西方之人兮」[74]。在這個時期流傳於印刷刊物的西方美人楷模，以「捨命忘身、革命愛國的女子」居多。另外還有一個有趣的例子，吳保初癸卯(1903)＜元旦試筆示二女弱男、亞男＞云：

---

[73] 楚南女子＜世界十女傑演義：西方美人＞《女學報》4，頁 55-58。

[74] 神州女報社《神州女報》（[縮影資料]上海市：神州女界協濟社 [出版年不詳]）2，頁 1。

比干剖心死，龍逢喪其元。行誼雖則美，肢體究不完。
而父師孟軻，上書嘗責難。獲全其首領，沈懷摧肺肝。
女勿學而父，而父徒空言。西方有美女，貞德與羅蘭。」
[75]

父親否定了自己的經驗與傳統，不要「女」學習「而父」，而希望「弱男」、「亞男」成為西方美女貞德與羅蘭。這些典範，正是現代化知識分子在強國強種論中所慾望的「殉國」的「美女」[76]，事實上也只有「殉國」了，消失於國族中，才得以是「美女」。「西方美人」作為中國知識分子學習的典範，這種師法典範的轉移，在現代化的修辭敘事上，標誌的是「父親」的慾望，並且也標誌了一種歷史的斷裂。在前現代的中國，理想的典範或是對當前的批判，總是以「古之人……」為辭：三代、遠古，典型在宿昔，美好總是曾經擁有而現已失落，要在時間裏尋回。然而，在邁向現代的過程中，美好的理想不再是時間上回到過去，而是在空間上移至另一個異時的空間；發展式的線性時間想像，卻座落於二元空間，因而從中國到西方，也就意謂著從落後到文明。

---

[75] 吳保初《北山樓集》（安徽：黃山書社，1990）頁 62。

[76] 貞德與羅蘭都是晚清知識界廣為宣揚的西方愛國殉國女子。梁啟超 1899 年的《愛國論》即已提及貞德「法國距今四百年前，有一牧羊之田婦，獨立一言以攘強敵，使法國脫外國之羈軛，皆彼中所嘖嘖傳為美談者也。」（＜愛國論＞頁 71）1900 年馮自由在日本出版《貞德傳》，《清議報》新書預告加以介紹；1907 年《中國新女界》刊載梅鑄的＜法國救亡女傑若安傳＞等等。關於二十世紀初中文宣傳貞德之書籍刊物文章等，可參陶緒《晚清民族主義思潮》（北京：人民出版社，1995），頁 96-99。至於羅蘭，可參梁啟超＜近世第一女傑：羅蘭夫人傳＞《飲冰室合集》6，頁 1-14。。

餘論

　　「西方美人」與「二萬萬女子」，是在國族慾望成為長生帝國的
現代化進程中被生產出來的比喻。國族主義敘事中的「西方美人」與
「二萬萬女子」的比喻，可以說是全球帝國主義敘事機制的產物，同
時也是敘事機制的重要零件，維護並鞏固著「男－女」以及「西－中」
不對稱的權力關係。「西方美人」與「二萬萬女子」這對喻詞的使用，
當然不限於當時代的男知識分子，而是一種蘊涵著結構關係與效應的
語言或敘事機制，因此不論男女，凡進入此一語言或知識系統，即便
書寫意圖似乎在於呼召弱勢主體的自強，都有可能參與在「中／西」
以及「男／女」不對稱關係結構的維繫裏。這就必須面對生存現實中
不同脈絡與情境下的相對弱勢主體與權力之間複雜關係的問題。權力
與個別主體間不一定只有「壓迫」一層關係，而是權力必然呼召個別
主體一同參與，因此個別主體與權力互相建構；再者，參與於權力建
構的個別主體，權力也將同時保障其利益或榮耀，而弱勢主體的能動
性可能在某一層面上抗拒權力，也可能在另一層面上挪用權力。比方
說，父權體制裏的「母親」，是被壓迫的（母親要自我犧牲），「母
職」是壓迫女人的（每個女人都必須成為母親），但女人作為「母」，
也是擔負傳遞父權價值系統的能動主體（「母教」），同時更是榮耀
的（「母儀天下」）。帝國／國族主義的敘事，具有一種能力，就是
將特定的地域、特定的人與特定的事件都普同化或抽象化為一定的模
式，座落於各種範疇系統、規則、律法或是觀念實踐中。於是每一個
個別的主體就被歸屬到一種抽象化而且普同化的支配系統中，而這種

支配系統又是以文本爲媒介[77]。單就性別弱勢的「女人」來說，事實上，在全球的帝國／國族主義敘事中，不同的女人與這個敘事有著不同的關係面向，例如有些就是參與而共同建構敘事效應。許多研究已經指出，帝國主義或殖民主義，不止是男人的傑作，因而將殖民描述成單單是男人所實踐的過程，其所忽略的歷史事實是：殖民者的成功，同時也有賴於一些女人的參與。如果沒有一些「可敬的」女人，扮演殖民行政者的妻子、或是傳教士、旅行作家、人類學家等，投身於殖民的遊戲規則中；如果不是這些有成就的女人，看到了殖民大業所提供她們的在經濟、生涯規劃上發展的機會，或者是道德上的獻身，那麼，殖民主義可能很早就更被問題化了[78]。國族主義敘事製造了普同性抽象的「女人」整體概念，同時也分化「女人」（如本文所討論的「西方美人」、「二萬萬女子」、「纏足女」、「天足女」、「娼妓」、「賢妻良母」等等），在「現代化」的過程中，在性別、階級的作用裏，不同的女人以其能動性各自發展著自己的生存策略，而與父權或帝國／國族主義有著多重複雜的關係。

一個典型的例子是，參與「救國愛國」議程的女子，一方面在性別的議題上爲性別弱勢培力，如秋瑾說：

> 唉！二萬萬的男子，是入了文明新世界，我的二萬萬女
> 同胞，還依然黑闇沈淪在十八層地獄，一層也不想爬上

---

[77] Dorothy Smith, *The Everyday World as Problematic: A Feminist Sociology.* (Boston: Northeastern University Press, 1987) p.108。

[78] 參 Cynthia Enloe, *Bananas Beaches & Bases: Making Feminist Sense of International Politics*, (Berkeley Los Angeles: University of California Press, 1989), p.16.

來。[79]

但是另一方面不得已從後見之明來看,「強國」議程之籠罩性別議題,卻也的確使得進入「國族」論述發言位置的主體,不論其性別如何,都共同分享或負擔了「國族」父親的慾望。因此秋瑾說:

> 但是從此以後,我還望我們姐妹們,把從前事情,一概擱開,把以後事情,盡力作去,譬如從前死了,現在又轉世為人了。老的呢,不要說「老而無用」,遇見丈夫好的要開學堂,不要阻他;兒子好的,要出洋留學,不要阻他。中年作媳婦的,總不要拖著丈夫的腿,使他氣短志頹,功不成、名不就;生了兒子,就要送他進學堂,女兒也是如,此千萬不要替他纏足。幼年姑娘的呢,若能夠進學堂更好;就不進學堂,在家裏也要常看書、習字。有錢作官的呢,就要勸丈夫開學堂、興工廠,作那些與百姓有益的事情。無錢的呢,就要幫著丈夫苦作,不要偷懶吃閒飯。這就是我的望頭了。[80]

女權或婦女解放論述重新形塑新知識分子在「西方美人」誘惑及焦慮下所建立的國族主體位置,並維繫國族內部新的性別秩序。事實上,此一論說型構所生產出的新的國族主體說話位置,可以為進步男性所佔據,當進步男性站在此一位置向婦女發言時,焦慮中的國族主體維繫了內部既定的男女性別秩序。祇是,這個位置同樣也可以為少數新

---

[79] 秋瑾〈敬告姐妹們〉1907《秋瑾集》(上海:古籍出版社 1979)頁 14。
[80] 秋瑾〈敬告中國二萬萬女同胞〉1904《秋瑾集》頁 6。

興知識女性所擁有。一旦站在國族主體的位置向「二萬萬姐妹」發話，
也就完全承擔了解放論述賦予婦女的位置與要求。這也就是王政之所
以會說：「弔詭的是，爲了獲得社會敬重，解放的婦女必須更加自制，
以遵循傳統規範。」[81]又如，稍晚一些，在五四婦運名將鄧穎超的一段
回憶文字中，她也提到：

> 隨著五四愛國運動的發展，同時掀起了婦女解放運動，
> 這也是五四的民主運動中一個主要內容，提出了「男女
> 平等」、「反對包辦婚姻」、要求「社交公開」、「戀
> 愛自由」、「婚姻自由」、「大學開女禁」、「各機關
> 開放任用女職員」等。[82]

這是典型的敘述五四歷史的方式——婦女解放運動隨著五四運動的發
展而掀起。事實上，在當時風起雲湧的時代氛圍裏，的確一些菁英女
性得以游走於更寬廣的空間，有了新的公共領域可以進入，新的工作
或學習機會可以參與。但是，如鄧穎超所說的：

> 當時男女同學間的相處都是極其自然坦白的，工作上是
> 互相尊重平等的，大家一心一意忙著救國、忙鬥爭，在
> 工作上競賽，女同學不肯後人，女同學中的積極分子明
> 白自己要作開路的人，就不能貽笑社會，擋住了後來人

---

[81] Wang Zheng, *Women in the Chinese Enlightenment: Oral and Textual Histories.* (Berkeley, Los Angeles, London: University of California Press, 1999) p.84。此處引文為筆者自譯。

[82] 鄧穎超＜五四運動的回憶＞，收在中華全國婦女聯合會婦女運動歷史研究室編《五四時期婦女問題文選》（北京：三聯書店，1981）頁5。

的路，一定要好好幹，作出一個榜樣來。[83]

在樂觀、積極、進取的敘事裏，我們卻發現，這段文字中的「女同學」處處照顧著別人：與男同學間「相處」自然坦白，工作上「互相」尊重平等，忙著「救國」，競賽「不肯後人」，還有，自己要「作開路的人」，「作榜樣」，並且「不能貽笑社會」。敘事者比較沒有敘述自我成就，比較沒有客觀方式的評論，而是在乎人與人之間的關係，或個人對於社會國家甚至後代的責任心。這是與當時主流男性知識分子對於婦女解放的期待相呼應的，是部份菁英女性的軌跡。

然而菁英婦女的軌跡也並不單一。愛國主義的女性主義之外，也還有無政府的基進主義女性，如何震。事實上，當時關於婦女與國族問題的孰先孰後，並非只有一種聲音；對於在世界列強的競爭中，把婦女放在救國強種的國族論述裏，也並非沒有批判與異議。例如，何震已經批評了當時中國國族主義與婦女解放之間不公義的糾纏。她認為當時男子所倡婦女解放不過是「崇拜強權」：

> 中國男子崇拜強權，以為歐美、日本為今日文明之國，均稱與女子以自由，若仿行其制，于一己之妻女，禁其纏足，使之入學，授以普通知識，則中外人士，必將稱為文明，非唯一己有之譽也，即家庭亦有文明之譽，而家庭之文明，又由己身開其先。‧‧‧‧此豈為女子計哉？[84]

[83] 同上。

[84] 何震〈女子解放問題〉，原載《天義報》，轉引自張枬、王忍之編《辛亥革命前十年間時論選集》(北京：生活讀書新知三聯書局，1978)，冊

又說：

> 今觀中國女子之解放，出於主動者少而出於被動者多。
> 其主動之力，出於男子而不出於女子，故其結果，女子
> 所得之利益，不若男子所得之巨也。[85]

Peter Zarrow 曾指出，無政府主義對於當時女性主義的重新定義，貢獻
良多[86]。然而，女權主義與國族主義並沒有在此時被成功地分離開來，
直到五四，在一片文化、政治、學術、社會諸多面向的改革聲中，「婦
女問題」——婦女作爲國家通往富強或現代化的一個問題——，在主
流的呼聲中，仍然主要與救國的議程緊緊扣連糾結。當然菁英女性知
識分子對於婦女解放論述說話位置的性別問題，也並非全然盲目，例
如五四女作家盧隱(1899-1934)在＜中國的婦女運動問題＞一文中，即
由女性立場指出，不要輕信所謂男的「女權主義者」，因其「醉翁之
意不在酒」[87]。而二〇年代女性主義者之間，對於婦女運動的方向，也
不是彼此之間全無爭議，例如，向警予(1895-1928)就曾經將當時婦女
運動分爲「勞動婦女運動」、「女權及參政運動」、「基督教婦女運
動」三派，她主張的是勞動婦女運動，而對於某些女子參政運動，她
曾極力批評：

二下，頁 962-3。

[85] 何震＜女子解放問題＞，原載《天義報》，轉引自張枬、王忍之編《辛
亥革命前十年間時論選集》，冊二下，頁 962。

[86] Peter Zarrow, "He Zhen and Anarcho-Feminism in China," *Journal of Asian Studies* 47, no.4(1988 November): 796-813.

[87] 盧隱＜中國的婦女運動問題＞1920《盧隱選集》(福建：福建人民，1985)，頁 23。

她們把女子參政運動弄成了女子個人做官做議員運動。她們並不要婦女群眾了解女子參政的意義和必要，所以女子實際有了參政機會的湖南，現在還沒有女權式參政運動的團體。……《婦女雜誌》的編輯瑟廬說：「現在從事參政運動者則大都為穩健派，如女子參政協進會開成立會時受警察干涉也便改為講演會並不反抗，所以不像從前的惹人注意。」這正是女子參政運動者的恥辱啊。如果秉著此種意義去做參政運動，其結果不過是無聊的議員隊裏增加了無聊的女議員，可恥的官僚群中添多些可恥的女官僚，可以說毫無意義！[88]

這是當時社會主義女性主義者會提出的批判或主張。李大釗的＜戰後之婦人問題＞亦曾提及：

但是女權運動，仍是帶著階級的性質。英國的婦人自從得了選舉權，那婦人參政聯合又把以後婦人應該要求的事項羅列出來，大約不過是：（一）婦人得為議員；（二）派婦人到國際戰後經濟會議；（三）使同外人結婚的英國婦人也得享有英國國籍；（四）婦人得為審判官及陪審官；（五）婦人得為律師；（六）婦人得為政府高級官吏；（七）婦人得為警察官；（八）使女教師與男教師同等；（九）以官費養育寡婦和他們的子女；（十）父權及母權的均衡；（十一）男女道德標準的一致。

---

[88] 向警予＜中國最近婦女運動＞1923 在戴緒恭、姚維斗編《向警予文集》（長沙：湖南人民出版社，1985）頁 88。（原載《前鋒》第 1 期）

這幾項都是與中產階級的婦人最有直接緊要關係的問題，與那些靡有財產、沒受教育的勞動階級的婦人全不相干。那中產階級的婦人們是想在紳士閥的社會內部有和男子同等的權力，無產階級的婦人們天高地闊，只有一身，他們除要求改善生活以外，別無希望。一個是想管治他人，一個是想把自己的生活由窮苦中釋放出來，兩種階級的利害，根本不同；兩種階級的要求，全然相異。所以女權運動和勞動運動純是兩事。假定有一無產階級的婦人，因為賣淫被拘於法庭，只是捉他的是女警官，訊他的是女審判官，為他辯護的是女律師，這婦人問題就算解決了嗎？這賣淫的女子受女官吏的拘訊，和受男官吏的拘訊，有什麼兩樣的地方嗎？就是科刑的輕重有點不同，也是枝葉的問題。根本的問題，不問直接間接，還是因為有一個強制婦人不得不賣淫的社會組織在那裏存在。在那種組織的機關的一部安放一兩個婦人，怎能算是婦人的利益呢？中產階級婦人的利害，不能說是婦人全體的利害；中產階級婦人的權力伸張，不能說是婦人全體的解放。我以為婦人問題徹底解決的方法，一方面要合婦人全體的力量，去打破那男子專斷的社會制度；一方面還要合世界無產階級婦人的力量，去打破那有產階級（包括男女）專斷的社會制度。[89]

---

[89] 李大釗＜戰後之婦人問題＞1919 在中華全國婦女聯合會婦女運動歷史研究室（編）1981《五四時期婦女問題文選》頁 18-20。（原載《新青年》第 6 卷第 2 號）。

當時有些學者稱中產階級的婦女運動為「第三階級女人運動」,「目標是在恢復『因為伊是女人』因而失掉的種種自由和特權」:

> 第三階級女人運動,要求的是男女平權。所以這種運動,最致力的就是反對男女區別,想攻擊優待男人的宮室,要揭去監禁女人的封條。在教育上,就有男女同學的要求;在政治上,就有女人參政的要求;在社交上,有自由交際的要求;在婚姻上,就有自由擇配和新貞操說的主張。[90]

但當時對於婦女參政運動走向提出反思的不止是特定的社會主義立場,二十年代的女作家盧隱(1899-1934)在雜文中就提出下列主張:

> 提倡婦女運動的諸姑姐妹!你們不要只仰著頭,往高處看,也俯俯身子,看看那幽囚中的可憐婦女吧!為她們求到翻身,求到自由,不是比給少數所謂上流階級的婦女,求得參政權,不是更要緊而實在的嗎?或者有人說求參政權的成功,便是一切的成功,如施設女子教育機關,定平等待遇的條件,都只要有了干預政治的權力,就都作到了,其實無論理論上說得過去與否,而事實上,絕不是如此,不但我們沒有實力,得不到參政權,縱使勉強得來,因自己能力有限,及政治界的技倆百出故,卒不免為一部分爭權奪利之工具,這又何苦來?而且運動婦女參政權的事情,在最近的潮流上看來,已經是過

---

[90] 陳望道〈我想(二)〉1920,收在《五四時期婦女問題文選》。頁 78。

去的事了，現代女子求解放應當另闢新道路，才不致勞
而無功。[91]

而盧隱也批評了當時婦運的一種尷尬狀態：

> 至於中國社會的狀況，什麼事都是籠絡的，顯明的限制
> 很少，婦女們所受生活上的壓迫也不如歐美，所以中國
> 的婦女運動，由一般的觀察，我們敢斷定絕不是真實的
> 覺悟和有十三分的信心而發生的，只是人人都有我羞獨
> 無的思想，於是湊熱鬧，也不免依樣葫蘆畫他一畫，但
> 因無信念和確實的經驗，究竟支撐不久，而且事此運動
> 的一部分人中，難免有借題發揮，以快其出風頭之初心
> 的。[92]

又說：

> 不錯，現在各大學誠然開了女禁，但我們平心靜氣想一
> 想，這些教育當局，他們所以肯答應各校開放女禁，與
> 其說是婦女運動之力，何如說為面子好看，人家都開放，
> 我們不妨也點綴點綴的為真實些呢？[93]

---

[91] 盧隱＜中國的婦女運動問題＞（1924）錢虹編《盧隱選集》（福建：人民出版社 1985：16-28）頁 25。

[92] 盧隱＜中國的婦女運動問題＞（1924）錢虹編《盧隱選集》（福建：人民出版社 1985：16-28）頁 22。

[93] 盧隱＜中國的婦女運動問題＞（1924）錢虹編《盧隱選集》（福建：人民出版社 1985：16-28）頁 23。

「什麼事都是籠絡的」一語,其實說出了一種含蓄政治,以及階序性的含括(詳第一章)。沒有明顯的壓迫,而婦運的必要來自一種「人人都有我羞獨無」的外在性。而大學的「開女禁」,可能與婦運的關係不一定那麼直接。對於以迫切的內在驅力感受婦運的人來說,這些含蓄性與含括性都令人窒息。

　　顯然可見,由晚清以至二〇年代,在婦女議題方面,除了國族主體的規劃(這是本文所著力分析的),在婦女與帝國/國族主義的關係、主流女性主義的中產階級性格,以至於婦女運動的立場派別、目標與走向上,早已漸漸有著立場與所見各異的爭論,並且也不乏批判婦運所蘊含的文化批判。進一步的研究,有待異日。

四、

結論與研究展望

「罔兩問景」[1]

──「男女平等」之外的性/別主體

前言

晚清以降，邁向現代的進步知識分子凝聚國族主義的歷史、文化、血統認同的過程中，將自我與國族的認同結合，知識分子承繼著一種在隱喻上本文稱之為「聖王」的主體性──在道德上預設著美善整全性，而在說話位置上，採取一種從上到下的位置[2]──，在邁向家國進

---

[1] 對於這個寓言的重讀與再思考，有一些相關的背景，記錄於此，也是一種感念。最初的靈感來自丁乃非對於「罔兩」的好奇，而追溯新意義的可能性，還應該感謝錢新祖。當年錢老師上課論及「罔兩問景」，以「相互主體性」闡釋，我一直印象深刻。丁乃非在閱讀鐘月岑記念錢先生的論文時，卻是特別發現了這則寓言中的「罔兩」。當時正是台灣婦運界由「公娼」議題引發爭論，並且面對內部爭議的時刻，丁認為「罔兩」似可以隱喻公娼或女同性戀的位置。之後，我們開始討論這則寓言重讀的可能。我也遍閱歷代古今關於這則寓言的註疏，想在古註或今學裏尋找重讀的資源。然而並不容易。事實上，如果形、影、罔兩是三種不同的位置，那麼，脫離習以為常的形或影的位置，而思考「罔兩」的主體性，確實不易。之後我們在酷兒研究上首先借用了這則寓言，書寫與研究的過程中，對於這則寓言可能啟動的理論思考，一直持續不斷。請參考鐘月岑＜比較分析措詞、相互主體性與出入異文化＞《台灣社會研究季刊》29（1997：75-100）；劉人鵬、丁乃非＜罔兩問景：含蓄美學與酷兒政略＞《性／別研究：酷兒理論與政治》3,4（中壢：中央大學性／別研究室，1998：109-155）；丁乃非、劉人鵬＜罔兩問景 II：鱷魚皮、拉子餡、半人半馬邱妙津＞第三屆「性/別政治」超薄型國際學術研討會論文集（中壢：中央大學 1999：1-26）。

[2] 就歷史而言，晚清以來進步性的社會運動，多以知識分子由上而下的「啟蒙」

步現代化而主張男女平權的同時，也同時生產著新的不合時宜的性/別新客體，在富國強種或救亡圖存或現代化的過程中，成為「進步性」的他者，如纏足女，娼，妾，婢等，或者，在倡言自由戀愛破除封建婚姻的時刻，生產著羈絆人的舊式婚配傳統妻。「男女平權」論的出現，召喚著新的可以匹配現代進步國族的平等女性。然而，從前面幾章的討論，我們發現，這個可以匹配現代國族主體的「女性」，是在一個既是空白又是具有雜種性的空間裏，在各種不對稱的權力機制中被想像。我們無法在「男女平權」的新宣稱下，本質性地先行假設一種同質性的抽象女性主體或女性經驗，而必須認識到，在這個歷史時刻裏，歷史、文化、政治等等眾系統的建構，多種多樣的主體位置、社會經驗、文化身分認同等等，組成「女人」這個範疇。如果只在男人與女人之間區別或認同平等的女人，也就忽略了其他的再現或意識型態系統所造成的女人與女人之間的各種差異，以及在「男女平等」宣言中，因著其他的價值階序所排逐的女人。面對性/別議題，如何脫離一種習以為常的「聖王」位置，而能夠在說話位置上，批判性地自我變革或移位，看見或辨識或承認各種內在的差異，內在的矛盾衝突；而對於異議與弱勢主體來說，爭戰還不止是獲得民主的被再現，更是奮力於掌握關於認同建構的論述。這些都是「民主」、「平等」等理念必須進一步考慮的。

「罔兩問景」寓言：
階序空間裏再現的差異位置

方式進行，是一個旁證。請參考李孝悌《清末的下層社會啟蒙運動 1901-1911》(台北：中研院近史所專刊，1992)

在理論上，變化思考《莊子》「罔兩問景」的寓言，可以提供一種觀看格局，用以說明在階序化的生存空間下，可能有的差異性生存主體位置、不同主體位置的階序性，以及公共空間裏再現的不平等。也就是說，主體性被主流論述所隱藏的一些面向。事實上，個人的諸般認同，具體的主體，很少只糾纏於身體的常模，而更多是紛然跨越於豐富而複雜的認同與慾望結構。由於這個觀看格局的提出，本文得以建議一種閱讀位置的轉移，至少在文本閱讀中，可以開拓新的政治性主體。

然而，如此借用「罔兩問景」寓言來思考一種罔兩的（非）主體性，可能已經不容於《莊子》作為一部經典、現行認可的詮釋傳統。但是，《莊子》這則故事具有誘發性，是進一步思索的起點。我們不但在故事或故事的閱讀或詮釋傳統中，發現了形、影、罔兩三種存在主體及其相對位置與閱讀輪廓，並且可以試著將一種傳統被視為哲思或美學藝術的境界，作為一種借喻，借此思考在社會生存空間中不同的身體或主體建構與再建構。

> 罔兩問景曰：「曩子行，今子止；曩子坐，今子起。何其無特操與？」景曰：「吾有待而然者耶？吾所待又有待而然者耶？吾待蛇蚹蜩翼邪？惡識所以然！惡識所以不然！」（《莊子·齊物論》）

> 眾罔兩問於影曰：「若向也俯而今也仰，向也括撮而今也被髮，向也坐而今也起，向也行而今也止，何也？」景曰：「搜搜也，奚稍問也！予有而不知其所以。予蜩

> 甲也,蛇蛻也,似之而非也。火與日,吾屯也;陰與夜,
> 吾代也。彼吾所以有待邪?而況乎以有待者乎!彼來則
> 我與之來,彼往則我與之往,彼強陽則我與之強陽。強
> 陽者,又何以有問乎!」(《莊子·寓言》)

常識世界裏世人所見,形、影以及影外微陰(影子的影子)的關係是:
影待形,而罔兩待影。所謂「待」,是指倚賴的必要條件,亦即,有
形才有影,有影才有罔兩,「彼來則我與之來,彼往則我與之往。」
(它來我就跟著它來,它去我就尾隨它去)。但在《莊子》「罔兩問
影」的故事中,我們發現,這個「待」的絕對性被瓦解了,也就是說,
看似甲待乙,乙似是甲的原因,但其實乙亦有所待,並非甲的絕對最
後原因或存在條件,而且甲又不止待乙,同時也待丁,甲同時也又為
丙所待。就像看似影的存在是待形,但若一定要從「待」的觀點看,
則還可以再繼續追問:形又何所待?形又何嘗不是有所待而然,且影
不止待形,同時也待火與日而有。我們無法追索到所待的最後真正唯
一的條件。那麼,對莊子來說,就不應該或不必要以「待」來解釋不
同存在體之間的依存或條件關係,而是萬物各自獨化[3],自然而然,不
必也無法再問其所以然。蟬殼與蛇皮,看起來是依附於蟬身與蛇身,
或者,蟬身與蛇身看起來為殼與皮所蔭蔽;但是,蟬、蛇並不是其殼
與皮的絕對存在條件,而殼與皮也非蟬與蛇的絕對存在條件。殼與皮
在某些條件某些時間裏與蟬蛇相聚,它們會親密地共同生活一段時間,

---

[3] 郭象《注》:「若責其所待而尋其所由,則尋責無極,卒至於無待,而獨化之
　理明矣。」「是以涉有物之域,雖復罔兩,未有不獨化於玄冥者也」又,成
　玄英《疏》:「莊子寓言以暢玄理,故寄景與罔兩,明於獨化之義。」郭慶藩
　《莊子集釋》(台北:萬卷樓,1993)頁110,111.

形成一種常識或知識所建構的依存關係,但其實可能皮與身各自有各自的生成變化或生命歷程,而不一定是表面看來的依存性。蟬殼與蛇皮也可以看成是長得像蟬與蛇而其實並非蟬與蛇的物體或生命體(似之而非也),是某種和蟬蛇一樣要在生命中經歷生老病死的另一種自然體,它們與空氣或陽光的關係,可能較之與蟬或蛇的關係,還要更密切。如是,種種存在體之間在常識或知識層面的相待關係,以及依附者「無特操」的焦慮,在《莊子》這則故事裏解消了。《莊子》「罔兩問景」文本止於「惡識所以然!惡識所以不然!」或是「又何以有問乎!」亦即,莊子的建議是:停止無謂而傷神的知識追索或詢問吧,我們可以逍遙於「有而不知其所以」這種知其然而不知其所以然、任其自然而無待的生命境界。而這也是個「齊物」的觀點,常識或知識世界裏硬生生而武斷粗暴區劃的物與物間人為而不自然的此疆彼界,高下不齊、良莠不等以及主從對待等等,就在相反相成、無待而相互轉化的觀點下,行止坐起自然而然。影子不再只是尾隨形而無特操的陰暗,而是由它的答語,發表了另類生命哲學、成為具有另類主體性的存有。

　　《莊子》在這則故事裏所開啓的相對主體性的觀點,以及對於「待」的解構,在概念上都具有卸除枷鎖、開展生存空間的逍遙性。影的說話,不僅說出了作為影所提供於形的相對主體性思考,同時解除了形世界裏對於影之倚存性的歧視。但是,這種逍遙性或是開展生存空間的理想,如果不僅是「中國境界型態的生命哲學」,而可以在具體的社會生存情境中啓動自由,也許我們可以試著把逍遙、齊物的觀點,帶進物質性的現存社會生存空間裏,嘗試做一些加入社會性、歷史性與物質性的思考。

　　《莊子,寓言篇》曾經提到,「寓言」是「言在此而意在彼」,

《莊子》特殊用言方式或書寫文體的主張與實踐,格外容易邀請到讀者的參與式閱讀,也就是,《莊子》通常不以一種權威者的論說方式,將讀者放在臣屬的、接受的位置,而是以寓言、說故事的方式,召喚讀者一起思考[4]。「罔兩問景」作為一則寓言,它召喚我們從現存的時空處境閱讀它,讓它生發具體情境脈絡裏的意義。本文即嘗試在當前性/別研究的脈絡裏,閱讀這則寓言,試著面對性/別建構中的形、影與罔兩,並且試著探討某種罔兩性主體的生存空間、資源與身體形構,並且從罔兩的觀點,再回頭詢問齊物、逍遙的意義。並且藉此思考:如果形世界的主體有其歷史文化提供生存的活力,那麼,罔兩作為一種社會生存主體,可能也有其特有的歷史、生存空間、制度性結構、溝通模式等等,而影外的微陰罔兩,其可以提供活力的特殊次文化歷史或語言或再現的可能,究竟何在?

在社會生活中,一個人出生之後,立刻由某特定部位的生理構造,被劃分為僅有的男、女兩種性別之一,而生理構造模糊的,例如所謂的陰陽人,則在您[5]茫然無知的時候,由不相干的醫生決定,使您的器

---

[4] 請參考吳光明《莊子》(台北:東大,1988),Kuang-ming Wu, 1982. *Chuang Tzu :World Philosopher at Play.* (Chico, CA : Crossroad Pub. Co. ; Scholars Press,1982); Kuang-ming Wu, *The Butterfly as Companion: Meditations on the First Three Chapters of the Chuang Tzu.* (Albany: State University of New York Press, 1990)。

[5] 五四時期,漸漸出現了「她」字,用以分別男性女性。請參考劉半農<她字問題>(1920)《劉半農文選》(台北:洪範,1978)。從「他」字的既代表全人類而在語意脈絡中又專指男性,到女性有了專有的「她」字使用,這是一項進步。然而,當性別明確的「他」和「她」一起代表了全人類時,性別或性或性慾不在兩性性別體系中的人,反而找不到合適的指稱代名詞。過河卒子無法走回頭路,回到天真無知的「他」字以示男女無別,於是,我們選擇用現今少有人使用的「您」字,指稱逸出兩性規範體系的人(兩性規範體系是指:生理性別-社會性別-性慾望對象的嚴密/緊密相扣)。

官成爲兩種特定性別之一[6]。之後,生理構造在未經心理同意時,被決定了社會性別,立即進入社會性別化的過程,而社會性別化的身體,同時也強制著心理認同。如果我們不從標準兩性常模爲定準,規劃所有的人類,那麼必然會發現:有些範疇,譬如個人出生時的生理構造、出生之後未經同意就被指定的社會性別、性別化身體的心理認同、社會性別化的主體位置,或是性別化的社會、性別化的性慾或是性別化的親屬功能表現之間,可能並沒有必然的關係。然而在異性戀標準常模的強迫性建構下,這些範疇之間,卻形成了強固的連結,並且透過各種機制被自然化了。比方說,一個娃娃出生時具有陰莖,在眼睛尚未睜開看見世界的那一刻,醫生對它生理性別的宣佈,也同時定規了它被派定的社會性別是男性,因而它將獲得男性化的名字,穿男性服裝,人們將以「他」爲指稱代名詞。而後在成長的過程中,他必須在心理上認同男性,具有男性認同,學習男性化的行爲舉止,成爲男性主體,在親屬關係中,擔任男性的作用,並在性慾上慾望女性,或者被女性慾望,以完成男性的社會功能。這個過程的強制武斷性,透過教養或教育的種種機制,成爲自然。

　　九〇年代晚期浮出歷史地表的跨越性別的現象及其研究,對於我

---

[6] 北美陰陽人協會(Intersex Society of North America)的創辦人暨理事長 Cheryl Chase(1998: 193-4)曾以身說法,道出自己如何在不被認為具有決定權的嬰兒時期,由於性器官不符合標準的男性或女性,初生之時起先被醫生決定為男性,在一歲半時又由另一位醫學專家「決定」(意為:判定並處決)您「真正的生理性別」是女性,父母改以女孩的方式養育您,更換名字、遷居,並且隱埋先前您曾被認為是男孩的所有遺跡,包括相片、出生證明等,這個事實成為這個家庭的一段不可外揚的家醜,而您自己也經歷了長時間認同的困頓與沮喪。參 Cheryl Chase, "Hermaphrodites with Attitude: Mapping the Emergence of Intersex Political Activism," in *GLQ: A Journal of Lesbian and Gay Studies* 4:2, "The Transgender Issue" Ed. By Susan Stryker, (Duke University Press.1998:189-211)

們認識到「男」「女」兩個性別是一種嚴酷的社會體制框架，並且看到男女兩性之外的眾罔兩，有極重要的啓發。跨性別研究在此刻的浮現，有其知識論上的意義，亦即，二十世紀語言學理論上的意符與意指之間不再是有意義的相關，在社會意義上看見了社會性別的意符與生理性別之意指之間的武斷性。對於西方現代性裏，將心理上的性別認同根植於生物性肉體，造成身心合一完整個體的假象，瓦解並且去自然化了。跨越性別的現象所具的一個批判性的重要性在於，掌握了表演性與物質性之間的問題性，並且挑戰了再現的穩固性，特別是再現作爲一種具體的主體經驗。而對於這個議題的討論，則涉及主體性、能動性、論述位置以及自我再現的策略[7]。

　　回到形、影、罔兩的寓言，我們可以作如下比方。如果在社會生存空間中，有形、影、罔兩等不同的生存主體，那麼，有幸在性別社會化這個過程中長成標準「對的」男人，他是「形」的世界裏標準可見的主體，語言爲「他」而有，文化資源總也在於培養更多有用的「他」，或者，規訓更多可能的惚成爲「他」，甚至，語言裏並沒有其它性別的「他」。傳統文獻中，指稱代名詞「其」或「彼」等，極少在文章脈絡中指稱女性，甚至由於少有女性擁有文字書寫資源，文本中的「吾」或「我」，文本脈絡中實際上也幾乎不指稱女性。當女性主義的聲音

---

[7] 請參考 Susan Stryker, "The Transgender Issue: An Introduction" in *GLQ: A Journal of Lesbian and Gay Studies:* The Transgender Issue (Duke University Press 4:2, 1998:145-148)頁 147,148。在這篇導論中，Susan Stryker 用 transgender 一詞並非指一種特殊的認同，或是具體的存在方式，而是當作一個涵蓋性的詞，指可以使得標準化異性戀建構的一些鎖鏈瓦解掉或是去自然化的各式各樣身體效應。所謂標準化異性戀鎖鏈，是指連結於個人出生時的生理性、未經同意而被指定的社會性別範疇、性別化身體的心理認同，以及／或是社會性別化的主體位置，與特定社會性別化的社會、性慾或是親屬功能的表現之間的鎖鏈。

尚未浮起之時,具有陰道的另一性別可能是一種常識中的影子性存在,
她尾隨形而出現,但是並沒有屬於自己的「她」字,嫁雞隨雞、嫁狗
隨狗是影子的宿命與社會責任以及道德規約。其後女性主義的浮現,
是影子企圖以主體身分在公共空間說話的時候。她的說話,使得原先
「形」所假設的絕對主體面臨挑戰,而不得不面對相對主體性的問題。
影子的說話,使得「他」終於知道,「她」其實不止是待他而有的影
子,而是獨化而生的另一主體。

　　然而,仔細閱讀這則寓言,提問的是罔兩。但在影子的回答裏,
對話對象其實是形。影所思考的是形的世界裏有待無待的問題,是影
相對於形的「吾所待又有待而然者耶」的問題。故事中,形並沒有出
現,然而他在,在文本中,在閱讀、註疏中,在影的回答裏。影的發
言,使得影子的存在性得以訴諸語言而在「形」的世界裏被看見。但
是,如果我們追究發問者的位置,如果我們考慮罔兩的存在性,罔兩
的說話位置,作為影子的影子,罔兩問的可能不僅止關乎形與影的依
存關係,而更可能在罔兩的位置上,同時質疑形影不離的依存性。罔
兩所問的問題:「若向也俯而今也仰,向也括撮而今也被髮,向也坐
而今也起,向也行而今也止,何也?」(之前妳低著頭,而現在妳抬
起頭來了;之前妳梳著髮髻,而現在妳披散著頭髮;之前妳坐著,而
現在妳站了起來;之前妳行走,而現在妳停下來了。這是怎麼回事呢?)
究竟是問什麼?也許我們不應該以先行矮化罔兩的方式,假定罔兩問
了一個愚昧可笑的問題,認為罔兩笨到自己是影子的影子卻還要問影
子為什麼隨形而無特操。在影子的邊緣,世人看不見的地方苟且偷生
的罔兩,很可能看到了影對形說話的問題性。但是如果影子關心的
只是影相對於形的主體位置的問題,那麼,影子根本沒有看見罔兩在
一個不同的位置上發問。當影子說話,影不再只是尾隨形而無特操的

陰暗，而具有了與形對話的主體位置。但是，以上文性別的譬喻爲例，如果「形」有如男性，「影」有若女性，公共空間裏得以宣稱「男女平等」，是在「若且唯若只有兩種性別認同」的認識框架下。當影獲得了相對於形的說話位置，形影相隨是以含括衆罔兩爲代價的。罔兩看似影，而非也。就性別理論上說，世上還有許許多多的個體，或者在生理構造上不男不女，或者在性別認同上亦男亦女或非男非女，或者在愛慾對象上方向異常。在「男女平等」的認識框架裏，可能根本看不到這樣的罔兩。正如九 0 年代台灣的女同性戀小說《鱷魚手記》中敘事者「拉子」說的：

> 甚至沒有「不公平」或「道德」的問題，因為世界根本就沒有看到我。[8]

「公平」與「道德」可能只在形與影之間形影不離的世界裏協商著，而罔兩已經在形影不離的結構裏被視而不見了或聽而不聞了。

從這裏再回到上文所詮釋的「齊物」觀點，我們發現，境界層次上的逍遙或齊物理想，對於社會體制裏的罔兩主體，可能距離相當遙遠。衆罔兩也許根本不在主流常識或知識世界「此疆彼界，高下不齊、良莠不等以及主從對待」等等被明白承認的高下等級裏，也就無法在境界形態的「相反相成、無待而相互轉化的觀點下，行止坐起自然而然」，罔兩必須追索，必須詢問，而您的問題也必須再閱讀。

就複雜的歷史過程而言，性別的身分也不僅止是性別，以晚清至五四爲例，在提出「男女平權」的同時，娼妓算不算「男女平權」的女性主體？僕婢妾與纏足女算不算「男女平權」的女性主體？女同性

---

[8] 邱妙津,《鱷魚手記》(台北：時報文化，1994) 頁 267.

戀算不算「男女平權」的女性主體？考察歷史，我們發現，當現代化邁向進步的國族主體呼召著男女平權時，各種階序體系其實同時構築了許許多多的身分標記，使得許多的女體既不是形，也不是影，而是影外的微陰眾罔兩，眾罔兩在邁向進步的論述中，已然因著被進步論述標記為「落後」或「變態」，而先行排除於進步的「男女平等」的女性主體可能之外。

在當前性/別研究的脈絡裏，閱讀「罔兩問景」這則寓言，試著面對性/別建構中的形、影子與罔兩，可以試著探討某種罔兩性主體的生存空間、資源與身體形構以及文本再現。罔兩作為一種社會生存主體，必然有其特有的歷史、生存空間、制度性結構、溝通模式等等，但在階序性結構空間中，作為影外的微陰眾罔兩，其特殊次文化歷史或語言，可能與形影都不同。「男女平等」使得我們看到了形與影，那麼，眾罔兩呢？形影不離的「男女平等」世界裏，眾罔兩的發問，可能在影子提出了無待的哲思之後，就被遺忘了。而我們如何閱讀眾罔兩？

「主體」並不等於生活於歷史中的個人。可能是一個範疇，一個位置，組成「主體」，亦即，意識型態宣稱的「我」。可能是意識型態論述本身，把人們組成論述中的「主體」。那麼，「主體」的意義也就同時在於「主體化」的過程。

上面的例子，是我們就「性別」的範疇所作的討論。而在特定諸意識型態或諸歷史條件作用下，論述系統所形塑的主體，何者是形，何者是影，何者是罔兩，不會是本質性的既定不變的。生活於歷史中的個體，其主體性是眾多再現系統或身分認同、位置等範疇交織的結果。比方說，可能不是所有的生理「男」，所有的異性戀，都是社會意義系統裏的「形」主體，宋王元澤的《南華真經新傳》中就提到：

「處幽陰者不可問其影」[9]，幽暗裏的形沒有影子。就性/別認同政治而言，社會運動的內部中一直提出「內在的民主」的問題。在認同政治中，無可避免地生產出本質性的統一化的主體，例如，事實上具有特定階級或族群性格的婦運，但論述中卻會生產出本質性普同化的「女性」或女性經驗，而模糊掉了女人與女人間因著其他的階序體系如性，階級等等系統性的差異與不平等。女同性戀女性主義致力批判異性戀常模的霸權，然而，在「女人認同女人」的聲言過程中，認同的主張也同時建構了「真正的」女同性戀，而忽略了女同社群中可能有的在性行爲或政治態度上的諸般差異[10]。在男女兩性的「生理性別－社會性別－性慾向」緊密聯結的異性戀主義的男女平權裏，「同性戀」可能成爲一種罔兩性的存在。但是，在認同政治運動進行的過程中，仍然有內部差異的問題，而生產著著社群中相對性的眾罔兩。由於公共空間裏具有說話位置的總是「幸」而爲「人」、「有明確性別的人」、「有明確國家或種族或族群身分的人」、「知識階級的人」、「具有明確可見性社會身分的人」，很可能忽略了不同時空、不同再現系統或意義系統或意識型態系統交織或不同型態接合之下，種種的眾罔兩性。比方說，就台灣新近的女同性戀研究顯示，在意識型態或階級美學或性別美學上可能並不符合「進步性」的 T 吧女同 T 婆關係，在製造「全球認同」的女性主義女同戀社會運動社群中，仍是「落後」的

---

[9] （宋）王澤元《南華真經新傳》卷十六，頁 576。在嚴靈峰編《無求備齋莊子集成初編》（台北：藝文印書館，1972）第六冊。

[10] 請參考 Anne Phillips, "Dealing with Difference: A Politics of Ideas, or a Politics of Presence?" in Seyla Benhabib (ed.) *Democracy and Difference: Contesting the Boundaries of the Political*, Princeton, New Jersey: Princeton University Press, 1996: 139-152.

眾罔兩[11]。另外的例子是,「娼」、「婢」、「妾」的罔兩性也必須在特定歷史特定論述系統或再現系統下分析,看見這些女體與「才女」、「名妓」、「賢妻良母」同樣是歷史社會裏承載種種不平等的眾價值體系或諸再現系統的主體,只是,每個主體與這些體系的關係,可能有「幸」與「不幸」或「樂」與「不樂」之別。(如果階序社會裏的才女是一個女性能動主體,爲什麼階序社會裏的一個婢就不是呢?)如果歷史的書寫能夠看到這一點,那麼,也許書寫位置的移轉可以看清楚更多歷史裏符號或知識或權力的複雜佈署,及其隱藏的對於弱勢主體的暴力或壓抑,也許可以獲得的,是比較公義的歷史知識。另外,在階序性的含括習性下,還有一種情況可以九〇年代末台灣「公娼」議題爲例。當「進步的」國家以及「進步的」女性主義在邁向潔淨而現代化的理想道路上要「掃黃」時,一方面,「落後」的公娼必須消失,但另一方面,「娼妓」也同時成爲一種影子似的「女性」議題,一時之間,歷史上的名妓成爲一種煙花柳巷的古典美,男女知識分子在歷史的距離下製造美感,又在有才藝-無才藝,美-不美等等價值階序下,緬懷歷史名妓時,再生產的可能是文人知識分子對於才女、藝術、男文人的情愛幻想等等價值體系或再現系統。也就是說,眾罔兩的發問隨時有可能被影回答成針對形主體而有的所謂另類主體性,這種所謂另類主體,在穩定既成秩序的價值系統上,不會或不能造成干擾。於是,仍然聽不到或聽不懂罔兩的問題。罔兩可能不是另類主體,而是多元民主現代社會舉列另類主體時仍然可能遺忘或者仍然要排拒的影外之影。於是,「眾罔兩」無法視爲一種本質性的固定存在或是任何一種認同身分,而可能是一種飄零與碎裂的經驗,在某些光、

---

[11] 請參考趙彥寧<不分火箭到月球:試論台灣女同志論述的內在殖民化現象>第三屆「性/別政治」超薄型國際學術研討會(中壢:中央大學,1999).

影、火、日、形、影等等條件下的偶然性匯聚。對於這種主體位置的再現，無法以本質性認同的方式獲得固著，因爲您在歷史或政治場域或文本中完整再現的可能已經被形影不離的結構先行封鎖了。於是，罔兩主體位置的多重複雜性，可能需要看見形影不離的問題性，並且要由層層交織的再現眾系統、眾意識型態、眾價值體系抽絲剝繭，揭露歷史、政治與文化的建構。

最後，「形、影、罔兩」的階序關係形構，還可以隱喻「中國」後殖民的一個問題。就近代歷史過程而言，「西方」可能是一個巨大的「形」，而從晚清知識分子對於「西方美人」的慾望，以及晚清以來建造國族主義過程中構築的傳統「中華文明」，不論是把中國傳統構築成落後而必須要揚棄的「封建傳統」，或者是相對於現代「西方」而締造一個同樣光輝的古老「中國」，都有可能成爲影子式的「本土主體」。由於「中國」的「大」，可能這會是一個相當「大」的影子，如果只在這個影子的位置上對抗所謂西方霸權，對抗「東方主義」而建構更理想的「中國」印象，可能成就的仍然是如影隨形，是在「西方」之眼的凝視下，對於卑賤、「弱」與「小」的厭棄或含括。形與影的關係之外，看見影外的眾罔兩，才有機會脫離「中－西」、「弱－強」、「女－男」等二元對立項的二元兩端「形影不離」的殖民結構。由於位置的轉移，而看見影與眾罔兩的關係，是開展內部解殖民的一個可能途徑。

放眼歷史，我們已然看到晚清以來知識分子對於強權的戀慕與對於弱小的羞惡與含括。民國三十一年，羅家倫的《新人生觀》中＜弱是罪惡，強而不暴是美＞一文，仍清楚延續著晚清以來對於弱的恥感：

　　近百年來中國成為一個弱國，這是事實。以往還有人把

我們自稱為「弱小民族」，我極不贊同，我以為中國「弱」
是真的，但不是「弱小」，而是「弱大」。「大」而「弱」
是矛盾的現象，是最大的羞恥，但事實如此，不必諱言。
為什者會弱？為什麼會大而弱？弱就根本不應該。我們
要把甘心做弱者的觀念改變過來，要真正認識弱是羞恥，
是罪惡，祇有強而不暴才是美。讓我們來歌頌強和美罷！
12

「中國」在近代「弱」而「大」的自我形像所蘊含的矛盾複雜性，以
及把「弱」視為罪惡羞恥的觀念，使得她在對抗帝國殖民的同時，卻
不斷生產內部殖民，不斷認同強權。何以弱是罪惡？羅家倫說原因有
三，一是弱乃「賊天之性」，二是「連累他人」，三是「縱容強者作
惡」，而在文中所舉的弱者的例子，包括「殘疾不健全」。於是一旦
為弱者，在強者的哲學裏，不僅弱者是自己殘疾不健全的原因，同時
要為他人的累、甚至強者的惡負責。這樣的論述已經表現出對於弱者
的二度甚至三度強暴，但是，為什麼他仍然可以認為自己所主張的是
「強而不暴」？這正是由於說話位置是認同強者的位置。由第一章的
分析，我們發現，這種對於強者的認同，是強勢之下對於現實強權「勢
力」的體認，在這段歷史中，關於「公義」或「正義」的思考是相當
匱乏的。於是我們不能繼續站在「聖王」的位置，單以道德的善意或
上階位置的含括方式，思考公義的問題。聖王的善意不會改變不公義
的結構，因為聖王位置的本身是階序格局的產品，含括的方式所體現
的，也總已是階序原則了。

---

12 羅家倫＜弱是罪惡，強而不暴是美＞，在《新人生觀》（台北：黎明文化，1951
頁 33-41）頁 33.

「罔兩」位置的閱讀舉例

以下，我將舉一個例子，說明如果過去的文本在書寫或敘事位置上已然是階序格局裏的「聖王」了，那麼，閱讀活動可以做的是閱讀位置的轉移，做一種不與敘事體同聲氣的閱讀，而從文本中發掘新的影子性或罔兩性政治主體。一種新的罔兩性政治主體，才有可能質疑形影不離的問題性。而這種罔兩性，在影子的邊緣，只會是眾罔兩。

在傳統階序原則的夫妻關係裏，因為預設了一個上階可以含括下階的先驗和諧關係，於是，上階的說話位置也就可以在階序和諧關係下，聲稱一種上下和諧的「朋友」關係。略舉一例。劉宗周在其妻墓誌銘中，以「良友」稱其亡妻：「及其死也，余哭之曰：失吾良友。」[13]敘事體如何以一種上階含括下階的方式描述敘事者與妻子之間的「朋友」關係？敘事者說：

> 余所追感於淑人者數事：淑人始歸余，余性易恚，時遺
> 淑人詬語，致上忤慈親。已淑人從容進曰：「爾為人子，
> 事母可如是耶？」余大悔恨，輒自創久之。而淑人喜告
> 所知曰：「吾夫子能改過矣。」先慈晚年體浸瞿，淑人
> 躬承起居，凡巾櫛、匕箸，皆服其勞，先慈事事宜之而
> 動，而依若左右手。及大父病，余滯京師，淑人典簪珥
> 以事湯藥，周旋問視間如其奉先慈也，則余之有愧於子
> 孝多矣。余坐逆璫之廢，朝論洶洶欲殺余，視東林六七

---

[13] ＜劉子暨配誥封淑人孝莊章氏合葬預誌＞，《劉子全書及遺編》卷二二，頁443。

君子，淑人聞之，必勉余忠義無偷生；余方自危若朝露，
而淑人意自若也。余因之感奮曰：「彼婦人乃能如是！」
及守京兆都城受圍，火光徹吾署，家人皆號泣為行遯計，
獨淑人不動曰：「吾從夫死！」余曰：「何至是！」淑
人曰：「爾幾倖乎？」余又因之感奮曰：「彼婦人乃能
如是！」則余之有愧於臣忠多矣。[14]

妻作為一個「照顧者」——照顧夫及其親屬，必要時甚至「從夫死」。
劉妻事奉劉子及其母親、祖父，助劉子完成「孝」德；最後欲「吾從
夫死」，冀以三從之「從夫」助劉子完成「忠」德。傳統頌揚妻、母
的文字經常可見，維護或傳遞父權家族社會倫理的責任，置放在女性
「妻」（或「母」）角色的肩上，妻子的德性成就在於激勵或完成夫
或父權體制的德性理想。從這個角度看，這篇文字並不特殊。但是，
就傳統儒家對「朋友」的構想而言——以文會友，以友輔仁，朋友的
責任是責善成德[15]，敘事體中強調的是劉妻對於劉子責善成德。值得進
一步分析的是「德」的問題。

　　文中提及的德是以夫為實踐主體的「子孝」及「臣忠」，劉妻責
求輔助其夫成德，並實踐照顧、服事、犧牲的「婦德」。「德」的內
容有著性別分野，並且前已論及，這是階序性的分野。如果我們採不
同於傳統階序原則的另一種朋友觀，認為朋友、親人等不論性別、長
幼，都是成熟的個人，至少，是道德上相匹敵的個體，那麼，「公平」

---

[14] 同上註。

[15] 參呂妙芬＜陽明學者的講會與友論＞，《漢學研究》17:1，no. 33(1999)，頁
79-104。並 Joseph P. McDermott, "Friendship and Its Friends in the Late Ming,"
收在《近世家族與政治比較歷史論文集》（台北：中研院近史所，1992），
頁 pp.72-73。

應當是對於朋友關係的一種限制，它要求組成朋友關係的要素：適當的分享、利益與負擔。從這個觀點看階序原則對於「婦德」的構想，我們發現：婦德要求妻對夫作個人及家族方面的，如衣食及煩雜瑣事、性及生育、以及個人成德上的種種服務，而夫卻不須像妻服務夫一般服務妻，至少，「順於舅姑，和於室人，而後當於夫，以成絲麻布帛之事」[16]等貞順「婦德」的實踐者是妻而不是夫。如果成熟的朋友之間的親密關係是：她／他們想到，個人關係就是小型的社會系統，提供有價值的親密關係、支持與關心，而關係的維持需要置身其間者的努力[17]；那麼，顯然在上引劉子對劉妻的敘事裏，「盡心事奉」以至於「從死」作為一種德行被表揚，表達的即使是二個朋友間的互相支持與關心，由於二人社會角色的階序位置，這個關係就蘊含了「犧牲」的倫理。這個原則與上述「個人」性平等觀念下對於「朋友」的想像，完全不同。

劉子在這一段話中用了二次：「彼婦人乃能如是！」這句話蘊含的是：「婦人」本屬於「不能如是」的次一等的族類，而受表揚的則是「婦人」中「乃能如是」的例外分子。劉子作為夫，在第一個層次上，與妻子同為人，同為道德實踐的主體，但是，在第二個層次上，夫妻二人實踐不同的德性。而夫含括妻的表現，在這裏是夫既是妻子的丈夫，同時又是可以判斷「彼婦人乃能如是」的觀察者。

墓誌中敘及劉妻死前疾病，一句「乃今淑人所得於生死之際如是，真有學儒所不能者，且有學佛所不能者」，「終媿余之恍恍而生，惚

---

[16] 《禮記・昏義》。

[17] 參 Marilyn Friedman, *What Are Friends For?--Feminist Perspectives on Personal Relationships and Moral Theory*, Ithaca and London: Cornell University Press, 1993.

惚而死也」這話表面上是贊美其妻，而有一層自嘆不如的謙卑，但也透露了另外的消息。我們可以不與敘事者同聲氣，而做不同位置的閱讀。佛也好，儒也好，在一個堅韌的傳統女人面臨生死之際，哪一家學說能提供什麼真切的幫助呢？劉妻果真是對儒家德性本身奉獻出內在的忠誠，去實踐、去完成嗎？不必然。父權婚姻制度將一個女于圈進了夫家，照顧身邊的人是她生存與生命的不忍不然、不得不然、也是自然而然；她關心的是身邊人生命的安好；她也知道其夫必須生活在規範性、社會性、價值性的抽象的學術或道德世界裏，於是她在劉子上忤慈親時，用儒家的言語「爾為人子，事母可如是耶」勸告劉子，也在劉子面臨政治事變時，勉以「忠義無偷生」；但那不必然是她自己獻身的理想，否則，她在面臨生死之際，應向這些理想求慰解。再者，政治權力世界中，男人們的爭競衝突，帶來的常是無辜家人婦女生命的悽惶不安，──她／他們或要「號泣為行邇計」，或要「從夫死」。劉妻預見了劉子在這場混亂漩渦以及倫常道德要求之下的無可倖存，「吾從夫死」是面對現實無奈的選擇，這從劉子問：「何至是？」而她回答：「爾幾倖乎？」可見。

　　當我們這樣閱讀，文本出現了不與敘事者同聲氣的影子作為主體，然而這個閱讀出來的影子主體，在敘事體中，由於被階序位置高的夫（同時也是敘事者）所統攝，也就埋沒到階序原則所預設的先驗和諧整體中了。傳統順從敘事體的閱讀，則是認同敘事者的一種閱讀位置，會跟隨敘事者，複述他的含括位置，看見一個服事性、輔助性的階序關係裏的「良友」，忽略了上階主體的含括原則，忽略了階序格局裏第二個層次的不平等與第一個層次平等的互為結構，就將階序格局第一層次的含括性，誤讀成現代性的平等了。但是不與敘事者同聲氣的閱讀，一方面讀出上階位置的含括，一方面讀出形影不離的結

構，另一方面，也在文本中讀出了新的主體──她不一定認同敘事者
的價值，她在階序世界裏，做著自己的規劃，但她的主體性，被敘事
埋沒了。

　　階序原則下，影子主體與形主體之間，象徵秩序預設了一個和諧
的階序關係，在形所書寫的這個和諧的預設秩序裏，可以再現形影不
離式的階序性良友關係。然而，在階序原則的道德體系下，另有一些
罔兩（影子的影子）主體，她的社會階級位置可能已然先行閉鎖了她
成就德行的可能，在形主體的道德書寫中，無論如何她無法與形主體
跳出和諧的舞步。《人譜類例》中以下這則故事可以說明：

> 司馬溫公中年無子，夫人為置一妾，公殊不顧。夫人疑
> 有所忌。一日，夫人歸寧，令妾捧茶以進。適公方讀書，
> 妾乘間請曰：「此何書也？」公拱手正色曰：「《尚書》。」
> 而讀書自若。妾逡巡而退。

作為「妻」的女人為無子的丈夫置妾，丈夫接受了。妾作為一種社會
角色，她的正當功能是服事與產子。弔詭的是，恰恰就是在她履行這
項功能時，在敘事體中必須遭受將她納進家門、作聖賢功夫的讀書人
的輕視。從這段文字中，讀者讀不到這位「妾」在聖賢認可的「德行」
上有何缺失──「妾者，接也，適可接事君子」，然而她必須在讀「《尚
書》」的司馬公面前，尷尬地逡巡而退。亦即，一旦為妾，她在聖賢
書寫的道德上，必須失去頂天立地的尊嚴，這是階序社會角色在聲望
上的階序。於是，此妾若是不「捧茶以進」地卑屈自己事奉相公，會
有道德語言譴責她不盡職；但是，當她兢兢業業克盡職責，她在敘事
體中也正要因這個克盡職責而被羞辱。於是，與「妻」相比，在階序

體系裏，妻子可以如影，與形主體共同成就一種階序性的和諧，在一夫多妻的社會制度裏，夫－妻－妾的階序性和諧，透過「妻者齊也」建立。但在關乎聲望或道德的敘事體裏，「妾」在形影之外，如同罔兩。

經學聖學的人倫道德，基本上是穩定階序性社會制度的規範。《禮記·曲禮》中明言「天子有后，有夫人，有世婦，有嬪，有妻，有妾」、「公侯有夫人，有世婦，有妻，有妾」，聖人制禮作樂的世界，也是貴族社會分別階序而又和諧階序的世界。道德的不平等，結合的是自然的不平等與社會制度的不平等。宋真德秀《大學衍義·齊家之要》如下詮釋：「記古者天子，后立六宮、三夫人、九嬪、二十七世婦、八十一御妻，以聽天下之內治，以明章婦順，故內和而家理。天子立六官、三公、九卿、二十七大夫、八十一元士，以聽天下之外治，以明章天下之男教，故外和而國治，故曰天子聽男教，后聽女順，此之謂盛德。」[18]朱熹亦云：「夫婦之義，如乾大坤至，自有等差。故方其生存，夫得有妻有妾，而妻之所天，不容有二。」[19]劉宗周《人譜續篇》的「記過格」中，「無故娶妾」為大過之一。但過在於「無故」，而非「娶妾」。劉增貴研究魏晉南北朝時代的妾，曾指出：「妾的存在為禮、律所承認，其貴賤等級構成禮制及倫常的重要內容。」[20]妾通常來自社經體系的下層，為社會賤視，在家族中，有受寵者，也有當作財物以贈送或買賣者。禮制及倫常道德對於妾的討論，則著眼於尊卑階序的維繫[21]。於是，在聖學文本中，分析關於「妾」的敘事，如果視

[18] 真德秀《大學衍義》（台北：中國子學名著集成編印基金會，1987）卷三八，頁 1115。
[19] 《朱文公文集》，卷六二，＜答李晦叔＞第七書，頁 28 上。
[20] 參劉增貴＜魏晉南北朝時代的妾＞（《新史學》2：4，1991：1-36）頁 1。
[21] 另參郭松義＜清代的納妾制度＞《近代中國婦女史研究》4（台北：中研院

「妾」為一種罔兩主體,閱讀就不只是在聖賢文本中順從聖賢敘事,分析那些隱藏了階序性的聖賢道德(這些聖賢道德在現代化以後,又被努力解釋為合乎現代性的平等等價值)。新的閱讀可以透過閱讀認同位置的轉移,使得文本埋沒的主體出現。而眾罔兩作為主體而出現,不僅開展了罔兩主體空間,同時,對於聖學的結構,與社會制度間的佈署關係等等,都獲得不同的理解,而這種理解也希望是對於歷史中眾弱勢主體比較公義的理解。

結語與研究展望

　　十九世紀末二十世紀初,「中國」開始邁向現代化的歷史時刻,出現了「婦女」或「男女平等」或「男女平權」的議題,本研究顯示,這些議題的出現,放在歷史脈絡中,與帝國/國族慾望、知識分子的歷史形構與藍圖、翻譯政治、傳統的延續等等議題糾結,不止是一個性別的覺醒。然而,面對「男女平等」論的興起,身體、性別、性、與慾望的各種差異,卻尚未被認真探討。在性/別研究上,我們實在需要發展更細緻的分析模式或是分析差異的工具,使我們得以更敏銳於辨識不同的性別化的身體、慾望,及其時空特殊性,以及特定結構或文化的陰影。這些結構或文化陰影,可能持續縈繞著各種主體以及非主體或是次主體的形構。如何在既有的各種二元框架內/外,尋得一個可以變化、可以改變、可以逃離框架侷限的位置,一種脫離二元思考的位置或視野,是十分重要並且必要的。《莊子》「罔兩問景」寓言,給了我們相當的啟發,同時還具有進一步的開展性。另一方面,就再

近史所 1996,頁 35-62)。

現的問題言，再現涉及歷史文化形構，有必要從理論的層次上對於中文系統的特定文化歷史形構以及再現制約的眾系統，作一種可以翻轉主體位置的基進性分析。而性/別研究方面，如果要脫離兩種性別的兩性框架，看到在歷史中兩種性別如何在歷史中與其他體系作用，「罔兩」作爲一種影子的影子，您的身體與慾望，以及，罔兩作爲一種飄零離散的經驗，作爲一種不同於「形體」的生存主體，一種難以看見的（非）主體性，如何在「形體」主體的公／私領域規劃之內／外構成一種難以形體主體辨識的生存空間、與「主體」或「身體」概念在性／別上的特定性，以及烏托邦式女性主義想像在性別主義下的盲點。眾罔兩主體性在不同的歷史時空裏，以如何不同的方式被隱沒或被顯現，當被顯現時，彰顯的究竟是什麼，都是必須認真探索的。

　　我們有必要從事進一步的研究，也許，不止是在現有兩性的框架內以不同的方式穩固性別體系，而是可以站在一個兩性框架以外的跨性別(transgender)主體/題這個議題上，不僅止是在現有的兩性之外，增加一種第三類的性別，而是，透過這個議題，進入到理論/運動/閱讀與書寫的諸層面，得以從滑落於正常模範標準性別之外的一個位置，基進地看見性別作爲一種體系，與其他眾再現系統的糾葛與問題性。同時，我們也可以不孤立性別的議題，而看見它與其它歷史作用力、其它權力關係或體制或再現眾系統的關係。

　　《莊子》「罔兩問景」寓言中的形、影、罔兩，提供的是一種也許可以脫離二元思考的可能的關係形構。我們可以用這個關係形構思考「主體」的問題，於是我們可以問：在現存的諸論述中，究竟有沒有空間，使得罔兩成爲一種異於形，也異於影的慾望主體而被辨識？舉例來說，我們可以把形比方成「男」，影比方成「女」，影在某個時刻可能可以發聲，成爲另類主體（例如女性主義主體），但是，如

果只在男女二元的框架中，形與影認同/抗拒，問答之間跳著和諧的舞步，可能忽略了發問的是在同一空間中卻不是形也不是影，身體與慾望都不相同的罔兩。

形、影、罔兩也可以是關於「主題」的，「主體」與「主題」可能有另外的方式思考它們的關係。「主體」這觀念不全等於生活於歷史中的個人。是一個範疇，一個位置，組成「主體」，亦即意識型態宣稱的「我」，意識型態論述本身把我們組成論述中的「主體」，因此，對於「主體」的理解，可能在於「主體化」的過程。那麼，主體可能透過主題塑型。有些文本，在不同的主題下閱讀（書寫），可能會看見相當不同的主體，或者，使得一些主體/題再現成為（不）可能。本研究顯示，從「君子」的位置閱讀敘事體中的「妾婦」，與從「妾婦」的位置閱讀敘事體中的「君子」，會讀出相當不同的主體與主題。前者穩定一種結構，而後者可能開放出新的空間。閱讀位置的翻轉，是釋放新的主體空間的可能方式之一。

在特定諸意識型態或諸歷史條件作用下，論述系統所形塑的主體，何者是形，何者是影，何者是罔兩，不是本質性的既定不變的。生活於歷史中的個體，其主體性是眾多再現系統或身分認同、位置等範疇交織的結果。在男女兩性的「生理性別─社會性別─性慾」緊密扣合的異性戀主義思考框架裏，「同性戀」可能成為一種罔兩性的存在。但是，某些歷史時刻的意識型態論述裏，比方說所謂多元民主空間裏，在一種本質性的二元思考而不考慮其他價值階序下，很可能「異性戀」有如「形」，「同性戀」有如影，但即便「同性戀」作為一種論述形塑的主體身分，在某一時刻公共領域中有了說話空間，成為一種另類主體性，但是，這種另類主體很可能仍然在「普同性」地想像普天下一致的模範「異性戀」形構的隨形之影，塑造出一種想像中普

天下一致的具有「進步性」或「顛覆性」的「同性戀」。但是由於公
共空間裏說話位置的必然「幸」而爲「人」、「有明確性別的人」、
「有明確國家或種族或族群身分的人」、「知識階級的人」、「具有
明確可見性社會身分的人」，而忽略了不同時空、不同再現系統或意
義系統或意識型態系統交織或不同型態接合之下，種種的罔兩性。多
元主義所謂的另類主體，在穩定既成秩序的價值系統上，可能不會或
不能造成干擾。於是，仍然聽不到或聽不懂罔兩的問題。罔兩可能不
是另類主體，而是多元民主現代社會舉列另類主體時仍然可能遺忘或
者仍然要排拒的影外之影，一種離散飄零的經驗。而有些罔兩主體再
現的（不）可能，可能要由層層交織的再現眾系統眾意識型態抽絲剝
繭，因爲牽涉的可能不止是性別再現系統。

　　如果有所謂的後殖民，在思考形構上如何逃脫二元的困境，而在
種種複雜性中，不只以殖民者爲對話或抗拒的對象。而是能夠在思考
民主、平等、差異等議題上，獲得一種視野，存活更多可能的異形或
異議，也是值得我們努力再思的。前已論及，「形、影、罔兩」的關
係形構，也可以提供此地思考後殖民議題的參照。就近代歷史過程而
言，「西方」可能是一個巨大的「形」，而從晚清知識分子對於「西
方美人」的慾望，以及晚清以來建造國族主義過程中構築的傳統「中
華文明」，不論是築成要揚棄的「封建傳統」，或是相對於「西方」
而締造一個不同的「中國」（「中國」的不同在於不同於「西方」），
都有可能成爲影子式的「本土主體」，由於「中國」的「大」，可能
這會是一個相當「大」的影子，如果只站在這個影子的位置上，不論
是慾望西方或是解構西方，如果興趣只在於「中國」的解構或是「西
方」的解構，都可能仍然是如影隨形，而忽略或生產新的不容於民主
進步社會、爲「西方」與「中國」都無法辨識或不承認的罔兩。如何

看見罔兩的異於形,異於影,同時在同一時空裏生存,具有同等的生存權,更有不同的可能性,是值得再思的。

在文本的重讀方面,罔兩位置及其飄零經驗的再現如果成爲可能,那麼,我們將可獲得與標準常模性的形影式閱讀極不相同的非宰制式的閱讀-書寫格局。一種不可能獲得自古至今普天下一致的普同化主體,不可能獲得一個沒有衝突矛盾沒有碎裂多重性的完整標準簡化的主體,不可能獲得一種簡單明瞭統一的書寫或統治的秩序。這是認識或貼近罔兩性弱勢主體或經驗的一種進路,同時也是認識生存空間複雜性的一種進路。

附錄

遊牧 · 性別 · 主體性
——《莊子》用言方式「與」性別政治[1]

一 · 前言：「與」[2]的意義

所謂父權的文本與所謂女人的文本，究竟是不是反命題？或者是同一意義？敘事者的文本，同時也是她的文化的文本，那麼，當所謂女性研究介入所謂男性學術思考時，一定造成典範性的改變嗎[3]？也

---

[1] 本文的部份內容，是為紀念錢新祖先生而發表，參劉人鵬＜遊牧主體：《莊子》的用言方式與道──用一種女性主義閱讀（錢新祖的）《莊子》＞《台灣社會研究季刊》29, 1998: 101-130。全文之撰寫，獲行政院國科會的補助，這是專題計劃「莊子的語言觀（I）：莊子的用言方式與道的本體論」（NSC 87-2411-H-007-005）研究成果之一。

[2] 宋家復曾經討論「與」字，參宋家復＜思想史研究中的主體與結構：認真考慮《焦竑與晚明新儒學之重構》中「與」的意義＞收在《台灣社會研究季刊》29 (1998: 39-74).

[3] 女性主義思考與學科知識建構的理論討論，可參 McCarl Nielsen, "Introduction," in Nielsen ed., *Feminist Research Methods: Exemplary Readings in the Social Sciences.* (Westview Press, 1990)；Zuleyma Tang Halpin, "Scientific Objectivity and the Concept of 'The Other' " (*Women's Studies International Forum.* Vol. 12, no. 3, 1988: 285-94); Nancy Tunana, "The Weaker Seed: The Sexist Bias of Reproductive Theory." *Hypatia*, vol. 3, no. 1(Spring, 1988: 35-59); Kelly Gadol, "The Social Relations of the Sexes: Methodological Implications of Women's History," in Harding, Sandra. ed., *Feminism and Methodology.* (Bloomington: Indiana University Press, 1987: 15-28); Margaret Fonow and Judith Cook, "Knowledge and Women's Interests: Issues of Epistemology and Methodology in Feminist Sociological Research," in Nielsen ed., *Feminist*

許,沒有一個普遍性的答案。我們或許可以把文本都理解成一種矛盾衝突騷動論述的拼貼文本。本論文打算特別考慮的是「閱讀主體」的問題,以閱讀的時空以及文化資源與知識立場的「差異」,試圖作差異的閱讀。並且避免天真地預設一個單純原初的《莊子》原意。正如費絲(Diana Fuss)所言,主體位置是多重的、流動的,並且是變化的,讀者們可以同時據有幾個「我」的孔隙(I-slots),這種散離的狀況顯示,沒有一個讀者和他或她自己是同一無二的,也沒有一種閱讀是不具有內在矛盾的。閱讀一個文本,並沒有一種「天然」的方式,閱讀的方式總是帶著時空殊異性,並且隨文化改變的,而閱讀的位置也總是被建構的,被指派的,或被劃定的。把閱讀的理論建基於主體上,就會瓦解任何關於「本質性讀者」的觀念。如果我們可以從多重主體位置閱讀,那麼,閱讀這個動作,就可以成為動搖我們不再相信固定主體與本質性意義的一股力道[4]。羅蘭·巴特(Roland Barthes)曾經指出「文本」(text)與「作品」(work)之不同,「作品」是指某種完成的物品,在物理空間中佔有一個位置,比方說,在圖書館的書架上,內容則限於封面內的書寫;而「文本」則是一個方法論領域,一個活動的過程[5]。《莊子》作為一個「文本」,考慮到它在歷史中透過

Research Methods: Exemplary Readings in the Social Sciences. (Westview Press, 1990); Sandra Harding, "Introduction: Is There a Feminist Method?" in Harding ed. *Feminism and Methodology.* (Bloomington: Indiana University Press, 1987); Ann Garry & Marilyn Pearsall, *Women, Knowledge, and Reality: Explorations in Feminist Philosophy.* (New York and London: Routledge, 1992).

[4] Diana Fuss, *Essentially Speaking: Feminism, Nature and Difference* (New York: Routledge, 1989) p.35.

[5] Roland Barthes, "Theory of the Text." in Robert Young ed., *Untying the Text: A Post-Structuralist Reader*, (London and New York: Routledge, 1981: 31-47); Roland Barthes, "From Work to Text." *The Rustle of Language.* trans. by Howard,

閱讀詮釋以及文化生產機制的種種活動,尤其是意義生產的過程,我們很可以讀到多重的意義,或者,隨時空不同而產生的新意義。在當前這個時空裏閱讀莊子,本研究的一個參考重點是當代女性主義對於某些哲學與知識的反省思考。但本文並不想把「莊子」與「女性主義」都本質化,以一種類似「中體西用」的概念架構[6],把「女性主義」或任何後現代後結構主義「用在」《莊子》研究上,以解說《莊子》的新義;而是試圖以一種當代學者闡釋過的《莊子》「相互主體性」的觀念,與我們所理解的一種女性主義的理論立場,嘗試作一種互為主體的閱讀。嘗試放棄一種對於作品固定意義的堅持,而探索「出入異文化」[7]的可能。

　　當儒、墨、名家等百家爭鳴的時代,莊子是針對當時的學術背景,思考反省出某種語言觀;而西方當前的哲學思考,則針對西方理體中

Richard. (Oxford: Basil Blackwell, 1986: 56-64)
[6] 「中體西用」其實是帝國主義發展時,被殖民國家可能有的被歷史證明為不理想的抵抗模式之一。以西方文化與本國文化作內／外之區分,類似的想法在印度也曾出現。亦即,選擇性地挪用或應用「西方」,而又堅持固守住本質的認同,已有學者指出,這樣「精神分裂」的自我,註定會在認識中．西雙方都失敗,因為,一方面內化了西方知識論的模式,一方面又堅持一個不能為外來知識所污染的內在自我,使得要生產出關於自我的歷史知識之所在,卻被歷史過程驅逐,失去歷史性。參考 Partha Chatterjee, "The Nationalist Resolution of the Women's Question." in *Recasting Women: Essays in Colonial History*. eds., Kumkum Sangari, Sudesh Vaid, (1989, New Delhi: The Book Review Literary Trust, 1993)以及 R. Radhakrishnan, "Nationalism, Gender, and the Narrative of Identity," in *Nationalisms and Sexualities*, eds., Andrew Parker, Mary Russo, Doris Sommer and Patricia Yaeger. (New York & London: Routledge, 1992).
[7] 關於「相互主體性」與「出入異文化」,請參考鍾月岑〈比較分析措詞、相互主體性與出入異文化──錢新祖先生對比較研究的另類選擇〉《台灣社會研究季刊》29(1998:75-100)。

心的傳統，蘊釀其語言觀。那麼，究竟要以何種方式將二者並列？有
沒有可能不由傳統「作者」或「哲學家」爲主的研究取向，而由「讀
者」政治位置的不同作研究，開發不同的意義？這是本文所嘗試努力
的。

　　首先必須說明，本文以一種性/別研究的角度，介入《莊子》的閱
讀，這種書寫或研究的意義或可能性所在。

　　在方法論上，本文並非以「同一性」爲取向的作品或思想研究，
亦即，意不在於掘發或詮釋《莊子》的（非/反/是）女性主義思想
或是性別觀念等。《莊子》作爲某一歷史時空的作品，與性/別研究作
爲另一歷史時空的學科或思想、論述，二者究竟可以在什麼基礎上、
以什麼樣的方式關連？這是必須先被問題化的。漢學界曾有多位學者
將女性性別特徵與道家理想聯繫[8]，這個研究取徑的問題在於，這是以
現成的或常識性的「男－女」或「男性化－女性化」的日常性別體制
中的性別規範爲想像的基礎，附會出道家使用意象或其特質的性別，
辨認道家或「中國」哲學是男性或女性或雌雄同體。另一方面，在西
方漢學的脈絡下看，這同時也與「中國」哲學作爲可用以對照或批判
「西方」的他者，而被「東方化」或烏托邦化（也就是性別符號上的
女性化）有關[9]。本文則希望採用一種「莊子『*與*』女性主義」式的閱

---

[8] 李約瑟(Joseph Needham)通常被指爲此說代表。參 Joseph Needham, *Science and Civilisation in China*, (Cambridge: Cambridge University Press, 1954) pp. 151-152; 中譯：李約瑟《中國之科學與文明》第二冊（台北：商務，1980）第十章，特別是頁 232-233。治思想史的學者探討道家，亦多論及所謂「女性」性別特徵。例如，Authur Waley, The Way and Its Power: A Study of the Tao Te Ching and Its Place in Chinese Thought, (New York: Grove Weidenfeld, 1958) p.57; Max Kaltenmark, Lao Tzu and Taoism, (Stanford, California: Stanford University Press, 1969) pp.58-60 等。

[9] 另外一個著名的例子是 Julia Kristeva 的 *About Chinese Women*, Anita Barrows

讀，以差異閱讀，同時讀出差異，而差異包括內在與外在的。用「與」字聯結二者，其意義可以參考德勒茲（Gilles Deleuze）對「與」字說法，羅貴祥解釋道：

> 對德勒茲來說，主導語變向少數語才有意義，反過來的變向只會製造另一個新的主流，對瓦解權力核心及架構毫無益處。同時，德勒茲也解釋說，「變向」（筆者按：becoming）不是模仿，也不是同化，所以不是一個單向的過程，也不是二元對立的模式。他以黃蜂與蘭花的變向為例：黃蜂與蘭花相遇，黃蜂從蘭花中採蜜，黃蜂變為蘭花繁殖機器的一部份，而蘭花也變為黃蜂的性器官一部份。兩者形成一個獨特的變向過程，是一種對話。它們兩者的變向關係在於「與」這連接詞上。「與」對德勒茲來說，不是一個簡單的連接詞，而是近乎一個「張量」的符號，它包含著黃蜂與蘭花交接的無窮變數。「與」本身就是變異，它不是非黑即白，而是非黑非白，也可黑可白。「與」是一個過渡，一種聯繫，也是一堵阻隔的牆、一塊狹路爭鬥的領地。「與」本身就是一個複雜的變項，一條逃走的線，從僵化的二元對立之中逃走出來的線路。[10]

　　「差異」的哲學是重要而且迫切需要的，我們的確需要一種能夠視「差異」為「差異」，而不會將「差異」視為異端或低下或不正確，

(trans.), (New York・London: Marion Boyars, 1986[1974]).
[10] 羅貴祥《德勒茲》（台北：東大，1997）頁 67。

或者將差異簡單歸納爲相同或類比，或者含括於一個更大的整體的思考或書寫方式。用「與」字聯結《莊子》與「女性主義」，是要對《莊子》作一種差異的閱讀，變向女性，同時也對「女性主義」作差異的閱讀，變向莊子。這個莊子，可能是一個具有多重性的文本。就立場言，如果女性主義明顯假設了性別正義，則莊子並沒有，但是，如果如本文所闡釋的，莊子體現了一種遊牧性的用言方式並且看見某些差異，那麼，女性主義可以在這一點上變向莊子。女性主義在此的變向差異，一方面是變向內部差異，同時也是聯結其他差異政治。「與」字同時攪動二者的疆界。這個「與」字必然是「一個過渡，一種聯繫，也是一堵阻隔的牆，一塊狹路爭鬥的領地」，因爲攪動界限從來不會是一件輕易的事，界限之所以是界限，就是一種暴力或權力的宣示，要過渡，要聯繫，要爬牆，都會是一種奮力爭鬥。在這塊狹路爭鬥的領地裏，「與」的過程一方面要辨識二者的差異，而另一方面，也在聯結中看見聯結後變種的差異。同時，又是透過這種遊牧意義的「與」字而從二者出走。因爲看見《莊子》作爲一個閱讀文本，本身就具有差異性，而「女性主義」作爲一種再思考，也不可能是一同質而固定的整體。這也就從中國／西方，材料／理論，女性／男性等等的二元對立項試圖逃逸。然而這種逃逸不能也無法是形而上的超越，必然要在「與」這個狹路空間裏血肉交鋒地纏鬥。

其次要討論的是，爲什麼「性別」可以是一個重要的差異閱讀的位置？

「性別」角度的出現，當然是眼前時空新學術或社會運動背景所提供的一個立論或思考的資源。就像任何一部書的閱讀，詮釋總是帶著詮釋者的時空背景，當代學術視角的含納於任何一部書的詮釋系統，從來不是一件令人訝異的事。但「性別」角度之進入《莊子》，仍然

有其具體特殊性必須說明。

一方面，《莊子》特殊用言方式或書寫文體的主張與實踐，格外容易邀請到讀者的參與式閱讀[11]，也就是，《莊子》通常不以一種權威者的論說方式，將讀者放在臣屬的、接受的位置，而是以寓言、說故事的方式，召喚讀者一起思考。這可以是拒絕同一而肯定差異的一種書寫方式，同時可以召喚差異的閱讀。卡特·米萊（Kate Millet）曾經抨擊傳統對於閱讀的等級式假設，亦即，假設作者是作品意義的源頭及最高權威，向讀者說話，而讀者／批評必須謙卑聆聽，這是父權的書寫／閱讀結構[12]。就一般詮釋的《莊子》來看，《莊子》的書寫方式無疑不是那麼父權的。「寓言十九，重言十七，卮言日出，和以天倪」，這種種流動而意義來源位置具有多重性的語言方式，必然使得意義難以定於一尊，也抗拒定於一尊的意義。這是在用言方式上的可親性。然而，就歷來對於莊子的詮解看，正如任何古典著作一般，性別政治的角度是缺席的。

再者，從西方男性解構思想家的解構思想與女性或女性主義的關係看，性別這塊爭戰之地的拉距，也反應了書寫與主體經驗的複雜辯證。正如一些女性主義者指出的，西方許多當代男性解構思想家，其哲學思考雖指向反父權、反理體中心、反陽具中心，而表揚了「女性」，但這種哲學中的「女性」，作為一種隱喻，可能與實際的女人無關。

---

[11] 關於這一點，吳光明有說，參 Kuang-ming Wu, *Chuang Tzu : World Philosopher at Play.* (Chico, CA: Crossroad Pub. Co.; Scholars Press, 1982); Kuang-ming Wu, *The Butterfly as Companion: Meditations on the First Three Chapters of the Chuang Tzu.* (Albany: State University of New York Press, 1990).

[12] Kate Millett, *Sexual politics.* (New York : Simon & Schuster Millett, 1990[1969]); Toril Moi, *Sexual/Textual Politics: Feminist Literary Theory.* (Londen: Routledge, 1985).

不僅如此,當一個女人以女人的主體身份去認同、援引解構思想時,結果可能是被解構思想將出發點(女人主體)瓦解掉[13]。然而這也不表示解構思想與女性主義無關或無益,因為,「關係」總不是非有即無的,解構思想與女性主義的關係,仍是一再要被再詮釋、再思考的課題。[14]。另外,前文略述及,先秦學術中,在一般說法裏,道家被認為是相當具有「女性」意識或意象的,尤其老子[15],而莊子則可能有其他源頭[16],作品本身與性別意象相關者並不明顯。《莊子》與女性主義閱讀的關係,不可能是因為它內蘊了性別意識而須加以闡發詮解,而是,作為一種被我們辯識為非/反父權的書寫文本,在我們有意將「性別」差異[17]納入閱讀的倫理之下,作為一種閱讀遊牧的策略,使得《莊子》不再像大部份的經典一般,被認為與性別無關,或者具有負面的關係。這個閱讀,著重的不是標準化或制式學科化的經典閱讀中所強調的原意解讀,而毋寧是視《莊子》為目前仍在生產意義的文本,在閱讀倫理的性別正義關懷之下,選擇了一部在用言方式上具有親和力的古典著作,使得對於《莊子》的閱讀多出性別政治的面向,而對於女性主義的閱讀,也多出遊牧的面向。

---

[13] Spivak, Gayatri. "Displacement and the Discourse of Woman," in Holland. J. Nancy. ed in Holland. J. Nancy. ed *Feminist interpretations of Jacques Derrida.* (University Park, Pennsylvania: Pennsylvania State University Press, 1997: 43-71).

[14] Holland. J. Nancy. (ed). *Feminist interpretations of Jacques Derrida.*

[15] 最近再度發揮此說的是楊儒賓＜道與玄牝＞《台灣哲學研究》第二期(1999:163-195);又參蕭兵・葉舒憲《老子的文化解讀──性與神話學之研究》(武漢:湖北人民出版社,1993)。

[16] 參考張亨＜莊子哲學與神話思想──道家思想溯源＞《思文之際論集:儒道思想的現代詮釋》(台北:允晨,1997:101-149)。

[17] 關於性別差異作為本體論及倫理學上的堅持,詳下文 Braidotti 之說。

　　就當代女性主義或性別研究而言，作爲一種跨學科的批判性學術，以及一種研究立場及視角，它已進入了傳統的各個學科領域，如文學、歷史、科學、政治、社會、人類學等等。性別作爲一個分析的範疇，或是特定的立場或視角，特色常在於：絕不是在原有學科典範內「加上」「女性」或「婦女」的研究[18]，而是，由於「女性」視角的介入，而使得既定學科的基本預設與方法論都受到挑戰。「女性主義」基本上是一個知識論上的轉變與挑戰，這在許多學科的女性主義研究中都已見到[19]。就這一點而言，以性別角度進入《莊子》的研究，並不需要《莊子》本身與當代女性主義思想有關。但是，由於《莊子》的書寫方式之不父權，因而莊子與女性主義的關係必將更耐人尋味。再者，因爲二者之間可能交雜了認同、挪用、抗拒、共享、玩耍、逃逸的多重緊張性，也就無法固著於二者的任何本質性，而能在德勒茲式的「與」字中，遊牧於遊牧。

　　另外，法國女性主義學者伊希葛黑(Luce Irigaray)的說法也值得我們參考。她在批評現代性中，極其重要的一點是，她抨擊了理性與陽性或男性的共謀。她說，論述的主體總已經是一個性別化的主體，那

---

[18] 關於在原學科典範中「加上」婦女研究的問題性，簡要可參 Sandra Harding, "Introduction: Is There a Feminist Method?" 其中 "Problems with 'Adding Women'" 一節。

[19] 在不同學科中的情況，可參歷史學 Joan Scott, "Gender: A Useful Category of Historical Analysis." in *Gender and the Politics of History*, (New York: Columbia UP, 1988: 28-50)；科學 Harding, Sandra.作，江珍賢譯＜女性主義，科學與反啟蒙判＞《島嶼邊緣》1:2, (1992: 57-76); 以及社會學 Abbott, Pamela and Wallace, Claire 著，俞智敏，陳光達，陳素梅，張君玫譯《女性主義觀點的社會學》(台北：巨流，1996)；哲學 Sneja Gunew, *Feminist Knowledge: Critique and Construct*, (London and New York: Routledge, 1990); Seyla Benhabib & Drucilla Cornell (eds.) *Feminism as Critique* (Minneapolis: University of Minnesota Press, 1987).

個主體，不可能是純淨、具有普遍性，或是性別中立的。而伊的作品
有二個目的，一是藉著閱讀西方本體論的歷史，揭露並瓦解掉男性與
理性及普遍性的聯結；二是，在她自己的作品中發出並且呈現一種隱
然被理體中心所併吞的「女性」或陰性的聲音。這個作法的重要性在
於，表達一種從來沒有被好好再現過的具體陰性，表達一種徹底的女
性的具體現實，同時也不切斷與西方男性哲學大師的對話[20]。布萊朵緹
(Rosi Braidotti)說，伊的這種文本策略，其政治性在於：她拒絕將現實
與象徵割裂，亦即，拒絕將論述中對於女性的討論，與歷史上的女人
現實情境分開。換言之，「女性」成為所有文本以及理論論述過程之
盲點的事實，意味著女人的聲音被埋葬在別人——男人的聲音裏。伊
的著作意在於從西方哲學文本開始，重新發現或表達這種聲音。而這
都基於她的一個假設：相信性別差異的本體論基礎。因此，認知到女
人曾經受到的束縛與再現的壓抑，是邁向其她任何象徵秩序之解放的
第一步。強調性別差異，於是成為一種本體論與倫理學上的堅持，一
種走出具體差異的主體性的方式[21]。

　　當然，女性主義不論作為一種政治立場或是理論，它必須承認，
也必須面對，它會像所有的政治立場與理論一般，面對它自己必然會
有的侷限與各種內在矛盾。已有女性主義學者指出，女性主義終要到
一個階段，是它不僅是要在「性別」(gender)的立場上，與外在的批評

---

[20] Luce Irigaray, *Speculum of the Other Woman*, trans. by Gill, Gillian C. Ithaca.
(New York: Cornell University Press,1974); Luce Irigaray, *This Sex Which is not
One*. trans. by Catherine Porter, Ithaca, (New York: Cornall University Press,
1985[1977]).

[21] Braidotti, Rosi. "The Ethics of Sexual Difference: The Case of Foucault and
Irigaray", Rosi Braidotti, *Nomadic Subjects: Embodiment and Sexual Difference
in Contemporary Feminist Theory*, (New York: Columbia UP, 1994:124-135).

與侵襲（如反女性主義，陽具中心主義，父權主義等）作戰或答辯，更要面對它自己的內在限制——譬如對於「性」（sexuality）的分析來說，女性主義立場總是異性戀機制下[22]、受兩性性別體系的侷限。當然，這個問題在本文的討論中，尚未出現。此處看見的是，思考可能有一個暫時的出發點，但是終究不能止於任一固著之處以為終點。正如本文所闡釋的《莊子》：因為「道」本身是辯證的、不定的、無限的物化過程，道本身就不是可以界定的穩固實有，因此模仿道的「言」或「名」當然不可能有確定或完全的意義。但這是一種抽象的普遍性本體性的原則，落實來說，如果不割裂現實與象徵，在歷史／文本的實踐中，每一個「名」的遊牧，仍有其各自的地域與路徑。每一個具體的「名」在歷史中成立，也將在歷史中生老病死或再生。

二 · 《莊子》的遊牧與遊牧眾主體[23]

---

[22] Elizabeth Grosz, "Ontology and Equivocation: Derrida's Politics of Sexual Difference," in Holland. J. Nancy. (ed) *Feminist interpretations of Jacques Derrida* (1997:73-101)。 女性主義以社會性別（gender）為注目的焦點，侷限於男女二性的性別分析，也是在異性戀體制的框架中，對於跨性別或性別模糊的人，或是性傾向的差異等，則顯出分析能力的侷限，亦即，看見了性別（gender）階級或不公義，而忽略了性(sexuality)的階級或不公，這在晚近的女同志或酷兒理論中，屢見討論，經典之作參 Gayle Rubin, Rubin, "Thinking Sex: Notes for a Radical Theory of the Politics of Sexuality," in Henry Abelove, Michele Aina Barale, David M. Halperin (ed.) *The Lesbian and Gay Studies Reader*, (New York: Routledge, 1993: 3-44 [1984]). 對於異性戀作為一種機制的理論分析，參 Adrienne Rich, "Compulsory Heterosexuality and Lesbian Existence," in *The Lesbian and Gay Studies Reader*, pp. 227-254.

[23] 這裏使用「眾主體」一詞，一方面因為 Rosi Braidotti 用了 Nomadic Subjects 一詞；另一方面，則因為當不再假設主體的統一完整性時，主體總已經是複數了（詳正文討論）。用「眾」字表達這種意義的複數，同時可以聯想的意義是「眾罔兩」的「眾」。罔兩位置的主體，其主體性總已經被建構成

奚密曾將莊子與德希達(Jacques Derrida)作比較研究，著眼於二者相通之處。她認為，在思想上，二者均代表了一反傳統、反常規的立場；二者思想在表面反叛性或否定性的背後，是一股徹底自由與創造的精神；兩者的寫作風格亦如其思想，是超常規、具煽動性的；二者均極關切語言問題，均有播種者的重要地位，不僅在哲學上有卓越貢獻，且對文學理論與批評有深遠影響[24]。廖炳惠則指出，「奚密在文章中由德希達的思想，至莊子的風格其實均圍繞著『寫作』的概念。」所謂「寫作」或「書寫」，指的是羅狄(Richard Rorty)所闡釋的德希達：謂哲學是一種書寫[25]。奚密曾將「道」與德希達的「延異」作比較，並且就「延異」與「道」二方面論莊子與德希達之相似。在論及莊子「道樞」的問題時，她說：

> 「道」又以「樞紐」之意象來表達。「樞紐」本身無所謂「開」或「關」，但它卻使得門之開關成為可能。同樣的，「道」非「有」亦非「無」，但它卻使有無之相生成為可能。在德希達論述「延異」之文字裏，他亦曾使用「樞紐」這個意象。這種發現絕非僅是修辭上的巧合；它指向某些「道」與「延異」間的相通之處。（奚密 1983:17）

一種「眾」性而非個別性的主體了。

[24] 奚密〈解結構之道：德希達與莊子比較研究〉《中外文學》11:6 (1983：4-31) 頁 4-5.

[25] Richard Rorty, "Philosophy as a Kind of Writing: An Essay on Derrida." *New Literary History* 10 (1978: 141-160)

在奚密全然由「相通」處出發的比較裏，無可避免地消泯了二者之異。
錢新祖則堅持二者有異。他說，莊子的「道」是本體論的[26]，而不止是
書寫，不止是語言。他認爲，道是終極的真實，而道變化不居，爲一
種動態的存在，萬事萬物相互轉化，相生相依相滅，也是自我否定自
我磨滅。《莊子》所肯定的用言方式，即是根據他所經驗或體驗到的
宇宙的一種模仿，因爲宇宙本體本身即是恆常的無限的辯證的「物化」
[27]過程。錢新祖曾論及佛家與道家的語言觀[28]，在討論《莊子》時，他
指出，《莊子》所謂「道樞」，可視爲其理想用言方式的象徵[29]。「道

---

[26] 錢新祖在提及他與 Michelle Yeh, "The Deconstructivist Way: A Comparative
Study of Derrida and Chuang Tzu" *Journal of Chinese Philosophy* 10:2 (June
1983: 95-126)一文之不同意時，說明此一關鍵。參 Edward T. Ch'ien, *Chiao
Hung and the Restructuring of Neo-Confucianism in the Late Ming.* (New York:
Columbia University Press, 1986), note 181, p.309.

[27] 《莊子・齊物論》：「昔者莊周夢爲蝴蝶，栩栩然蝴蝶也，自喻適志與！不
知周也。俄然覺，則蘧蘧然周也。不知周之夢爲蝴蝶與，胡蝶之夢爲周與？
周與蝴蝶，則必有分矣。此之謂物化。」錢新祖說：「在莊子的思想體系
裏，終極實際的宇宙之『道』本身和宇宙間的萬事萬物都是一種變的動態
存在，並且，這種動態存在所涉及的變，也還是一種可以互相轉化的變，
是一種『不知莊周之夢爲蝴蝶，抑或是蝴蝶之夢爲莊周的物化之變』。」
見錢新祖＜佛道的語言觀與矛盾語＞，在《出入異文化》（新竹：張天然
出版社，1997：149-186）頁 163。「莊周夢蝶」是歷來註莊解莊者極感興
趣的一則寓言，不同的寓意解讀與不同的對莊子思想的理解，都造成對「物
化」一語不同的詮釋。由於此非本文重點，暫不分析諸家解讀。

[28] Edward T. Ch'ien, *Chiao Hung and the Restructuring of Neo-Confucianism in the
Late Ming*, pp.152-178; 這一部份的文字，錢先生曾以英文發表：Edward T.
Ch'ien, "The Conception of Language and the Use of Paradox in Buddhism and
Taoism." *Journal of Chinese Philosophy* 11:4 (1984: 375-399), 後來翻譯並改寫
爲中文，發表於《當代》，題爲＜佛道的語言觀與矛盾語＞，今收在《出
入異文化》。

[29] Edward Ch'ien, *Chiao Hung and the Restructuring of Neo-Confucianism in the
Late Ming.* (New York: Columbia University Press, 1986) p.160.

樞」的「樞」，《說文》謂：「樞，戶樞也」，段玉裁《註》：「戶所以轉動開閉之樞機也。」樞必須插入一個固定的槽臼中，才能起作用而轉動，故有一定之位所，且居於「環中」的中心地位；亦即「樞始得其環中」，但是它卻不面對一定的方向。沒有固定的方向而能「以應無窮」[30]，這也就是《莊子》首篇所謂的「逍遙遊」：不想望一個固定的中心，不執著於一定的目的，這樣一種理想的用言方式，從哲學上說，就是一種遊牧的宣成(nomadic performance)。錢先生認為，《莊子》中有一種近乎德希達對於尼采式(Nietzschean)「無中心，而非失去中心」的「欣欣然而樂與」[31](joyous affirmation) 之讚揚，然而二者畢竟有異。德希達的「無中心」，單單範限在語言場域，而語言所指涉的乃是語言符號系統的自我指涉；語言之所以能互相取代，只是文字或符號的遊戲，是語言世界中的遊牧。《莊子》則不然，《莊子》理想的用言方式，固然是說話與聽話時都能逍遙遊，不以任何人的話作固定中心，從一個語言符號系統跳出，同時又進入另一語言符號系統；然而，對《莊子》來說，其所以可以跳出為他者或異類(alterity)，卻不只是文字遊戲，而同時是本體上的原則，有宇宙本體上的憑據及意義。

　　錢新祖也曾說明《莊子》對於語言的神秘懷疑，以及弔詭地既懷疑語言、又大量使用語言。蓋《莊子》認為，不可道不可說的不只是終極意義的「道」實體，甚且包括個別的萬物。《莊子·則陽》：「道、物之極，言默不足以載，非言非默，議有其極。」亦即：「道」與「物」皆在語言之外存在。《莊子》曾特別譴責「辯」：「辯也者，有不見也。夫大道不稱，大辯不言。……道昭而不道，言辯而不及。」[32]並批

---

[30] 語出《莊子·齊物論》。
[31] 語出《莊子·知北遊》。
[32] 《莊子·齊物論》。

評儒墨之爭是非實爲「道隱於小成，言隱於榮華。」[33]但莊子[34]本人卻又好辯樂辯，並曾因辯友惠施之死而感歎「自夫子之死也，吾無以爲質矣，吾無以言之矣。」[35]莊子其實對於這個既懷疑語言、又大量使用語言的弔詭，有強烈的自覺，並且將其反諷意識具體表現爲以下言說：

> 今且有言於此，不知其與是類乎？其與是不類乎？類與不類，相與為類，則與彼無以異矣。[36]

任何話語無法成爲特權，因爲自己的話語和他人的話語同樣是自我磨滅、自我取消的。其所以如此，則是因爲《莊子》認爲任何一個語句都是以其反命題爲構成條件，也就是〈齊物論〉所說的：

> 物無非彼，物無非是。自彼則不見，自知則知之。故曰：彼出於是，是亦因彼，彼是方生之說也。雖然，方生方死，方死方生；方可方不可，方不可方可；因是因非，因非因是，是以聖人不由，而照之於天。亦因是也，是亦彼也，彼亦是也，彼亦一是非，此亦一是非。果且有彼是乎哉？果且無彼是乎哉？彼是莫得其偶，謂之道樞。樞如得其環中，以應無窮。是亦一無窮，非亦一無窮也。[37]

---

[33] 《莊子・齊物論》。
[34] 本文提及的「莊子」，都應理解為：由《莊子》文本所產生的莊子，而不一定是生產《莊子》作品的作者。
[35] 《莊子・徐無鬼》。
[36] 《莊子・齊物論》。
[37] 《莊子・齊物論》。

正言與反言相依爲命,相生相成,所有的話語都是以與之相反的話語爲產生條件,每一句話之所以能說,是由於存有上本來蘊含了與此一句話矛盾或相反的話語,於是每一個語句永遠可以爲其他語句所取代,而自我取消。這也是「兩行」之所以可能,可以朝三而暮四,也可以朝四而暮三,「和之以是非,而休乎天鈞。」[38]

雖然《莊子》理想的用言方式爲對於宇宙本體「道」的模仿,但這種模仿並不保證所用的「言」可以有固定完整的意義,亦即,不可能是一種定說。何以如此?正因爲「道」本身就是辯證的、不定的、無限的物化過程,道本身就不是可以界定的穩固實有,因此模仿道的「言」或「名」當然不可能有確定或完全的意義。〈齊物論〉:「道未始有封,言未始有常」。而這也就是爲什麼用言之後還要忘言,〈外物〉篇說:「荃者所以在魚,得魚而忘荃;蹄者所以在兔,得兔而忘蹄。言者所以在意,得意而忘言,吾安得忘言之人而與之言哉!」荃與蹄的比喻,肯定語言有工具性的價值或效用,但這種肯定,其實是自我否定的肯定,也就等於不肯定。

對於用言主體來說,道既是一辯證式的無限物化的過程,不可道不可說,於是,要說就只能遊牧地說,語言的使用於是成爲一個永遠自我泯滅的活動。

錢新祖對於莊子用言方式的闡說,其實包含了二個面向,一是語言本身的問題,一則是使用語言的主體。〈齊物論〉對語言的討論,這二個面向似乎都有。有些段落如「夫言非吹也,言者有言,其所言者特未定也。」是對言的描述;而若「聖人和之以是非而休乎天鈞」,則顯然是對用言主體的建議。如果道的本體即是辯證性的物化過程,

---

[38] 《莊子・齊物論》。

語言亦模仿了道,那麼,用言主體和諧的方式必然導向逍遙遊牧而不
固著於一個中心。事實上,如果本體的道都是一個變化的過程,則這
個不固著,根本是一種無法固著。吾之可以喪我[39],基本上是「自然」。
在這裏,可以與當代關於「家」的政治作一些對話。「家」的意象通
常聯結於根、安全、固定、來源、滋養、同一性的傳承等等,是一個
可以回歸的固定的中心。當代對於民主、認同、差異政治的思考裏,
一般都把差異當成是不同於「我們」的認同,也就是多元主義下對現
有諸認同的列舉;然而,晚近的理論指出,差異不僅止是一種外在於
某一種認同的不相同的認同,而是抗拒或超出認同樊籬、會從認同的
內部不斷攪擾認同之「同」,也是認同所不斷要試圖消除、固定化或
穩定掌握的一個「問題」。在這個觀念下,也就必須放棄關於「家」
的夢想——把家當作一種認同,一種生活方式,或某個團體的異象等
——,而認識到家並不是一個滋養人免於差異、衝突、暴力、不安與
死亡的地方。那麼所謂的自由,就必須正視這種種與「家」的認同同
時存在、不斷構成「家」的威脅,而「家」也不斷試圖驅逐或馴化的
掙扎衝突與矛盾差異[40]。當莊子以『無中之中』的『環中』這個意象打
破關於「中心」的固著性時,莊子接下來如何面對去中心之後的問題?
我們發現,這裏有一個關鍵性的差別。莊子的重點終將座落於主體的
心態或境界調適[41],例如「乘物以遊心,託不得已以養中」、「形莫若

---

[39] 《莊子・齊物論》:「今者吾喪我。」
[40] 請參考 Bonnie Honig, "Difference, Dilemmas, and the Politics of Home," in Seyla Benhabib (ed.) *Democracy and Difference: Contesting Boundaries of the Political*, (Princeton, New Jersey: Princeton University Press, 1996: 257-277).
[41] 這裏關於主體,可以參考牟宗三〈中國哲學的重點何以落在主體性與道德性?〉《中國哲學的特質》(台北:學生,1963:9-13)

就，心莫若和。雖然，之二者有患，就不欲入，和不欲出。」[42]而不是
對於外在社會結構的分析。此刻，如果我們把二十世紀末的一種閱讀
背景放進來，譬如某些當代理論，特別是女性主義論述[43]，古今中外不
同語言相生相涉或者相泯相折的交織交流或衝撞中，我們可以從這種
去中心的遊牧或逍遙遊「心態」出發，（當然，這個出發也必然是一
種「出走」），在出發或出走中，用一種不同的關於遊牧「主體」的
理解方式，於是「家」與「遊牧」關連，卻又與「逍遙」疏離。

在傳統語意或語用裏面，我們會使用遊牧「心態」一詞，然而二
十世紀以來，由於語言、心理分析、意識型態、批判理論等等學說對
於舊有認識格局革命性的轉變，我們對於「主體」或「主體性」的概
念，也有了關鍵性的不同。於是，遊牧「心態」與遊牧「主體」可以
是在極不相同的參照架構裏的用語。其差別可暫時說明如下：「心態」
一詞的聯想範圍所及，大抵是面對世界的心境或態度等，而說到心境
態度時，可能暫時遺忘身體與世界的歷史性與物質性。這個「心態」
的主體或身體，在社會－歷史實踐或文本再現中，可能早已侷限爲某
一種特定性別身分、特定階級身分、特定族群身分的身體。也就是，
文本在歷史過程中所建構的那個宣稱是普遍中立而無性別或超越性別
等各種差異的「主體」，其實是一個具有特定身分烙印的身體或主體。
落實來說，「遊牧心態」的主體，可能是想像的莊子，他的性別、地
籍、時代、活動方式（是男主「外」的活動空間）等等，都具有特定
性。當然，這個心態的主體也可能是透過文本再現的想像中的遊牧民

---

[42] 《莊子·人間世》。

[43] 最近最直接觸發我寫這篇文章的，是 Rosi Braidotti 的 *Nomadic Subjects:
Embodiment and Sexual Difference in Contemporary Feminist Theory*, (New
York: Columbia University Press , 1994).

族，也可能是任何一位男性士人或學者，或者曠野草原裏移動的壯碩男人與牲口。由此而勾繪出的心境或境界，才可能是一種「境界」。遊牧「心態」的主體，較難立即被想像爲一名女子的遊牧心態。而一名女子，譬如唐代女子與宋代女子，貴族女子與煙花女子與窮困老嫗，台灣原住民女子與歐美女子，如果硬要想像她們在草原裏遊牧的「心態」，那可能不一定都是令人嚮往的「境界」。也就是說，在某些語用環境裏使用某些詞，它會自動浮現語意的畛域，但這個畛域的疆界可能不被覺知，或者被視爲理所當然，習以爲常；或者，它早已必須堅持要以「超越性」的姿態來自我定義——超越性別、階級、時間、地域。因此，一個男性的某種類型知識分子的遊牧心態，可能早已經被當成了超越性別與身體物質歷史的「生命境界。」而「境界」又早已被定義成與日常生活經驗無關。於是，經驗生活中的女人或下層階級爲生存而沒有超越性美感的生活，可能根本在語詞定義上，就已經遠離了「境界」。由於本世紀關於「主體」的討論跨出了不少固有的封疆界域，並且遊移穿越於多重領域，因此，如果以遊牧「主體」代替遊牧「心態」，觀念上必然以當代諸多關於主體的討論爲背景，尤其是二十世紀關於主體死亡的後現代後結構之中或之後，對於主體概念的掙扎或焦慮；更重要的，它在語言、物質、意識與潛意識等等不同符號系統中糾纏遊走。「主體」可能是語意語法甚至語音結構撐出的主詞，也可能是一尊血肉的身體，帶著種族、性別、階級等等的烙印，又可能是潛意識或慾望，但也可能以上皆是，或者還加上或去除了「我思故我在」的「我」[44]。於是，主體可能不是傳統觀念下一個統

---

[44] 「去除」是指對於啟蒙以來古典理性主義的批評與揚棄，通常以笛卡爾「我思故我在」預設的理性完整統一的自我主體作爲箭垛；「加上」是指，二十世紀以後對於主體的新的複雜而碎裂多面的認識或談說，由於是從傳統

一的主體,而是多重性的「眾主體」。也正是這樣理解一種「遊牧眾主體」,「性別」的討論才成爲可能。將「眾主體」的觀念加進來,或許在閱讀活動中,可以在「心態」這個語詞的封疆邊境之處遊牧而不固著,可以挪用更多的角度,將身體的歷史物質身分儘量「前景化,」[45]也可以使得詮釋空間更具體多重多樣。

至於女性主義理論、遊牧眾主體與《莊子》的遊牧或逍遙,在理論思考上可能有的關係是什麼?

關於「遊牧主義」,學界所熟悉的是德勒茲的學說,德勒茲哲學關懷的一個重心是「變向」(becoming)[46]。而對於「變向」的哲學性關懷,在於他要對於「思想」這種活動作不同的想像,重新定義哲學的景觀。對他來說,思想是製造意義與價值,而不是將一個觀念與一個既定的規範化的模式作等同。在哲學面臨危機的時代,德勒茲嘗試面對的挑戰是:如何思考或解釋「改變」,或者改變的條件境況等。不是解釋已經成形的真理的靜態狀況,而是自我轉變的活生生的過程。當然,「變向」不是指從原本對立兩端中的一端變到另一端,也不是指一個本質在目的論秩序的過程中開展,而是一種對於差異的正面肯定,是一種多重而恆常的轉化過程。在「變向」中,目的論的秩序以

理性完整統一自我走出或走過的結果,二者之相依相成、相互映照,也就成為必然。

[45] 「前景化」是錢新祖先生所強調的,將「背景」前景化,是脈絡化以及承認理論背景的做法。可參考宋家復<思想史研究中的主體與結構:認真考慮《焦竑與晚明新儒學之重構》中「與」的意義>

[46] 對於德勒茲學說的理解,本文採布萊朵緹之說,參 Rosi Braidotti, *Patterns of Dissonance: A Study of Women in Contemporary Philosophy*, trans. by Guild, Elizabeth. (Polity Press, 1991)及 Rosi Braidotti, *Nomadic Subjects: Embodiment and Sexual Difference in Contemporary Feminist Theory* . (New York: Columbia University Press, 1994).

及固有的認同都要在一種多重的變化之流中瓦解掉。

這裏我們首先聯想到《莊子》的「化」，莊周與蝴蝶的物化，以及，對於「物之生也，若驟若馳，無動而不變，無時而不移」[47]的自化。當然，二者的思考脈絡截然不同。對於德勒茲來說，「變向」是一哲學上的批判性的主張，而且，在「變向」的哲學主張裏，在比喻上很清楚地強調了是多數或強勢的變向少數或弱勢，比方說，變向女人，變向動物，變向小孩等等，對於這個「變」的方向的明確主張，乃是由於對不平衡權力關係或差異的認知。而對於莊子來說，「化」是「自化」，從「境界形態的形上學」的詮釋傳統去理解，比較是純淨而不涉及社會權力關係之批判的。當然，比方說像<人間世>，在建議主體「形莫若就，心莫若和」的同時，必然包含了對於人間世權力關係的觀察或觀照。然而，這種觀察不會知識化，而是消融在主體的「和」的因應之道裏。二者各有其思考背景與旨趣。然而，在「道未始有封，言未始有常」的無限物化的過程裏，人為建構的此疆彼界之認同，人與魚與髑髏與影子的區別，大小、是非、成虧、有無、可與不可的界限，都將游移不定。莊子「大而無用眾所同去」[48]的謬悠之言，可以轉化嚴肅並且是己非彼的學說或理論的形象，在無用中，創造想像逍遙遊的大用。同時主體也就成為多重變化而不連續的變化過程，魚可以化而為鳥，或者，行年六十而六十化，始時所是，卒而非之[49]。但如果這意味著一種遊牧的主體性，它很容易予人一種「超越性別」（以及其他社會建構的不對稱權力關係）的印象，而與女性主義以性別認同

---

[47] 《莊子·秋水》。
[48] 《莊子·逍遙遊》惠子謂莊子語。
[49] 《莊子·寓言》：「孔子行年六十而六十化，始時所是，卒而非之，未知今之所謂是之非五十九所謂非也。」

作為政治性作戰位置的據點不同[50]。

然而，從一種女性主義的立場來看，問題還不止於此。

布萊朵緹曾經指出，對於德勒茲的哲學關懷，當代女性主義思想一方面共鳴，一方面又作了政治性的重新佈署。因為，布萊朵緹認為，對女性主義來說，重新定義、重新想像、重新發明理論性的實踐或者哲學，是一迫切的需求。女性主義思想不會想固著於本質的認同，而是基於一個觀念：全面要求解構與去本質化[51]。她認為，後結構主義與女性主義之相關，不在於它是否說到了女人，或者性，或者身體，而是它對「思考」或思想的重新定義，特別是伴隨著後結構主義對於主體性新的視野，以一種創造性或者不反動的態度，對於理論過程的重新定義。在這一點上，女性主義與德勒茲的「變向」的哲學，可以相互呼應或暫同聲氣。但是，布萊朵緹同時也就女性主義的立場，對德勒茲作了批評。因為，思考活動的重新定義，其實就是：看見主體是一有身體、有情感的物質性的個體。而對德勒茲來說，具體化的主體是一個物質的身體的形式，這並不是自然的生物的種類，而是高度社

---

[50] 如鍾月岑便說，錢新祖先生主張女性主義那種在地的、局部的知識特權頂多只具權宜之便，在特定的時空下發揮一定的功能，是暫時性的聯線戰鬥，不能加以制度化，否則終將本質化。她認為，這種游擊性的認同是女性主義者所無，而為錢先生得自維摩詰與莊子的傳統思想資源。參鍾月岑＜比較分析措詞、相互主體性與出入異文化──錢新祖先生對比研究的另類選擇＞頁 91。

[51] 其實，對於本質論，女性主義曾經提出許多不同的思考，力圖擺脫不證自明地教條式地唾棄本質主義，例如，Diana Fuss 曾經抽絲剝繭地指出，建構論可能是一種更精緻的本質論，而本質論可能其實是一種建構論。參 Diana Fuss, *Essentially Speaking: Feminism, Nature and Difference.* (New York: Routledge, 1989); 另外，Spivak 也曾討論過策略性的本質主義，參 Gayatri Spivak, "In a Word: Interview," *Outside in the Teaching Machine.* (New York and London: Routledge, 1993: 1-24).

會建構的、以及符號複雜交會的過程。德勒茲並沒有停在男性與女性主體對立的位置上，而是在於性的主體的多重多樣上。而德勒茲所謂的「變向女人」、「變向小孩」、「變向動物」、「變向植物」、「變向礦物」、「變向分子」、「變向粒子」，在布萊朵緹看來，是有問題的。亦即，德勒茲的多重多樣性以及變向弱勢，與女性主義者的性別差異以及變向女人的主體，是有衝突的。何故？德勒茲曾經批評女性主義者，說她們拒絕將「女人」主體解消爲一種「後性別的」轉化過程，亦即，他認爲女性主義者在主張一種特定的女性化的性時，雖然政治正確，但觀念卻不正確。他認爲應該要提出多重性（別）的主體結構。然而，布萊朵緹對此感到不安，她認爲這條路從歷史上說，對於女人是危險的。她引述伊希葛黑說：失去自我、離散飄零、流動性、像機器一般、沒有器官，這些對於歷史上生活過的女人來說，都已經太熟悉了，有身體而沒有器官，豈不就是女人的歷史處境？布萊朵緹說，一個人不能夠解構其所從來不曾掌控過的主體性。自我決定或者擁有主體性，是任何解構議程的第一步。她的結論是，德勒茲假設了一個一般性的「變向女人」，而沒有考慮到女人的女性主義立場在社會歷史上以及知識論上的特殊性。當然，對德勒茲來說，他有他的理由，因爲他要解消一切陽具中心之下所建構出來的認同。但是，這麼一來，他就會否定女性主義對於女性主體的肯定，他的否定是用這種語句：「我了解，但是……」，也就是說：「我了解，女性必須這樣作，以得回她們自己的歷史與主體性，但是，她要這樣的一個主體是很危險的。」於是，性別差異就被看成與其他的差異完全相同，或只是諸多弱勢中的一種，例如女人的弱勢性與小孩、動物，植物等其他弱勢一樣，是以「男」「人」作中心，以外的其他差異就全包括在「弱勢」或「少數」這個範疇裏，「人」們可以輕易列舉「兒童、

同性戀、異族、太監、賤民、動物、植物」等等一連串的「人」所排斥的觀點,而失去各種不同的弱勢主體特別的歷史與物質性處境。在歷史－社會或眾再現或意識型態系統中,同性戀的壓抑有其特定的歷史,與賤民的壓抑不同,與女人的壓抑也不同,各有其特定的「樞」。而且,德勒茲以為,兩性之間的說話位置是相等的,他以為男女兩性可以用同樣的方式從陽具中心走出去。他忽略了長久歷史作用之下,男女兩性之間的不對稱。哲學裏,女性從來沒有以思考主體的方式出現,而是思考主體的一個她者,她與男性或雄性的關係,並非對稱的。在這個歷史事實下,女人必須思考所謂的女人性,必須書寫這個女人性,並以自己的方式去呈現她,也就是:要先獲得一個說話的位置。因此,明顯地重複或者重申女性立場,是彰顯或者真正看見差異的論述策略。女性主義哲學是對於論述裏的權力,以及(或)論述即權力的批判,並且努力開創不同的思考方式,學習不一樣的思考,以宣明出一種另類的主體。布萊朵緹說,從女人的歷史處境看,女人或者不能同意德勒茲的「變向女人」理論,或者,女人可以得意地說,女人一開始就已經是德勒茲學派了[52]。

從以上的討論,我們看見,同樣是主張去本質,去理型,去中心化,反陽具中心,德勒茲構想出的遊牧策略,在企圖逃離二元對立的

---

[52] 以上的論說,主要參考 Rosi Braidotti, "Re-figuring the Subject," "Discontinuous Becomings: Deleuze on the Becoming-Woman of Philosophy," *Nomadic Subjects*, ch. 4, 5; 以及 Gilles Deleuze & Feliz Guattari, "Becoming-Intense, Becoming-Animal, Becoming-Imperceptible...," *A Thousand Plateaus: Capitalism and Schzophrenia*. trans. by Brian Massumi, (Minneapolis: University of Minnesota Press, 1987: 232-309); Felix Guattari, "Becoming a Woman," *Molecular Revolution: Psychiatry and Politics*. trans. by Rosemary Cooper, (Penguin Books, 1984[1972]:233-235). 特別感謝丁乃非,提供這篇文章。

同時，早已經帶著歷史物質性的性別烙印，他以一種性別為無性別或超性別或太快主張後性別，而為布萊朵緹的女性主義遊牧策略所必須斟酌。

因此，論「遊牧主義」，很容易進入一種因為主張沒有特定立場，而忽略了社會-歷史中實存位置的差異。布萊朵緹的女性主義提醒的是，必須從特定立場出發，以免在解構陽具中心的同時，太快解構了她原本沒有的結構。而這個特定立場，又必須解散，成為一個具有內在差異的不能固定的特定立場。也就是，女人與男人的眾差異，女人與女人的眾差異，以及女人自己與自己的眾差異。

當代著名男性解構思想家多是反陽具中心書寫的，但是在歷史的進程中，如何逃離陽具中心，就不止是抽象形上思考的問題，而同時牽涉到不同位置的主體的社會歷史烙印。當一種女性主義要介入一種原本已帶著遊牧旨趣的陽性文本時，二者之間的關係，仍必然是不能停止的遊牧。

由這裏再談到《莊子》的遊牧。本文之所以將女性主義「*與*」《莊子》的閱讀彼此激蕩，一個必然的原因當然是由於考慮閱讀主體社會歷史的性別烙印問題；而就詮釋本身言，則並不是因為《莊子》是否論及了女性或性，或使用了女性或性別的意象，而是，一種詮釋過的《莊子》的解構而去中心的逍遙遊，對於女性她者，有其必要，或許也似曾相識。《莊子》其實觸及了不少非人或邊緣主體的解放。例如，《莊子》裏的樹，不只是一棵植物，而是有自己的聲音，會作自我生命價值選擇，而可以批評自以為是的常規化「人類」的樹主體。例如，為匠伯所不顧的櫟社樹，被批評為散木，是不材之木，卻顯現於匠石的夢中，告訴匠石：「予求無所可用久矣，」她意求在人類的價值體系之外逍遙自適，又故意當社木，以免被剪伐之害。遊走於人間世的

間隙，她還批評匠石：「且也若與予也皆物也，奈何哉其相物也？而幾死之散人，又惡知散木！」[53]又例如，支離殘障者支離疏的逍遙[54]，甚至䐁體的逍遙[55]，就行文言，都有著「變向樹木」、「變向殘障」或者「變向死者」的旨趣。就內容言，都是異類存在或邊緣主體的發聲。然而，「女性」卻自始至終以「她者」而（不）出現，成為一種結構性的（被）沈默。那麼，這一個「無」或者「默」的地點，可以，也必然是遊牧的「樞」。必須以遊牧的書寫，在「彷彿」中，既用言，又忘言，一方面模仿或實踐《莊子》的用言方式與「道，」一方面又因為道的變動不居，而同時自我否定自我磨滅，在彷彿而衍異的過程中，把現成的意義結構消耗殆盡。

因此，性別的差異，可以做為一個遊牧的起點，而這個起點，也可以用「樞始得其環中」來解釋。

道樞的「樞」，環中的「中」，是《莊子》中十分貼切的意象，也是我們理解與詮釋的起點。關於「道樞」的「樞」，它不是一種被主張一定要有的東西，而是「老早總已經是如此（always already）」的必然，是一種「不得已。」當「戶」存在時，「樞」就是「戶」的一部份，沒有樞，戶也不成其為戶；而當「環」存在，「中」也就在。我們無法想像沒有中的環，沒有樞的門戶。那麼，理解這個「樞」的一種方式是：這是遊牧眾主體的社會歷史烙印。她的性別、性、階級、族群、時代、教育、地籍等等身分與經歷。而《莊子》要強調的，恐怕正是「環中空虛，<人間世>篇云：『唯道集虛，』得空虛之道，

---

[53] 《莊子・人間世》。
[54] 《莊子・人間世》。
[55] 《莊子・至樂》。

以應無窮之是非，正樞要所在也。」[56]「樞」是遊牧不得已的起點，是必須要認識、要經歷的位所，然而又要得其無中之中的環中。這「環中」不是固定的某一點，而是一個空虛的「無」，而「無」不是沒有，乃是道之所在。而道又是變化不居的物化過程，在亦即不在。「在」的活動也同時必須帶著「離開」，因為「樞」如果是那個帶著各種身分或經驗烙印的不得已，那麼，老早已經是一個刻劃著各種社會歧視的地點，譬如殘障歧視、性別歧視、動植物歧視等，而在各種歧視下，她可能帶著優勢的烙印，也可能帶著弱勢的烙印，她只有從那個所在出來，並且不面對固定的方向。這個「出來」就知識分子的來說，是看見結構的問題，而嘗試改變。在這裏，我們又從《莊子》式的「聖人和之以是非，而休乎天鈞」，一種歸於平靜的休與和，接合到德勒茲式的動態「變向」。

於是，遊牧的，不僅是《莊子》，同時也是閱讀主體，《莊子》理想的用言方式，是說話與聽話時都作逍遙遊。

但我們還需要回過頭來說。

今日，「遊牧眾主體」作為一種當代所謂西方的哲學觀，其實在某種程度上是被浪漫化的。「遊牧」在西方哲學思維中出現，而成為一個正面的觀點，其實是一種批判與戰鬥的歷史。早期，在康德的觀念裏，「遊牧」是一種對於文明的秩序具有威脅性的存在或狀態：

> 而懷疑論者，一種游牧人，鄙惡一切定居的生活方式，不時破壞所有文明的社會。幸而他們為數甚少，而且亦不能阻止文明社會的重建。……（我們）要設立一個法

---

[56] 王叔岷《莊子校詮》頁 60。

庭，作為保證理性的合法要求，並排除一切無根據的主
張，這種遣除行動卻不是以專制的命令進行，而是依照
法庭本身永恆而不可改變的法律為基礎的。[57]

如果從「中心」的位置來思考，那些塞外的遊牧民族就是來自「外邊」
的，是從關外闖入中原，製造動亂的。那些塞外奔跑飛馳而居無定所
的遊牧族群，不受中原內部的價值所桎梏，是一種自由流動的力量，
但同時也是會讓中原中心不安的威脅性因子。因此，遊牧的主體其實
隨時會受著來自那些渴望或習慣於中心的、安穩的定居者的懷疑、不
信任，甚至敵意、排斥、驅逐。「遊牧」從來不會是輕飄飄地快樂逍
遙。而是，每一次暫時的居所，都來自「逐水草」的奮戰與開闢過程，
「逐」的遊牧性是一種爭戰，恆常面對著的是定居者永不止息的不信
任。

　　從這個意義上看，莊子的「逍遙」，那種「樹之於無何有之鄉，
廣莫之野，彷徨乎無為其側，逍遙乎寢臥其下，不夭斤斧，無所可用，
安所固苦哉！」[58]的縱任自得，不論「遊」的地點是在「四海之外」[59]
的「外」，或是「彼節者有間」[60]的「間」，或是「無窮」[61]，都假設
了一個結構中或結構之外一個自然存在的空間，可以選擇作為寢臥逍

---

[57] Immanuel Kant, *Critique of Pure Reason*, trans. by Norman Kemp Smith, (New York: St. Martin's Press, 1965[1929]), "Preface to First Edition," p.8, 譯文用羅貴祥《德勒茲》。

[58] ＜逍遙遊＞，《莊子校詮》頁 37。

[59] 「遊乎四海之外」見＜逍遙遊＞及＜齊物論＞，《莊子校詮》頁 24、80。

[60] ＜養生主＞：「彼節者有間，而刀刃者無厚。以無厚入有間，恢恢乎其於遊刃必有餘地矣。」《莊子校詮》頁 105。

[61] ＜逍遙遊＞：「若夫乘天地之正，而御六氣之辯，以遊無窮者」，《莊子校詮》頁 17。

遙、免於「與接爲構,日以心鬥」[62]的所在,而「古之至人,假道於仁,託宿於義,以遊逍遙之虛」[63],則是以虛與委蛇作含蓄性顚覆,這其實都不同於爭戰性的「遊牧」。「遊牧」的空間是一種露骨而不含蓄的爭戰、追逐、破壞,是一種與水草、家、居並行不悖的不安之安,「逐」與「居」不再是意義相反的狀態,而是逐即是居,居即是逐。任何暫時居住的水草,都不完全是天然的賜予,而是光天化日之下,追逐的結果;而居也不是鎖定在一個家中,而是在逐中居。

三・《莊子》的用言方式
與「道」的一種討論方式

　　當我們要討論《莊子》用言方式與「道」的詮說時,我們的理解活動總已經往來於多重文本與時空:單是古代漢語的《莊子》,已經是好幾個《莊子》的走馬燈了。交響著郭象《注》、成玄英《疏》等古今註疏,眾聲喧嘩中,究竟與哪一部註疏、哪一種注解較親近,也不全是個人選擇的問題,而有著時空經驗裏學術背景的偶然性。各家註解也都帶著其時空痕跡,例如,晉代玄學論辯氛圍下郭象的莊子,早有前人說過,與其說郭象注莊子,不如說是莊子注郭象[64];有佛教般若學影響下成玄英的莊子,彰顯著佛理;金嘉錫先生的莊子似乎喜歡諧音遊戲[65],而這個研究進路則多少應用了古音學或聲韻學的知識;至

---

[62] ＜齊物論＞,《莊子校詮》頁 48。
[63] ＜天運＞,《莊子校詮》頁 530。
[64] 可參考馮友蘭＜郭象《莊子注》的哲學體系＞,收於《中華學術論文集》頁 401-471.
[65] 金嘉錫《莊子寓字研究》(台北:華正,1986)。

於王叔岷先生的莊子,則寂寞自得,淡泊而超然物外。另外,尚有中文以外的外文詮解,如錢新祖就使用了英譯《莊子》[66],所引用的德希達,加上薩伊(Edward W. Said)對德希達的詮解[67],還有錢新祖對於晚明焦竑以及焦竑處理儒釋道三家思想的討論作為背景。這些都是不同的《莊子》。也許《莊子》遊牧而解構的風格,使得他特別容易呼喚出不同的閱讀形構,使得他特別容易邀請到不同的詮解。也因此,對於《莊子》註釋傳統中地位極高而時代又早的兩部經典之作:郭象注與成玄英疏,楊儒賓說:「郭象雖然注解莊子,但他的解釋其實是種創造,與莊子的旨趣並不十分相干;成玄英雖然也是在疏解郭注,但他的理解其實和郭象的注釋了不相涉。」[68]。其實,未嘗不是楊儒賓的《莊周風貌》以「工夫論」、「語言觀」、「政治觀」等外在範疇,創造了「莊子的旨趣,」才決定了郭注與成疏的「不相干」或「不相涉」。而本文所討論遊牧眾主體,在這些多時空、多文本的交錯下,更縈繞著 Nomadic Subjects 一書中相關的言說。那是西方學院裏的一位女性主義者,在批判性閱讀了德勒茲等哲學家的遊牧主義之後,所思考的以性別差異作為策略的遊牧眾主體。以及關於「主體性」一語的使用及討論。最重要的,但也是最難界定的,則是從「女人」的閱讀位置出發,嘗試著在身體、情感、語言與知識論上[69]都會、都要不同

---

[66] Burton Watson 所譯的 *The Complete Works of Chuang-Tzu*, (New York: Columbia University Press,1968).

[67] 錢先生在上述文字中對於 Derrida 的勾繪主要來自其 *Writing and Difference* 以及 *On Grammatomogy* 以及 Edward W. Said 的 *Beginnings*, 見 Ch'ien (1986), note. 177,178,179, p.309.

[68] 楊儒賓《莊周風貌》(台北:黎明,1991)頁 174。

[69] 請參考 Teresa De Lauretis, "Eccentric Subjects: Feminist Theory and Historical Consciousness." *Feminist Studies* 16 (1990, Spring). no. 1.

的女性主義她種思考與書寫；以及女性經驗上，在學院中，與男性知
識、男性學者的相關相拒。亦即，目前爲止，男性既是（不得已）主
要的知識來源，然而某種程度上又無奈地與之極其陌生疏離的經驗知
識型態。然而，對於經典閱讀必然折衝於所謂原典與選擇性的註解之
間。底下本文將在原文、註解、理論之間，不假設一種莊子的原意，
而清楚呈現一種閱讀主體選擇性地遊牧於文本的多重性之間。從錢新
祖對《莊子・齊物論》中一段話的討論開始，對照他家註解，嘗試一
種遊牧的閱讀/書寫。<齊物論>：

> 雖然，請嘗言之，有始也者，有未始有始也者，有未始
> 有夫未始有始也者。有有也者，有無也者，有未始有無
> 也者，有未始有夫未始有無也者。

對莊子來說，道並非始終自我一致，而物則相化（亦即，不知莊周夢
蝶，抑或蝶夢莊周）。因此，莊子的道與個體萬物之間，皆是相生相
依相滅，萬物個體之間，本來都是自我否定自我磨滅，永遠辯證地往
來於有(being)與無(nothing)、有始(beginning)與未始有始(not yet
beginning to be a beginning)、以及未始有始(not yet beginning to be a
beginning)與有未始有夫未始有始（not yet beginning to be a not yet
beginning to be a beginning)之間。以上是錢新祖的詮解。對照上列引文，
初讀這一段詮解，會以爲錢先生誤讀。因爲這一段裏主要有二個句子，
第一句分三層言之，即始、遣始、遣無始；第二句則分四層言之，即
有、無、遣無、遣無無[70]。二個句子似都是線性進行的，說出了「溯源」
之不可能與無必要。王叔岷先生說：

---

[70] 王叔岷說，參《莊子校詮》頁 71.

《老子》四章:「天下萬物生於有,有生於無。」由有推至無。莊子則由有推至遣無無,較《老子》高出二層。[71]

錢新祖讀成:往來於有無之間、有始與未始有始之間、未始有始與未始有夫未始有始之間,似乎奇怪。查郭象《注》,對於這一段也並沒有一氣呵成地讀,而是破碎成一個一個的子句,分別註解,而聯繫於「一死生、齊是非」:

「有始也者,」有始則有終。「有未始有始也者,」謂無終始而一死生。「有未始有夫未始有始也者,」夫一之者,未若不一而自齊,斯又忘其一也。「有有也者,」有有則美惡是非具也。「有無也者,」有無而未知無無也,則是非好惡猶未離懷。「有未始有無也者,」知無無矣,而猶未能無知。「俄而有無矣,而未知有無之果孰有孰無也,」此都忘其知也,爾乃俄然始了無耳。了無,則天地萬物,彼我是非,豁然確斯也。[72]

郭象的解釋,其實還是指向一個比較確定的理想的境界,亦即:從有始有終的有分別,到「一」死生,從有爲而不自然的「一」,到「自」齊,到「忘其一」,也就是「了無,則天地萬物,彼我是非,豁然確斯也」。至於成玄英《疏》:

「有始則有終」,此假設疑問,以明至道無始無終,此

---

[71] 王叔岷《莊子校詮》頁 71.
[72] 郭慶藩《莊子集釋》(台北:萬卷樓,1994)頁 80。

遣於始終也。「謂無終始而一死生」，未始，猶未曾也。此又假問，有未曾有始終否？此遣於無始終也。「夫一之者，未若不一而自齊，斯又忘其一也，」此又假問，有未曾有始也者？斯則遣於無始無終也。「有有，則美惡是非具也，」夫萬象森羅，悉皆虛幻，故標此有，明即以有體空，此句遣有也。「有無，而未知無無也，則是非好惡猶未離懷，」假問有此無不？今明非但有即不有，亦乃無即不無，此句遣於無也。[73]（郭慶藩編，《莊子集釋》，頁80）

這裏已提出了「遣於始終」、「遣於無始終」、「遣於無始無終」等說，但有趣的是：在佛家背景之下，成玄英對於之所以要「遣有」的解釋是：「夫萬象森羅，悉皆虛幻」，而在最後的「遣非非無」之後，提出「皆虛靜者也」。

以上諸家解說，看來相似，實則微妙地蘊含了生命情調大異的主體。成玄英的出發點是「萬象森羅，悉皆虛幻」，虛幻是對於世間的一個負面的體知，於是遣之又遣的活動出發點在於「破茲迷執」，並離開虛幻，走向「自淺之深，從麤入妙」[74]的窅冥玄道。因此，成玄英《疏》在行文上，比較是知性的解悟。而郭象《注》裏呼之欲出的卻是一個致力於工夫境界的修養主體，他不滿意於「是非好惡猶未離懷」，而希冀在「忘其一」、「忘其知」的不斷遮撥中，豁然開朗，「蕩然無纖芥於胸中」。郭象《註》在行文上，透過「胸」、「懷」等字的使用，呈顯出對於某種主體心靈境界的關心。至於王叔岷的《校詮》，

---

[73] 郭慶藩《莊子集釋》頁80。
[74] 見《莊子集釋》頁80，＜齊物論＞成《疏》。

則頗有僅止於語言或文本互涉的無端崖之辭的趣味：他玩味的是莊子由有推至遣無無的高明，而不是這段文字可能指涉或討論的修養或認知的主體。在王先生這樣的讀法下，「有始」、「未始有始」、「未始有夫未始有始」等，就有可能只是「不能當成一種具有實際指涉意義的命題，而當是『以語言殺語言』的表達方式。」[75]

《莊子》這段文字究竟是在指涉一個認知或修養主體，或者只是藉著語法或句法的裝置，「無適焉，因是矣」？由以上的討論看來，恐怕關鍵在於讀者或詮解者掌握什麼樣的觀念或分析工具。以魏晉玄學爲背景，所闡發的莊子本意，與以佛學爲背景，所疏解的郭、莊本意，以及，以二十世紀的諸多西方哲學論述爲背景，所主張的「莊子旨趣」，註定不同。如果沒有二十世紀西方某些語言學觀念作爲分析工具，恐怕不易將這段文字說成只是「以語言殺語言，」而不具實際指涉意義。於是，回頭看錢新祖的莊子，我們可以試著讀出他的意義，而不只是以某一種意義判決另一種意義是誤讀。遊牧的，還包括文本與讀者。

錢新祖的讀法，包含了一個回溯以及徘徊流連的動作，他沒有跟著一種閱讀慾望走，直線前進，追逐到無窮無盡，反倒像是放逐於另一種躑躅的書寫慾望，而在句子與句子之間徬徨[76]。於是，讀到「有未始有始也者」的那一刻，他沒有順勢而下，繼續向「有未始有夫未始有始也者」窮追不捨，而是回過頭去流連於「有未始有始也者」與「有始也者」的 in-between，並且在游動模糊的此疆彼界中躊躇[77]，發現並

---

[75] 參楊儒賓《莊周風貌》頁43。

[76]「彷徨」語見《莊子·逍遙遊》：「彷徨乎無為其側，逍遙乎寢臥其下。」

[77]「躊躇」語見《莊子·養生主》：「提刀而立，為之四顧，為之躊躇滿志。」及《莊子·田子方》：「方將躊躇，方將四顧。」《莊子·田子方》：「聖

且印證了他的主張：溯源之所以不可能，乃在於過程中之相抵消、置換與游移滲透。閱讀的方向不盡然是直線往前的，而意外的創發往往在於「返」，在渾沌的無何有之鄉逍遙寢臥時，往往書寫出酌焉而不竭的新鮮可能。「有未始有始也者」不單單抵消或成立了「有始也者」，同時也抵消或成立了「有未始有夫未始有始也者」，而「有未始有始也者」同時也是被「有始也者」抵消或因之以成立的。之所以書寫出這樣的慾望，乃是因爲在「彼出於是，是亦因彼」、「是亦一無窮，非亦一無窮」的閱讀中，早已銘刻了「往返於是非有無之間」相生相滅的軌跡。

但是，如果「有始也者，有未始有始也者，有未始有夫未始有始也者」說的終究是溯源之不可能、找不到本源起始、找不到萬殊歸宗的一、找不到創造的源頭，那麼，還要不要一個本體論的「道」作爲依據？既然「道昭而不道，言辯而不及」，但是生活在人間世，卻總是不得已要妄言之、妄聽之，那麼，言說與聽聞的「道」總已不是道了。透過言說聽聞而勾繪的道，究竟是本體論的或不是本體論的，甚至是有是無，又惡乎知之？「俄而有無矣，而未知有無之果孰有孰無也」，說有說無，都是偶然卻又有其歷史性的人爲建構，無關乎眞實(reality)。「天地與我並生」一語打破了天地宇宙的時間序列，並非在我之前先有自然的宇宙天地；而「萬物與我爲一」，則打破了同時間裏的空間區隔，並非眞有我與萬物之間的分門別類。然而，「絕跡易，無行地難，」[78]生活的世界老早已經是「彼亦一是非，此亦一是非，」那麼，「無爲」就不是靜態地無所作爲，也不是不落入人爲的窠臼（因

人躇躇以興事」。

[78] 見《莊子・人間世》。

爲那早已是不可能的了），而是在無所逃於天地之間的各種各樣的人爲窠臼中，這是樞，而樞始得其環中。並且找到空隙，在疆界的邊際，在疏漏的罅縫中，逍遙遊牧。《莊子・天運》：「以遊逍遙之虛，」又說：「逍遙，無爲也。」逍遙的地點在「虛」，就像解牛的庖丁，在技經肯綮之外，在大骨與大骨之間，在那「有閒」的一點間隙裏，不僅遊刃，並且有餘。

　　錢新祖講道家的「無」時，說：「無」不是空洞沒有，而是無限的可能性。他曾舉例說明：就像一個杯子，當它「有」的時候，就被限定了，譬如，有水，就不再是茶或酒；但是當它「無」時，它就有各種可能，可能是茶是酒是果汁是牛奶。如果當人被投擲於此世間的剎那，人間世已經是「有」了，那麼，「無」的可能性應在於丟棄「有」，把杯子裏的水倒掉，成爲空杯子，或者成爲一杯茶、一杯咖啡；直接把茶或牛奶加到水裏也不是不可以，新的混合其實什麼也不是。前一種方式付的代價是「丟棄」的痛，後一種則是「混合」的無法單一認同。

　　另外一種思考「無」的方式是：德勒茲曾說，虛無的空間並不是「缺席不在」，而是不指涉意義的可能性，總是出席而在，總是被取代的，而使得意義得以產生。也就是：「思想」核心處的不思想，知識結構中的無意識；但這並不是說某個特定主體的無意識，而是，那使得論述得以產生的無意識[79]。那麼，論述背後沒有說出來的黑暗大陸，或者，環繞著光明的黑影，使「有」得以被建構的「無」，就應該與「有」（或者是那說出來的論述）同等重要。如果，是他者的默而使

---

[79] 參考 Rosi Braidotti, *Patterns of Dissonance: A Study of Women in Contemporary Philosophy*, pp.60-61.

得主體的言成爲可能，或者，主體某一部份的默，使得主體另一部份
的言成爲可能，那麼，「無」或「默」的被發現，其實不止是在既有
的「有」或「言」之外又補充「無」或「默」，而是，我們對於既有
的「有」或「言」的認識，因此要完全改觀。「無」不是相對於「有」
的外在他者，而是，「無」與「有」根本是一體兩面。如此看待「無」，
就不是由「有」走到「無」，而是在「有」中看到或實踐了「無」，
並且因爲「無」的揭露，而使得原本對於「有」的認識必須完全改觀。
這其實可以解釋，爲何文本中所無的「女人」，一旦被發現而進入論
述，並不是在既有的論述之外再補充上「女人」，而是，使得我們對
於現有的陽性文本或論述的認識，要完全改觀。而《莊子·齊物論》：

> 夢飲酒者，旦而哭泣；夢哭泣者，旦而田獵。方其夢也，
> 不知其夢也。夢之中又占其夢焉，覺而後知其夢也。且
> 有大覺而後知此其大夢也，而愚者自以爲覺，竊竊然知
> 之。君乎，牧乎，固哉！丘也與汝，皆夢也；予謂汝夢，
> 亦夢也。是其言也，其名爲弔詭。

當一個人想到「夢」的時候，他是在努力分別夢與覺，這表示他此刻
正處於淆亂了夢與覺之界限的狀態。然而，傅柯(Michel Foucault) 強調，
在笛卡爾的理性哲學裏，這並不會喪失他作爲思想主體的資格[80]。莊子
也許不會這麼看夢，思想或說話的主體其實並無法確定自己是在思想
或是在作夢，也許，這個主體稱之爲生活的主體更合適。飲酒，哭泣，

---

[80] 參考 Michel Foucault, "My Body, This Paper, This Fire." trans. by Geoff
Bennington. *Oxford Literary Review* 4/1(autumn 1979: 9-28). 在這篇文章中，
Foucault 與 Drrrida 辯論夢與瘋狂在 Cartesian 理性哲學中的意義。

田獵，占夢，可以是現實生活，也可以是夢裏情境，永遠分不清夢與
覺，也就永遠不被夢與覺的界限框限住，博學智者偉大的哲言睿見可
能根本是夢話。夢與覺的固有意義也在此瓦解了。人間世的生活依然
是人間世的生活，但是，生活在非夢非覺，是夢是覺的「無」，而主
體是主體也不是主體。是，因爲在生活；不是，因爲並不知道是否在
現實裏思考或感覺或說話或行動[81]。他在遊牧。

四・建議一種「罔兩」位置的遊牧閱讀

> 遊牧並不代表無家，或者，強迫性的移位；而是一種主
> 體的圖像，她已放棄了所有對於穩定固著的想法、慾望
> 或者鄉愁。這種圖像表達了一種對於變遷，持續的推移，
> 協調的改變，所造成的認同的慾望，沒有，也不要本質
> 的統一。[82]

布萊朵緹說，遊牧眾主體是一則神話，一種政治性的虛構，使她
能夠思考並穿越既有的範疇，以及經驗層次，攪混此疆彼界，而不毀

---

[81] 對於莊子的夢，有許多不同的詮解，其中一個有趣的討論，參 William
Touponce, "The Way of the Subject: Jacques Lacan's Use of Chuang Tzu's
Butterfly Dream." *TamKang Review* 11.3 (Spring 1981: 249-265)；William
Touponce, "Straw Dogs: A Deconstructive Reading of the Problem of Mimesis in
James Liu's *Chinese Theories of Literature*." *Tamkang Review,* 11:4 (Summer
1982: 359-386)；中譯：廖炳惠（譯）＜芻狗──解構析讀劉若愚的中國文
學理論書中擬仿的問題＞《解構批評論集》（台北：東大，1995[1985]：
359-397）。

[82] Rosi Braidotti, *Nomadic Subjects*, p.22.

掉橋梁。她認為，在後現代的時刻裏，政治性的想像，也許比理論體系更重要；捏造神話，或者想像力，可以作為一種走出當前政治與學術滯鬱的途徑。「遊牧主體」的意象雖然得自遊牧民族與文化經驗的啟發，但是，她所主張的遊牧主義是指：一種批判性的自覺，拒絕安頓在社會既定的思考與行為模式裏。然而這種遊牧的想像要避免將「她者」浪漫化[83]。為此，她主張的是「彷彿」的哲學，彷彿某些經驗會憶起或喚起「她者」，這種可以由一套經驗流動到另一套經驗的能力，是一種「互相聯繫」的能力，遊牧的「變成」，既非複製，亦非模仿，而是顯然的接近，強力的相互聯繫。「彷彿」並不是重複或倣效宰制恣態的能力，而是，在「彷彿」的實踐中，打開一個 in-between 的空間，在此，新的政治性主體可以被發掘出來，亦即，這不是一種要宰殺陽具中心態勢的諧謔戲仿，而是一個權力的真空，使得戲仿政治可以產生。以女性主義的視角，她傾向於不將這種「彷彿」當作否認或者抗拒，而是對於疆界的流動的肯定，一種在間隔、交界面與縫隙的實踐[84]。她建議的出路是：重覆，模仿，而將舊有的一切消費殆盡。將性別差異作為一種遊牧的策略，並企求本體論的基礎、認識論的立場。當然，這裏的「本體論」與「認識論」都有了不同的意義。[85]

　　遊牧主體不是抽象觀念，而是歷史時空裏血肉生活的身體，而身

---

[83] 這裏 Rosi Braidotti 是參考了 Caren Kaplan(1987) 的說法，她討論「去疆界」時，以第一世界女性主義批評為例，提醒道：對於我來自何處，我的家鄉位置的批評，會將我帶離熟悉的世界。然而，並沒有一個全然去疆界的純粹空間，我必須仔細審視我所擁有、在過程中可以幫助我的。重要關鍵是，我得避免透過浪漫化、欽羨嫉妒，或罪惡感，而挪用弱勢。

[84] Rosi Braidotti, "Introduction: By Way of Nomadism," *Nomadic Subjects*, pp.1-40.

[85] 參 Rosi Braidotti, "Sexual Difference as a Nomadic Political Difference," "The Politics od Ontological Difference,"　*Nomadic Subjects*, Ch. 8, 9.

體交會著生物、社會、語言等等符號系統，也是一個人活在這世上主要的地點。在兩性不平衡的歷史物質事實的認知下，性別的差異，成爲一種本體論、認識論，也是倫理學的堅持。

那麼，從女性身體[86]出發，怎麼閱讀《莊子》？

遊牧的閱讀方式必然不止一種，底下本文嘗試作一種建議。

《莊子》寓言十九，少有抽象的說話，總是以故事的形式將話語放在某一個具體的時空裏，但是，在使用具體的同時，也瓦解了具體，因爲，諧謔模仿的痕跡顯而易見。譬如，〈人間世〉裏，儒家弟子請教仲尼的對話，一方面煞有介事地師與弟子問答，一方面，《論語》裏不言如愚的顏回，卻變成秉持使命感要到衛國規諫暴君的正義君子，而仲尼不但沒有要顏回知其不可而爲，不但沒有爲顏回的道德勇氣而欣慰，反而譏嘲道：「譆！若殆往而刑耳！」[87]具體的人物、具體的時間與空間，但是，讀者在閱讀時，總必須透過某種抽象，將儒家聖賢理解爲《莊子》中的人物。也許，《莊子》指出的是，這是政治場域中的權力與暴力問題，而不是誰是否仁義道德。讀者又經常會習慣於在閱讀時站在預設的「我們」的位置，忘記不同的經驗與身體。忘記太多的「我」也許不在「我們」之中。

《莊子》藝術或美學境界，是許多學者已經闡發的，例如，顏崑陽曾謂，莊子的「魚樂」，是道家「物我合一」的藝術境界，也是中國美學最高境界（顏崑陽，1987:14-39）。葉維廉先生亦曾引《莊子》

---

[86] 當然，這裏的「身體」總已不會是單純的生理身體，而是交會著社會與符號的各種建構。正如 Rosi Braidotti 所說，身體，不是一個本質，更不是一生物性實體，它是一多種權力的角逐，一種明暗強度的外表，沒有源本的擬像。參 "Discontinuous Becomings: Deleuze on the Becoming-Woman of Philosophy," *Nomadic Subjects*, p.112.

[87] 成玄英《疏》：「譆，怪笑聲也。」《莊子集釋》，頁134。

而謂「以物觀物」的道家美學，是要「儘量消除由『我』決定的類分和解說，而同時肯定事物原樣的自足，詩人彷彿已化作事物的本身。」而這是中國文學和藝術最高的美學理想（葉維廉 1982:12-14；葉維廉 1980)。莊子天地與我並生，萬物與我爲一的齊物境界，的確是哲學、藝術、文學、思想傳統中的極深造詣。然而，如果生命與生活的現實是一個早已經銘刻著不平等或不相同的世界，又如果，每一個閱讀的主體各有其主體形塑的歷史物質處境，那麼，一種高遠超越的美學境界，是否太快遮掩了物之不齊的現實？而每一個不同的主體通往齊物的具體道路，是否千差萬別，而需要個別去面對其超越或逍遙的條件？如果我們不預設一個超越而逍遙的閱讀主體，那麼，逍遙遊文本中的大鵬與蜩與學鳩，總要個別面對其不同的「待」，如果從有待到無待需要工夫，如果《莊子》如一些學者所言，並沒有否定工夫論，那麼，本文將建議另一種閱讀《莊子》的方式。這種閱讀，必須暫時撇開對於美學、藝術、境界、哲理等大敘述的再現，而在《莊子》文本涉及的各種邊緣身體、生物或物體上，看見不同的生存處境，而對於不同的生存處境，不再以爲可以同樣的方式達到齊物的境界。本文將以「罔兩問景」寓言爲例，說明如下[88]。

> 罔兩問景曰：「曩子行，今子止；曩子坐，今子起。何其無特操與？」景曰：「吾有待而然者耶？吾所待又有待而然者耶？吾待蛇蚹蜩翼邪？惡識所以然！惡識所以不然！」（《莊子·齊物論》）

---

[88] 以下關於罔兩與景的另類閱讀，要感謝丁乃非的突發奇想以及討論，以及我們共同完成的論文＜罔兩問景：含蓄美學與酷兒政治＞將發表於第二屆「性／別政治」超薄型國際學術研討會。

　　眾罔兩問於影曰：「若向也俯而今也仰，向也括撮而今
也被髮，向也坐而今也起，向也行而今也止，何也？」
景曰：「搜搜也，奚稍問也！予有而不知其所以。予蜩
甲也，蛇蛻也，似之而非也。火與日，吾屯也；陰與夜，
吾代也。彼吾所以有待邪？而況乎以有待者乎！彼來則
我與之來，彼往則我與之往，彼強陽則我與之強陽。強
陽者，又何以有問乎！」（《莊子·寓言》）

這是《莊子》裏面一則膾炙人口的寓言，出現於＜齊物論＞與＜寓言
＞二篇，而文字略異。比起＜齊物論＞的另外一則寓言「莊周夢蝶」，
註釋或文本互涉傳統中，對於罔兩問景這則寓言的詮解與意義發揮相
當少。而「罔兩」一詞，意義並不確定[89]。目前暫依歷代諸家註解最常
引用的郭象注為說。郭注罔兩是「影外之微陰也。」而「景」字有些
古本作「影」，即今所謂影子[90]。

　　古註疏說，這是一則寓言，假設罔兩與景的問答，而說明一種哲
思[91]。然而此刻我們將暫時遺忘任何玄遠哲理，徘徊流連於罔兩問影這

---

[89] 江紹源遍考其他經典或註釋，主張「罔兩」是一切或許多精物之通名。他有
一個特別的說法，謂「罔兩」是精物，而精物無影，「罔兩自身便無影而
有似於影，似影而與景問答」「此罔兩即使必須照舊注認為影外微陰（重
陰），然如此則罔兩之本為無體無影，似影而又非影之或物，不愈明耶？
最後『罔兩問影』不知是否『罔兩問其影』之謂，『無影問其影』豈不較
罔兩（精物）問或人之影」或『微陰問影』似更富於詩意耶？」參江紹源
《中國古代旅行之研究》（台北：商務，1966）頁 47。這個說法相當巧妙，
但如何貫通整個寓言的寓意，則有待進一步詮解。暫先將此說附記於此。
感謝楊儒賓，惠借此書。

[90] 《釋文》：「景，本或作影，俗也。」有古人說，「影」字後起，晉代才有；
但也有人指出漢代即有此字。參王叔岷《莊子校詮》頁 94。

[91] 成玄英《疏》：「斯寓言者也。」「設此問答，以影獨化耳。」依古註疏，影

一幕場景。日常生活經驗中，作為說話行動主體的我們，早已經習慣於聽「形」說話，而影子，如影隨形，她是沒有主體的跟隨，是物體有光源時隨行的黑暗，依光而有，隨形與光而變，不但沒有自主性，且沒有恆常性與忠誠，時間、空間、光源、方向、距離、速度等等都可以讓她見風轉舵般變節不已。然而，即使妳棄之如敝屣，她踩踏不死，只要有光，她是擺脫不了尾隨的沈默黑暗，形如欲逃離影，光天化日之下必然是徒勞一場，逃成死屍影依然不死，除非形自己進入黑暗。而罔兩，影外微陰，亦即，影之影，則是世人幾乎遺忘的無所謂，它離形太遙遠，它幾乎無可辨識。罔兩不是日常使用的字彙，它與平常人生似不相干，考查眾註疏，還不見得能確定它的意義。很多人也許先知道「罔兩」一詞，先知道有古註說那是影外微陰了，然後才仔細看見影外猶有微陰。原來在尾隨無特操的影子之外，還有更無特操的罔兩。它的存在都難發現，遑論其尾隨而變形無節。凡無以名之的模糊，我們幾乎看不見個體，於是姑且名之「眾」罔兩[92]，它們似乎沒有個性，形體難以輪廓，在影子的邊緣，世人看不見的地方，苟且偷生。

　　然而，在這則寓言中，罔兩竟然發問！

外微陰罔兩問影，說：你坐起行止唯形是從，都無獨立志操，怎麼回事呢？（成玄英《疏》，參郭慶藩《莊子集釋》上冊頁 110 及下冊 960。）景的回答，則影顯了莊子「無待」之說，因為世人都以為罔兩待景，景待形，形待造物者，若果真如此，則造物又何待呢？待待無窮，最後卒於無待，故只能說，是不知其然而然，無所待而然，萬物都是自己如此，看似一物待一物，其實所待就像蟬殼與蛇皮，幼蟲變化而為蟬，蛇從皮內蛻出，成蟲與幼蟲並非因果關係；而有火有日才有景，到了夜裏沒有火與日的時候，也就只有形而無影，因此，影也並非待形而有，萬物都是不自覺知的自然獨化（按以上據郭象《注》，成玄英《疏》以及王叔岷先生《校詮》）。

[92] 王叔岷引王先謙云：「影外微陰甚多，故曰『眾罔兩』」。

　　景回答了罔兩的問題嗎？作爲莊子的代言人，也許景說出了無待、獨化的哲學。莊子借影說話，這是對於以「形」爲主的思考的一大挑戰。然而，回到罔兩與景的具體情境，景究竟在回答誰的問題？提問者是罔兩，而景聽見罔兩了嗎？聽懂了嗎？

　　「形」在這個故事中並沒有現身，然而他在，在文本中，在閱讀與批評與註疏中，在景的回答裏。景的思考，對話對象其實是形，不但因爲唯形有蜩甲或蛇蛻，並且，相對於形，景要說的是另外一種相對主體性的思考。然而，這個思考，不一定是回答罔兩的問題。罔兩的存在處境，可能與景並不相同。至少，罔兩與形的關係，不同於景。然而，當景被罔兩詢問，重新思考了關於「待」的哲學。罔兩的問題啓發了景，使得景表達了一種另類的相互主體性觀點。罔兩問景的這個文本裏，罔兩發問，但討論的卻是形與影的問題。

　　以上這種落實認真追究「罔兩」的主體性的閱讀，是一種倫理性的閱讀位置自我移轉。如果形－影－罔兩在常識中體現了一種階序性關係，亦即，形以其明白可見的上階主體位置，在文本再現中總是含括了影。那麼，莊子這則故事，其實借著影翻轉了影的位置。然而，當我們進一步閱讀，發現這還不夠，因爲影以形作爲假想的對話對象，實則以忽略罔兩爲代價。如果不再以含括的方式統攝罔兩，則必須肯定罔兩的差異性。一種肯定「差異」，而將閱讀位置移轉到「罔兩」的閱讀，可以使得文本被被壓抑的邊緣主體在閱讀中獲得再現的可能。這同時也是一種遊牧閱讀法，由閱讀位置的移轉，而「變向」罔兩。這種閱讀，要能在文本中發現飄零離散的眾罔兩，同時很可能是一種足以瓦解經典詮釋傳統、敘事機制或眾再現系統之閱讀。是嘗試挖掘再現的形構所系統性地視而不見或無法再現、或是消音、或是塗抹爲非主體的差異性主體性。與其說這是閱讀其「無」，不如說是閱讀「差

異」，因為「無」作為相對於「有」的系統性的哲學概念，它無可避免地有著「整體」的抽象性。而「差異」卻是社會－歷史過程中的具體差異。

「罔兩」與「形」、「景」其實共享某種生存空間，但是可能具有完全不同的生存條件與生存型態，其時間性也與「形」、「景」不同。從世人所熟悉的「形」的角度看，罔兩的「不忠」而變化多端，並且無恥、無特操，使得她在再現系統中，被呈現為不具主體性的尾隨。或者，在「形」的含括或形景的相依之下，她不同於形和景的身體、慾望、生活方式，都在形和景的解釋或再現系統裏成為影外之微陰。這個「微陰」正是遊牧的閱讀要辨識之處。使得新的政治性主體可以出現。

五・文本出現新的遊牧性政治主體

《莊子》中逍遙的主體，除了說話的鳥兒、櫟木等等，和任何一部其他古書一樣，全是由男性世界的活動裏勾勒出來的。例如「重言」所借重的任何一個古今人士，而＜人間世＞關懷的是男性權力政治場域。在那個時空背景裏，這是常態，並不特殊。然而，其他性別的不出現，究竟是以怎樣的方式不出現，眾罔兩究竟以怎樣的方式尾隨（或隱沒）在文本何處，仍然是可以或必須具體閱讀出來的。比方說，閱讀莊子妻死，莊子鼓盆而歌的故事，在「形」的世界裏，閱讀位置必然在文本「莊子」的主體，於是莊子的「曠達」可以成為故事的主題。但是，一旦把閱讀位置移轉到莊妻，我們立刻可以發現，這不是一個單音的和諧文本，而是莊妻在階序原則下被含括了。莊子的曠達，有

其在社會結構中的條件。若是莊子死，莊妻恐怕無由鼓盆而歌。若是莊妻鼓盆而歌，在歷史上換得的恐怕不是曠達的美名，而是搧墳式的譏嘲[93]。莊子的朋友惠子死，莊子並沒有曠達地箕踞鼓盆而歌，反而在過惠子之墓時不勝惆悵地說：「自夫子之死也，吾無以爲質矣，吾無與言之矣。」[94]這種濃密的男性情誼，很難想像會在當時發生於莊子與莊妻之間。如果站在文本中「莊妻」的位置上閱讀，文本多重的雜音會立刻出現。當然這些雜音可能爲熟悉權威性或正統性詮釋傳統者所無法辨認，而遭到斥逐、貶抑，或者被含括。「遊牧」的實踐並不是浪漫天真的，它總面對著來自中心的質疑。前文曾經論及，郭象、成玄英的註疏，以至於歷代莊學大家之說，同樣都具有創造性，都不見得與《莊子》「原意」相符，但也都成爲莊學的「傳統」了。現在將性別差異介入，所創造的詮解，與所謂「傳統」詮解的創造性，其中最大的不同何在？本文以爲，這種遊牧的閱讀，訴諸差異，會在閱讀中產生新的政治性主體，而新的政治性主體，同時造成既定秩序的不安。這種不安，很可能觸動的是秩序本身內在的矛盾，與對於矛盾的壓抑，而這種壓抑，正是秩序之所以成爲秩序的條件，爲此秩序付出代價的卻是罔兩與影。前文已論及，「無」的掘發，不是在「有」之外看到無，而是使原本的「有」完全改觀。這也就是爲什麼性別差異介入文本之後的遊牧閱讀，容易被認爲「非傳統」，或者被認爲正統「學術」封疆的干擾者。然而，「無」本非「有」之外的另一個所在，乃是與「有」爲錢幣的兩面。

回到鼓盆歌的故事。莊子對於莊妻死亡所作的思考是：

---

[93] 參明代小說＜莊子休鼓盆成大道＞《警世通言》（馮夢龍編，台北：鼎文書局，1977)。
[94]《莊子·徐無鬼》。

察其始而本無生；非徒無生也，而本無形；非徒無形也，
而本無氣。雜乎芒芴之間，變而有氣，氣變而有形，形
變而有生，今又變而之死，是相與為春秋冬夏四時行也。
人且偃然寢於巨室，而我噭噭然隨而哭之，自以為不通
乎命，故止也。[95]

這話乃是回答惠子對他的責備：

　　與人居，長子老身，死不哭亦足矣，又鼓盆而歌，不亦
　　甚乎！

故事的開頭則是「莊子妻死，惠子弔之」。因此，這個故事顯然是兩
個男人談論如何面對妻子的死亡。惠子的問題很明顯，是針對「這死
去的人是你的妻子，與你同居，長養子孫，而今妻老死亡，你竟不哀
哭！」莊子的回答則避開了「妻子」的具體個別性，以及，社會生活
裏人與人之間關係的差異（不是每個人都與你有同居的關係），以及，
人與人之間關係裏虧欠或感謝的表達（顯然莊妻與很多人的妻子相同，
是同居而養子孫的人，而不是如惠子一般，與莊子一同辯論魚樂不樂
的人）。莊子大而無當地談起「人」的生命與死亡的問題。也許莊子
要說的的確是「縣解」，解除人悅生惡死的執著。在「老聃死，秦失
弔之」的故事，同樣也表達了「安時而處順，哀樂不能入也」[96]的達生
觀。但是，「老聃死，秦失弔之，三號而出」是因為「始也吾以為其
人也」，因了解或尊重老聃是方外之人。《莊子》中我們聽得見老聃

95 《莊子·至樂》，《莊子集釋》頁 614--615。
96 《莊子·養生主》，《莊子集釋》頁 128。

的聲音,但聽不見莊妻的聲音。固然莊子可以游於濠梁之上而知魚樂,
但是,魚的生活與莊子無關,莊子知與不知魚樂,都不會影響到兀自
游水的魚兒。莊子與魚並不共享一種社會生活。蘇子瞻〈觀魚台詩〉
云:「若信萬殊歸一理,子今知我我知魚」,也許,子瞻知莊子,莊
子知惠子,莊子知魚,蝴蝶知莊子,都容易;因為只要社會生活裏男
性情誼的聯結,他們可以共同去想像萬物與「我」為一而自得其樂。
從生物種類來看,莊子與莊妻的差異,或者說,男人與女人的差異,
應當不會大於莊子與魚或蝴蝶的差異;但是在社會生活裏,莊子與莊
妻世界的差異,可能大於莊子與魚或蝴蝶。然而用筆表述世界的,是
莊子而不是莊妻,更在表述的過程中,因著使用「莊子妻」,而不是
她自己本人的名字,將她與莊子在社會生活裏被建構出的差異,掩藏
起來。

　　〈齊物論〉另有一則有趣的故事,以女子的故事來打比方:

> 予惡乎知說生之非惑邪!予惡乎知惡死之非弱喪而不知
> 歸者邪!麗之姬,艾封人之子也。晉國之始得之也,涕
> 泣沾襟;及其至於王所,與王同筐床,食芻豢,而後悔
> 其泣也。予惡乎知夫死者不悔其始之蘄生乎![97]

麗戎國艾地守疆人的女兒麗姬,被晉國「取」去,依成玄英《疏》,
故事是這樣的:秦穆公與晉獻公一起討伐麗戎之國,得美女一,玉環
二,秦取玉環,而晉取美女,這就是晉國得麗姬的原委。麗姬和玉環
一樣,是當時大國戰利品,麗姬因著事不關己的一場戰爭,被硬生生
地從小國自己的家鄉奪走,面對強奪,強權勢力,她憤怒而心有未甘,

---

[97] 《莊子集釋》,頁 103。

遠離熟悉的家，遠行向陌生，她茫然，於是她涕泣沾襟。但當被擄到
晉獻公的地方以後，根據《莊子》，她享受豐美的物質生活，於是心
滿意足，後悔當初哭泣。從這個女人（這又是個不同於莊妻的女人）
的位置看，她是在強權的邊緣戲耍自己的生命。被迫遠離家園時的「涕
泣沾襟」，是個外人可以看得見的描述，但最後在晉國的「後悔」，
這個心理活動的描述則出自敘事者。事實上，麗姬在這個被迫離開家
鄉，被迫改變生活的過程中，付出什麼樣的代價？面對什麼樣的掙扎
或奮鬥的經驗？她如何調整自己與世界或他者的關係？她如何為自己
開創可以遊走的新天地？或者，也許她根本每天從事著對週圍不滿的
小抗爭與不合作，而又充分利用可以運用的物質資源。不論如何，她
有她的心理情感與思考的過程，而必然不止是簡單地為了與王同筐床、
食芻豢而麻木。然而，在物質時空裏麗姬的身體被強奪，進到文本中，
則有敘事的機制封閉了這個主體開顯的可能。罔兩位置的閱讀則必須
假定，在權勢邊緣或空隙裏逃亡喘息移動的麗姬，不一定是文本中的
麗姬。她有她自己殊異的經驗版本，未曾被知道、未曾進入文字。麗
姬的生命，老早是一種遊牧了。一種飄零離散的經驗，如同影子旁邊
的眾罔兩。她有她的身體、空間、慾望與感知狀態。其實，不同的影
子或罔兩，在不同的文化、空間、語言裏流動遷移飄流，定居又搬家，
在權力與權力的縫隙間生存，遊牧之於她們，早就是一種不得不然的
熟悉的老故事，是《莊子》所說的「知其不可奈何而安之若命」[98]。從
這一點上，我們又可以說，《莊子》的逍遙眾主體之所以可能的一個
要點，也在於向「女人」或「她者」移動。

　　以上兩個《莊子》文本中關於女人的故事看來，當某些男性學者

---

[98] ＜人間世＞，《莊子集釋》，頁 155。

在社會既定符碼或框架或系統中，嘗試遊牧的思考或語言使用時，在
這些框架或語言的表述之外（如莊妻），或者，被這些框架或語言強
奪的女人（如麗姬），老早已經在人間世異時異地裏，實踐著遊牧了。
她們原就是在遊牧中生活。在遊牧的日子裏，牧養、遷居、追逐美麗
或求生的水草、也不斷抵抗侵略。遊走於權力間隙的離散經驗，可能
不是麗姬才有，而同樣可以描述「家」中的莊妻。遊牧對於不屬於上
階權力位置的眾主體來說，也許是一則太熟悉的老故事，既（不）是
鄉愁又（不）是尋夢的故事。

　　<應帝王>中關於列子的一則故事值得玩味。列子見到一位名叫
季咸的神巫，見之而心醉，於是回去告訴自己的老師壺子，說起先他
以為壺子之道至矣，而今卻發現了超過夫子的人。壺子於是要列子請
季咸來見他，幾度過招之後，季咸根本無法掌握壺子的變化莫測，竟
然自失而走，莫知所之。季咸逃逸之後，列子自知未學而退歸：

> 然後列子自以為未始學而歸，三年不出。為其妻爨，食
> 豕如食人。於事無與親，彫琢復朴，塊然獨以其形立。
> 紛而封哉，一以是終。[99]

「為其妻爨」一語郭象《注》：「忘貴賤也」，成玄英《疏》則說「為
妻爨火，忘於榮辱」。列子重新「學」，其中一個意義在於能夠打破
僵滯的社會角色性別分工，以及人與動物的高下區別。也就是：可以
逍遙於社會既定角色與價值體系之外。列子這一種重新改變自我與他
者、自我與差異的關係，重新在具體的生活中嘗試新的經驗，並且「於
事無親」，也就是，不僵執於社會或思考上的成規或價值判斷，不斷

---

[99] <應帝王>，《莊子集釋》，頁306。

變化自我，這也是《莊子》所提出的遊牧之道。亦即，嘗試「變成」一種自己原本所不熟悉的她者，不是向更強權的靠攏，而是向原來更弱勢低階的差異性遊牧。[100]

<秋水>篇曾提及「拘於虛」----空間的限制，「篤於時」----時間的限制，以及「束於教」----社會文化或者學術傳統的限制，這些都是影響一個人眼光識見或經驗內容的因素。河伯只有離開自己的家鄉，觀於大海，才會知道自己的限制而擴展對於世界的認識。亦即，放棄對於固著穩定的眷戀，離開既定的「根據地」之後，出於崖涘，觀於大海，才不再以爲天下之美爲盡在己，才有見道的可能。然而，《莊子》永遠不會固著一個方向的召喚。就在同樣的<秋水>篇，莊子又提到，壽陵餘子學行於邯鄲，未得國能，又失其故行，勉強企尙他者而躊躇不歸，同樣是執著有爲。無中之中的環中，不是固定的某一點，而是一個空虛的「無，」而「無」不是沒有，乃是道之所在，而道又是變化不居的不斷物化過程。

六・道（不）在女人：
一個必須具體指出的「無」的位所

《莊子・知北遊》：

東郭子問於莊子曰：「所謂道，惡乎在？」莊子曰：「無所不在。」東郭子曰：「期而後可。」莊子曰「在螻蟻。」

---

[100] 這裏我聯想的是 Gilles Deleuze & Felix Guattari 的"becoming-minoritarian"的說法，參 *A Thousand Plateaus: Capitalism and Schzophrenia*. trans. by Brian Massumi, (Minneapolis: University of Minnesota Press, 1987) pp. 104-110.

曰「何其下邪？」曰：「在稊稗。」曰：「何其愈下邪？」
曰：「在瓦甓。」曰：「何其愈甚邪？」曰：「在屎溺。」
[101]

所謂道，惡乎在？莊子說無所不在，如果一定要他講個具體，他就只
好說：在螻蟻、在稊稗、在屎溺了。實則，具體指出位所，就是在開
拓新的想像或遊牧的空間。莊子當時不太可能想到，而今日我們可以、
也必須增列的一個位所，也許是「道在女人」，因為那也是一個在莊
子的時代即使說「無所不在」，也不容易想到的所在，那是語言中一
個「無」的地方。在「無」的地方，可以學習那些我們曾被教導要去
避免、輕視，或者忽略的事物，也就是新的可能性誕生之處。

　　莊子的「道」既是一個辯證的無限物化過程，其本身就不是一個
完整而可以界定的固定存在，模仿「道」之「實」的「名」，也就不
可能有固定完整的含義，而不可能成為定說[102]。在這個理解之下，當
我們說「女人」時，女人也不可能成為一個固定的本質。就物質-歷史
層面言，是一個變化的過程，就語言符號而言，是一種差異與延宕的
效果。於是，當使用「女人」一詞時，要考慮的可能包括男人與女人
的不同，女人與女人的不同，以及，一個女人自身矛盾衝突的不同[103]。

　　然而，再回到莊子對語言深徹的神秘懷疑，他認為，「道」與物
在終極意義上，都超越語言，在言與默之外，錢新祖曾指出，所謂「言

---

[101] ＜知北遊＞，《莊子集釋》，頁 750。
[102] 錢新祖說。參上文。
[103] Rosi Braidotti 在 "Sexual Difference as a Nomadic Political Project" 一文中曾
經強調性別差異更重要的是女人間的不同，如階級、種族、性傾向等，以
及一個女人自身內的不同，而這些不同，是不同經驗層次錯綜複雜的交相
互動，每一種經驗永遠不會與任何一種固定的認同觀念完全符合，頁 178。

辯應該是一種自我否定自我磨滅的遊牧行為」有二重意義，一涉及言說領域，所有正話與反話相依相滅相生相攝；第二重意義則超出言說範圍，以為「言」與「默」亦相生相滅相生相攝，「言」可以是「未嘗言」，而「默」也可以是「未嘗不言」。於是，「言無言」乃是莊子所肯定的用言方式，並且，用言之後還要「忘言」，既用言又忘言，那麼，莊子對於用言的肯定，成為自我否定的不肯定。這種說法，使得一個主體不僅以遊牧的方式用言，甚且得以遊牧於語言之中與語言之外。

由此再看莊子以「無所不在」（道在）回應東郭子的問題：「所謂道，惡乎在？」（道不在），也可以說，這只不過是正言與反言相依相滅、相生相攝的語言操演，又由於東郭子堅持「期而後可」，則莊子所謂「在螻蟻」「在稊稗」「在瓦甓」「在屎溺」，除了表明「道無乎逃物」的「道在具體個別事物」之意，「每下愈況」也不過是「大道高高在上」的反語。那麼，在螻蟻也好，在屎溺也好，並沒有實際的意義。文本傳遞意義，同時也解消意義，從這個出發點去理解，則本文的模仿表演：「道在女人」，有意義也沒有意義，有意義在於：女人必須模仿，因為在模仿衍異的過程中，可望把現成的意義消耗殆盡；而沒有意義則在於：如果「道在女人」只不過是「道不在女人」或者「道在男人」的反語，那麼，正言反言相依相滅相生相攝，遊戲的邏輯並沒有二樣[104]。

---

[104] 另外一個說法是：《莊子・秋水》：「南方有鳥，其名為鵷鶵，子知之乎？夫鵷鶵，發於南海而飛於北海，非梧桐不止，非練實不食，非醴泉不飲。於是鴟得腐鼠，鵷鶵過之，仰而視之曰：『嚇！』今子欲以子之梁國而嚇我邪？」千百年來汲汲探求的各家學說的「道」，長久以來曾是握筆的男性智者的專利，構築出的哲學世界，吹縐一池春水，又與生活著的女人何干，也許，如郭象《注》所說：「物嗜好不同，願各有極。」當他們熱切

　　從差異政治考慮，也許一個整全性的「道」的預設不一定需要，即使道的特性即是變動不居。居與逐並不是可以分離的二種狀況。在模仿中遊牧，逐水草而居，追逐的旅程中，有水草之地就是居所，這是流動的安居，不居之居。遊牧的同時，也不斷離開前一片曾經安居的水草。

地討論著「道惡乎在」的問題時，也許女人並無必要以腐鼠為美。

參考書目

參考書目

《十三經注疏》台北：藍燈文化事業公司 1986。

《大清律例》天津：天津古籍出版社 1993。

《大公報》（天津版）39 號（1902）（北京：人民出版社 1982）。

《太平御覽》北京：中華書局 1960。

《申報》上海書店影印本 1983。

《四庫全書總目提要》台北：商務印書館 1983。

《東方雜誌》第六期。

《胡適文存》台北：洛陽圖書公司。

《神州女報》2 [縮影資料] 上海市：神州女界協濟社 [出版年不詳]。

《時務報》47 冊（1897 年）台北：華文書局 1967。

《清議報全編》台北：文海出版社 1987。

《湘報類纂》台北：大通書局 1968。

《萬國公報》52 冊（1893 年）台北：華文書局 1968。

《新女性》（1927）。

《新民叢報》台北：藝文印書館 1966。

《警鐘日報》1904 年，中華民國史料叢編，台北：中國國民黨黨史史
　　料編纂委員會 1968。

丁乃非、劉人鵬＜罔兩問景 II：鱷魚皮、拉子餡、半人半馬邱妙津＞
　　第三屆「性/別政治」超薄型國際學術研討會論文集，中壢：中
　　央大學 1999，頁 1-26。

丁偉志、陳崧《中西體用之間——晚清中西文化觀述論》北京：新華
　　書店 1995。

中華全國婦女聯合會·婦女運動歷史研究室編《五四時期婦女問題文選》北京：生活·讀書·新知三聯書店 1981。

王　艮《王心齋全集》台北：廣文書局1979。

王汎森＜明末清初的人譜與省過會＞《中央研究院歷史語言研究所集刊》63/3(1993)，頁 679-712。

王先慎《韓非子集解》台北：世界書局 1979。

王叔岷《莊子校詮》台北：中研院史語所專刊 1988。

王秀雲＜「女性與知識」的幾種歷史建構及其比較＞清大歷史所碩士論文 1992。

王春林＜男女平等論＞《女學報》5（1898）。

王　栻（編）《嚴復集》北京：中華書局 1986。

王會吾＜中國婦女問題－圈套－解放＞《少年中國》1：4（1919），頁 9-13。

王陽明《王陽明全集》上海：上海古籍出版社 1992。

王　肅《孔子家語》台北：世界書局 1967。

王爾敏《晚清政治思想史論》台北：商務印書館 1995。

王德威《如何現代，怎樣文學？——十九、二十世紀中文小說新論》台北：麥田 1998。

王澤元《南華真經新傳》嚴靈峰（編）《無求備齋莊子集成初編》第六冊，台北：藝文印書館 1972。

古清美《明代理學論文集》台北：大安出版社 1990。

全國婦聯婦女運動歷史研究室（編）《中國婦女運動歷史資料（1840-1918）》北京：中國婦女出版社 1991。

牟宗三＜中國哲學的重點何以落在主體性與道德性？＞《中國哲學的特質》台北：學生書局 1963，頁 9-13。

_____《從陸象山到劉蕺山》台北：學生書局 1979。

江紹源《中國古代旅行之研究》台北：商務印書館 1966。

任建樹、張統模等（編）《陳獨秀著作選》上海：人民出版社 1993。

朱　熹《詩集傳》台北：中華書局1977。

_____《四書集注》台北：世界書局 1977。

_____《朱文公文集》台北：商務印書館 1979。

_____《近思錄》台北：中華書局1980。

朱維錚《求索真文明：晚清學術史論》上海：上海古籍出版社 1996。

_____（編）《康有為大同論二種》香港：三聯書店 1998。

_____（編）《劉師培辛亥前文選》香港：三聯書店 1998。

呂妙芬＜陽明學者的講會與友論＞《漢學研究》17:1，No.33（1999）
　　　頁 79-104。

杜維明《儒家自我意識的反思》台北：聯經出版社 1990。

李又寧《重刊中國新女界雜誌》台北：幼獅文化事業股份有限公司 1977。

_____〈《女界鐘》與中華女性的現代化〉《近世家族與政治比較歷
　　　史論文集》臺北：中研院近史所 1992，頁 1055-1082。

李又寧、張玉法（編）《近代中國女權運動史料 1842-1911》台北：傳
　　　記文學社 1975。

李孝悌《清末的下層社會啟蒙運動 1901-1911》台北：中研院近史所專
　　　刊 1992。

李約瑟《中國之科學與文明》第二冊，台北：商務印書館 1980。

李　飛＜中國古代婦女孝行史考論＞《中國史研究》3（1994），頁 73-82。

李國彤＜明清之際的婦女解放思想綜述＞《近代中國婦女史研究》3 台
　　　北：中研院近史所 1995，頁 143-161。

李澤厚《中國近代思想史論》北京：人民出版社 1979。

李　贄《焚書・續焚書》台北：漢京文化事業出版公司 1984。

李　瞻、石麗東《林樂知與萬國公報：中國現代化運動之根源》台北：
　　　台北市新聞記者公會 1977。

吳光明《莊子》台北：東大書局 1988。

吳保初《北山樓集》安徽：黃山書社 1990。

宋家復＜思想史研究中的主體與結構：認真考慮《焦竑與晚明新儒學
　　　之重構》中「與」的意義＞《台灣社會研究季刊》29（1998），
　　　頁 39-74。

汪　丹（編）《民國名報擷珍：女性潮汐》天津：人民出版社 1998。

沈從文《記丁玲》上海：良友圖書印刷公司 1934。

沈淑貞＜滬上擬設妓女學校論＞《婦女時報》7（1912），頁 46。

阿　英（編）《晚清文學叢鈔・域外文學譯文卷》北京：中華書局 1961。

邵　雍《擊壤集》台北：廣文書局 1972。

邱妙津《鱷魚手記》台北：時報文化 1994。

邱貴芬＜咱攏是台灣人：答廖朝陽有關台灣後殖民論述的問題＞《中
　　　外文學》21：3（1992），頁 29-42。

金　一《女界鐘》（光緒刊本）

金嘉錫《莊子寓字研究》台北：華正書局 1986。

金觀濤、劉青峰＜近代中國『權利』觀念的意義演變──從晚清到《新
　　　青年》＞《中央研究院近代史研究所集刊》32，台北：中研院
　　　近史所 1999，頁 211-264。

林維紅＜婦女與救國：清末到五四女權思想的發展＞《幼獅月刊》353
　　　期（1982）。

＿＿＿＜清季的婦女不纏足運動（1894-1911）＞《台灣大學歷史學系
　　　學報》16（1991），頁 139-180。

林樂知（輯）上海廣學會(編)《全球五大洲女俗通考》上海：華美書局 1903。

林樂知（編）《萬國公報》台北：華文書局影印本 1968。

林聰舜《西漢前期思想與法家的關係》台北：大安出版社 1991。

林麗月＜孝道與婦道：明代孝婦的文化史考察＞《近代中國婦女史研究》6（1998），頁 1-30。

孟　悅・戴錦華合著《浮出歷史地表：中國現代女性文學研究》台北：時報文化 1993。

長孫無忌《唐律疏議》台北：商務文淵閣四庫全書 1983。

周婉窈＜清代桐城學者與婦女的極端道德行為＞《大陸雜誌》87:4（1993），頁 13-38。

周策縱＜五四思潮對漢學的影響及其檢討＞林徐典編《漢學研究之回顧與前瞻》（歷史哲學卷）北京：中華書局 1995，頁 159-166。

周　蕾《婦女與中國現代性：東西方之間閱讀記》台北：麥田出版社 1995。

＿＿＿＿《寫在家國以外》香港：牛津大學出版社 1995。

秋　瑾《秋瑾集》上海：古籍出版社 1979。

胡珠生（編）《宋恕集》北京：中華書局 1993。

俞正燮《癸巳類稿》台北：世界書局 1965。

＿＿＿＿《癸巳存稿》台北：商務印書館 1971。

真德秀《大學衍義》台北：中國子學名著集成編印基金會 1987。

桑　兵《晚清學堂學生與社會變遷》上海：學林出版社 1995。

奚　密＜解結構之道：德希達與莊子比較研究＞《中外文學》11:6（1983），頁 4-31。

班　固《白虎通》台北：藝文百部叢書集成 1996。

唐君毅《中國哲學原論・原教篇》台北：學生書局 1978。

_____《唐君毅全集》台北：學生書局 1986。

夏曉虹《晚清文人婦女觀》北京：作家出版社 1995。

馬君武（譯）《達爾文物種原始》台北：中華書局 1984。

馬祖毅《中國翻譯簡史：「五四」運動以前部分》北京：中華對外翻
　　　譯出版公司 1984。

章開沅（主編）《馬君武集》武漢：華中師範大學出版社 1991。

陳次亮《庸書》台北：台聯國風 1970。

陳弘謀（輯）《五種遺規》（1742）台灣：中華書局 1978。

陳東原《中國婦女生活史》台灣：商務印書館 1994 [1937]。

陳炳　《最近三十年中國文學史》（1937）上海：上海書店 1989。

陳榮捷《王陽明傳習錄詳註集評》台北：學生書局 1983。

_____《朱子新探索》台北：學生書局 1988。

陳漱渝＜「性博士」傳奇：平心論張競生＞《聯合文學》7:4（1991），
　　　頁 64-79。

曹大爲＜明清時期的婦女解放思潮＞《史學論衡》2（1992），頁 47-62。

葉維廉＜無言獨化：道家美學論要＞鄭樹森・周英雄・袁鶴翔編《中
　　　西比較文學論集》台北：時報文化 1980，頁 39-59。

_____＜語言與真實世界──中西美感基礎的生成＞《中外文學》11:5
　　　（1982），頁 4-39。

郭廷以《近代中國的變局》台北：聯經出版社 1987。

郭松義＜清代的納妾制度＞《近代中國婦女史研究》4，台北：中研院
　　　近史所 1996，頁 35-62。

郭慶藩《莊子集釋》台北：萬卷樓 1993。

康有爲《大同書》台北：世界書局 1958。

梁啓超《清代學術概論》（1921）台北：中華書局 1985。

＿＿＿＿《飲冰室合集》北京：中華書局 1989。

陶　緒《晚清民族主義思潮》北京：人民出版社 1995。

黃克武《自由的所以然——嚴復對約翰彌爾自由思想的認識與批判》
　　　　台北：允晨出版社 1998。

黃宗慧＜雜的痛苦與/或雜的希望——從巴巴的揉雜理論談起＞《英美
　　　　文學評論》2（1995），頁 87-100。

黃宗羲《明儒學案》台北：華世出版社 1987。

＿＿＿＿《宋元學案》台北：華世出版社1987。

黃遵憲《日本國志》台北：文海出版社 1974。

傅大為《基進筆記》台北：桂冠 1990。

馮友蘭《中國哲學史》上海：上海書店 1990。

馮夢龍《醒世恆言》上海：上海古籍出版社 1987。

張小虹＜雜種猴子：解/構族裔本源與文化傳承＞單德興、何文敬（主
　　　　編）《文化屬性與華裔美國文學》台北：中研院歐美所 1995。

張玉法〈晚清的歷史動向及其與小說發展的關係〉林明德（編）《晚
　　　　清小說研究》台北：聯經出版社 1988，頁 1-28。

張　亨＜莊子哲學與神話思想——道家思想溯源＞《思文之際論集：
　　　　儒道思想的現代詮釋》台北：允晨書局 1997，頁 101-149。

張伯行《小學集解》台北：藝文印書館 1966。

張　枬・王忍之《辛亥革命前十年間時論選集》北平：生活、讀書、
　　　　新知三聯書店 1977。

張　載《張載集》台北：里仁書局 1979。

張　灝《烈士精神與批判意識——譚嗣同思想的分析》台北：聯經 1988。

勞思光《中國哲學史》台北：三民書局1983。

彭小妍《超越寫實》台北：聯經出版社1993。

＿＿＿＿＜五四的『新性道德』－－女性情慾論述與建構民族國家＞《近代中國婦女史研究》3（1995），頁77-96。

楊永安＜明代之男女觀念＞《明史管窺雜稿第一輯》香港：先鋒1987，頁133-149。

楊儒賓《莊周風貌》台北：黎明文化1991。

＿＿＿＿＜道與玄牝＞《台灣哲學研究》第二期（1999），頁163-195。

楚南女子＜世界十女傑演義：西方美人＞《女學報》4。

嘉　堯＜國學大師金松岑＞《人物》（1985年1期）頁120-122。

廖炳惠＜洞見與不見──晚近文評對莊子的新讀法＞《解構批評論集》台北：東大書局1995，頁53-140。

蔣年豐＜從朱子與劉蕺山的心性論分析其史學精神＞《國際朱子學會議論文集》台北：中研院文哲所1993，頁1115-1140。

熊十力《十力語要》台北：洪氏出版社1975。

熊月之《中國近代民主思想史》上海：上海人民出版社1986。

趙世瑜＜明清婦女的宗教活動及其閒暇娛樂生活＞《原學》第二輯（1995），頁234-258。

趙彥寧＜不分火箭到月球：試論台灣女同志論述的內在殖民化現象＞第三屆「性/別政治」超薄型國際學術研討會，中壢：中央大學1999，頁1-14。

蔡玫姿〈發現女學生──五四時期通行文本女學生角色之呈現〉新竹：國立清華大學中國文學系碩士論文1998。

蔡尚思，方行（編）《譚嗣同全集》北京：中華書局1981。

穀　生＜利用中國之政教論＞《東方雜誌》2:4（1905）。

黎靖德（編）《朱子語類》台北：文津出版社1986。

劉人鵬＜聖學道德論述中的性別問題——以劉宗周《人譜》爲例＞林
　　　慶彰、蔣秋華（編）《明代經學國際研討會論文集》南港：中
　　　研院文哲所籌備處 1996，頁 485-516。

＿＿＿＜遊牧主體：《莊子》的用言方式與道——用一種女性主義閱
　　　讀（錢新祖的）《莊子》＞《台灣社會研究季刊》29（1998），
　　　頁 101-130。

＿＿＿＜「中國的」女權、翻譯的慾望與馬君武女權說譯介＞《近代
　　　中國婦女史研究》7（1999），頁 1-42。

劉人鵬、丁乃非＜罔兩問景：含蓄美學與酷兒政略＞《性／別研究》No.3
　　　& 4（1998），頁 109-155。

劉巨才《中國近代婦女運動史》北京：中國婦女出版社 1989。

劉王立明《中國婦女運動》上海：商務印書館 1934。

劉　禾＜一個現代性神話的由來——國民性話語質疑＞陳平原・陳國
　　　球主編《文學史》第一輯，北京：北京大學出版社 1993，頁
　　　138-156。

劉半農＜她字問題＞（1920）《劉半農文選》台北：洪範 1978，頁 46-
　　　50。

劉　向《說苑》台北：中華書局 1965。

劉宗周《劉子全書及遺編》京都：中文出版社 1981。

劉師培＜論中國階級制度＞朱維錚(編)《劉師培辛亥前文選》香港：三
　　　聯書店 1998，頁 58-62。

劉增貴＜試論漢代婚姻關係中的禮法觀念＞在鮑家麟（編）《中國婦
　　　女史論集續集》台北：稻鄉出版社 1991，頁 1-36。

劉增貴＜魏晉南北朝時代的妾＞《新史學》2：4（1991），頁 1-36。

樊　錐〈發錮篇〉《湘報類纂》甲集上，台北：大通書局 1968，頁 38-92。

鄭海麟《黃遵憲與近代中國》北京：三聯書店 1988。

鄭觀應《盛世危言後編》台灣：大通書局 1969。

魯　迅〈文化偏至論〉《墳》北京：人民文學出版社 1980，頁 37-50。

奮翮生〈軍國民篇〉《新民叢報》第一號（1902），頁 79-88。

蕭　兵・葉舒憲《老子的文化解讀──性與神話學之研究》武漢：湖北人民出版社 1993。

蕭登福《列子古注今譯》台北：文津出版社 1990。

鮑家麟〈陰陽學說與婦女地位〉《中國婦女史論集續集》台北：稻鄉出版社 1991，頁 37-54。

錢　虹（編）《廬隱選集》福建：人民出版社 1985。

錢新祖〈儒家傳統裏的「正統」與多元以及個人與「名分」〉《台灣社會研究季刊》1：4（1988），頁 211-231。

_____《出入異文化》新竹：張天然出版社 1997。

縷馨仙史譯稿〈論生利分利之別〉《萬國公報》52 冊（1893 年 5 月），頁 13577-13587。

戴緒恭、姚維斗(編)《向警予文集》長沙：湖南人民出版社 1985。

顏崑陽〈從莊子「魚樂」論道家「物我合一」的藝術境界及其所關涉諸問題〉《中外文學》15:7（1987），頁 14-39。

魏　源《增廣海國圖志》百卷本，光緒二十一年上海書局石印本影印，台北：珪庭出版社 1978。

羅家倫《新人生觀》台北：黎明文化 1951。

羅貴祥《德勒茲》台北：東大書局 1997。

蘇　輿《翼教叢編》台北：台聯國風 1970。

嚴　復《侯官嚴氏叢刻》台北：成文出版社 1968。

_____（譯）《社會通詮》台北：商務圖書館 1977。

_____（譯）《社會通詮》台北：商務印書館 1977。

_____（譯）《孟德斯鳩法意法意》台北：商務印書館 1977。

嚴靈峰（編）《無求備齋莊子集成初編》台北：藝文印書館 1972。

鐘月岑＜比較分析措詞、相互主體性與出入異文化──錢新祖先生對
比較研究的另類選擇＞《台灣社會研究季刊》29（1998），頁
75-100。

Abbott, Pamela, and Claire Wallace 著，俞智敏、陳光達、陳素梅、張君
玫譯《女性主義觀點的社會學》台北：巨流出版社 1996。

Barthes, Roland. "Theory of the Text." in Robert Young (ed.) *Untying the
Text: A Post-Structuralist Reader*. London and New York:
Routledge, 1981: 31-47.

_____. "From Work to Text." in *The Rustle of Language*. Richard Howard
(trans.) Oxford: Basil Blackwell, 1986: 56-64.

Beahan, Charlotte. "Feminism and Nationalism in the Chinese Women's
Press, 1902-1911," *Modern China* 1:4 (October 1975): 379-416.

Benhabib, Seyla and Drucilla Cornell (eds.) *Feminism as Critique.*
Minneapolis: University of Minnesota Press, 1987.

Bhabha, Homi. "Signs Taken for Wonders: Questions of Ambivalence and
Authority under a Tree Outside Delhi, May 1817," *Critical Inquiry*
12:1 (Autumn 1985): 144-165.

_____. "How Newness Enters the World: Postmodern Space, Postcolonial
Times and the Trials of Cultural Translation," in *The Location of
Culture*. London and New York: Routledge, 1994: 212-235.

Blom, Ida. "Feminism and Nationalism in the Early Twentieth Century: A
Cross-Cultural Perspective" *Journal of Women's History* 7:4

(Winter 1995): 82-93.

Braidotti, Rosi. *Patterns of Dissonance: A Study of Women in Contemporary Philosophy.* Elizabeth Guild (trans.) Polity Press, 1991.

_____. *Nomadic Subjects: Embodiment and Sexual Difference in Contemporary Feminist Theory.* New York: Columbia UP, 1994.

Burton, Antoinette. "The White Woman's Burden: British Feminists and The Indian Woman, 1865-1915." *Women's Studies International Forum* 13:4 (1990): 295-308.

_____. *Burdens of History: British Feminists, Indian Women, and Imperial Culture, 1865-1915.* Chapel Hill & London: The University of North Carolina Press, 1994.

Carlitz, Katherine. "The Social Uses of Female Virtue in Late Ming Editions of Lienu zhuan." *Late Imperial China* 12:2 (December 1991): 117-148.

Chan Wing-Tsit. *A Source Book in Chinese Philosophy.* Princeton, New Jersey: Princeton University Press, 1963.

Chang Hao. *Liang Ch'i-ch'ao and intellectual transition in China, 1890-1907.* Cambridge, Mass: Harvard University Press, 1971.

Chase, Cheryl. "Hermaphrodites with Attitude: Mapping the Emergence of Intersex Political Activism," in Susan Stryker (ed.) *GLQ: A Journal of Lesbian and Gay Studies* 4:2. Duke University Press, 1998: 189-211.

Chatterjee, Partha. "The Nationalist Resolution of the Women's Question." in *Recasting Women: Essays in Colonial History.* Kumkum Sangari,

Sudesh Vaid (eds.) New Delhi: The Book Review Literary Trust, 1993(1989).

_____. *The Nation and Its Fragments: Colonial and Postcolonial Histories*, Princeton, N.J.: Princeton University Press, 1993.

Ch'ien, Edward T. "The Conception of Language and the Use of Paradox in Buddhism and Taoism." *Journal of Chinese Philosophy* 11:4 (1984): 375-399.

_____. *Chiao Hung and the Restructuring of Neo-Confucianism in the Late Ming*. New York: Columbia University Press, 1986.

Collini, Stefan (ed.) (John Stuart Mill) *On Liberty; with The Subjection of Women; and Chapters on Socialism*. Cambridge, New York: Cambridge University Press, 1989.

Coole, Diana. *Women in Political Theory: From Ancient Misogyny to Contemporary Feminism*. Boulder, Colorado: Lynne Rienner Publishers, 1993.

Deleuze, Gilles & Feliz Guattari. "Becoming-Intense, Becoming-Animal, Becoming Imperceptible...," *A Thousand Plateaus: Capitalism and Schzophrenia*. Brian Massumi (trans.) Minneapolis: University of Minnesota Press, 1987: 232-309.

Derrida, Jacques. "Structure, Sign, and Play in the Discourse of the Human Sciences," in Richard Macksey and Eugenio Donato (eds.) *The Structuralist Controversy: The Language of Criticism and the Science of Man*. Baltimore: The Johns Hopkins Press, 1970: 247-272.

Dikotter, Frank. *The Discourse of Race in Modern China*. Stanford:

Stanford University Press, 1992.

_____. "Culture, 'Race' and Nation: The Formation of National Identity in Twentieth Century China." *Journal of International Affairs* 49: 2(1996).

Ding, Naifei. "Cats and Flies in the Shadow of Nineties Taiwan Woman/Feminist Intellectual"「女『性』主體的另類提問」小型學術研討會,台北:國科會人文處 1999,頁 14-20.

_____. *obscene objects, intimate politics: on the jin ping mei, in press.* Durham: Duke University Press.

Dirlik, Arif. "The Postcolonial Aura: Third World Criticism in the Age of Global Capitalism," *Critical Inquiry* 20:2 (1994): 328-356.

Duara, Prasenjit. "The Regime of Authenticity: Timeless, Gender, and National History in Modern China," in *History and Theory* 37:3 (October 1998): 287-308.

Dumont, Louis. *Homo Hierarchicus: The Caste System and Its Implications.* Chicago: University of Chicago Press, 1980.

_____. *Essays on Individualism: Modern Ideology in Anthropological Perspective.* Chicago and London: The University of Chicago Press, 1986.

中譯:杜蒙(Louis Dumont)著,王志明譯《階序人:卡斯特體系及其衍生現象》台北:遠流出版事業股份有限公司 1992。

Ebrey, Patricia Buckley. *The Inner Quarters: Marriage and the Lives of Chinese Women in the Sung Period.* Berkeley: University of California Press, 1993.

Edwards, Louise. "Chin Sung-ts'en's A Tocsin for Women: The Dextrous

Merger of Radicalism and Conservatism in Feminism of the Early Twentieth Century," 《近代中國婦女史研究》2（1994），頁 117-140.

Enloe, Cynthia. *Bananas Beaches & Bases: Making Feminist Sense of International Politics.* Berkeley Los Angeles: University of California Press, 1989.

Fonow, Margaret Mary and Judith Cook. "Knowledge and Women's Interests: Issues of Epistemology and Methodology in Feminist Sociological Research," in Nielsen (ed.) *Feminist Research Methods: Exemplary Readings in the Social Sciences.* Westview Press, 1990.

Foucault, Michel. "My Body, This Paper, This Fire." trans. by Geoff Bennington. *Oxford Literary Review* 4:1 (Autumn 1979): 9-28.

Friedman, Marilyn. *What Are Friends For?--Feminist Perspectives on Personal Relationships and Moral Theory.* Ithaca and London: Cornell University Press, 1993.

Furth, Charlotte. "Rethinking Van Gulik: Sexuality and Reproduction in Traditional Chinese Medicine" Christina K. Gilmartin, Gail Hershatter, Lisa Rofel, Tyrene White (eds.) *Engendering China: Women, Culture, and the State.* Cambridge, Mass: Harvard University Press, 1994.

Fuss, Diana. *Essentially Speaking: Feminism, Nature and Difference.* New York: Routledge, 1989.

Gadol, Kelly Joan. "The Social Relations of the Sexes: Methodological Implications of Women's History," in Sandra Harding (ed.)

Feminism and Methodology. Bloomington: Indiana University Press, 1987: 15-28.

Garry, Ann and Marilyn Pearsall. *Women, Knowledge, and Reality: Explorations in Feminist Philosophy*. New York and London: Routledge, 1992.

Gilmartin, Christina Kelley. *Engendering the Chinese Revolution: Radical Women, Communist Politics, and Mass Movements in the 1920s*. Berkeley: University of California Press, 1995.

Gipoulpn, Catherine. "The Emergence of Women in Politics in China, 1898-1927," *Chinese Studies in History* (Winter 1989-1990).

Grosz, Elizabeth. "Ontology and Equivocation: Derrida's Politics of Sexual Difference." in Holland. J. Nancy (ed.) *Feminist interpretations of Jacques Derrida*. University Park, Pennsylvania: Pennsylvania State University Press, 1997: 73-101.

Guattari, Felix. "Becoming a Woman," *Molecular Revolution: Psychiatry and Politics*. Rosemary Cooper (trans.) Penguin Books, 1984[1972].

Gunew, Sneja. *Feminist Knowledge: Critique and Construct*. London and New York: Routledge, 1990.

Gyan, Prakash. "Writing Post Orientalist Histories of the Third World: Perspectives from Indian Historiography," *Comparative Studies in Society and History* 32 (April 1990).

Halpin, Tang Zuleyma. "Scientific Objectivity and the Concept of 'The Other' " *Women's Studies International Forum* 12:3 (1988): 285-294.

Harding, Sandra. "Introduction: Is There a Feminist Method?" in Harding (ed.) *Feminism and Methodology*. Bloomington: Indiana University Press, 1987.

_____. 江珍賢譯＜女性主義，科學與反啓蒙判＞《島嶼邊緣》1:2（1992），頁57-76。

Hinsch, Bret. "The Westernization of Chinese Gender Studies" 《「性別的文化建構：性別、文本、身體政治」國際學術研討會論文集》新竹：清華大學兩性與社會研究室 1997.

Holland, J. Nancy (ed.) *Feminist interpretations of Jacques Derrida*. University Park, Pennsylvania: Pennsylvania State University Press, 1997.

Honig, Bonnie. "Difference, Dilemmas, and the Politics of Home," in *Democracy and Difference: Contesting Boundaries of the Political*. Seyla Benhabib (ed.) Princeton UP, 1996: 257-277.

Irigaray, Luce. *Speculum of the Other Woman*. Gill, Gillian C (trans.) Ithaca, New York: Cornell University Press, 1974.

_____. *This Sex Which is not One*. Catherine Porter (trans.) Ithaca, New York: Cornall University Press, 1985[1977].

Kaltenmark, Max. *Lao Tzu and Taoism*. Stanford, California: Stanford University Press, 1969.

Kant, Immanuel. *Critique of Pure Reason*. Norman Kemp Smith (trans.) New York: St. Martin's Press, 1965[1929].

Kaplan, Caren. "Deteritorializations: The Rewriting of Home and Exile in Western Feminist Discourse." *Cultural Critique* 6 (Spring 1987): 187-198.

Ko, Dorothy. *Teachers of the Inner Chambers: Women and Culture in Seventeenth-Century China*. Stanford: Stanford University Press, 1994.

Kristeva, Julia. *About Chinese Women*. Anita Barrows (trans.) New York, London: Marion Boyars, 1986[1974].

Lange, Lynda. "Roussear and Modern Feminism" in Mary Lyndon Shanley and Carole Pateman (eds.) *Feminist Interpretations and Political Theory*. Oxford: Polity Press, 1991.

Lauretis,Teresa. "Eccentric Subjects: Feminist Theory and Historical Consciousness." *Feminist Studies* 16:1 (Spring 1990): 115-150.

Lee, Leo Ou-fan. *The Romantic Generation of Modern Chinese Writers*. Cambridge, Mass.: Harvard University Press, 1973.

Lin, Wei Hung. "Chastity in Chinese Eyes: Nan-Nu Yu-Pieh,"《漢學研究》 9:2（1991），頁 13-40。

Liu, Jen-peng. "A Desire for 'Western Beauty': Gender and Sexual Fantasies in Late Qing Feminist and Nationalist Discourses" presented at Second International Conference "Crossroads in Cultural Studies" June 28- July 1, Tampere, Finland.1998.

Liu, Lydia H. "Translingual Practice: The Discourse of Individualism between China and the West," in Tani E. Barlow (ed.) *Formations of Colonial Modernity in East Asia*. Durham & London: Duke University Press, 1997.

Macksey, Richard and Donato Eugenio (ed.) *Criticism and the Science of Man*. Baltimore: The Johns Hopkins Press, 1970.

Mann, Susan. "The History of Chinese Women before the Age of

Orientalism," *Journal of Women's History*, 8:4 (1997).

_____. *Precious Records: Women in China's Long Eighteenth Century.* Stanford: Stanford University Press, 1997.

McDermott, Joseph P. "Friendship and Its Friends in the Late Ming,"《近世家族與政治比較歷史論文集》台北：中研院近史所 1992.

McElroy, Wendy. "The Roots of Individualist Feminism in 19th-Century America" in *Freedom, Feminism, and the State: An Overview of Individualist Feminism* (2nd edition). New York & London: Holmes & Meier, 1991: 145-151.

Millett, Kate. *Sexual Politics*. New York: Simon & Schuster, 1990[1969].

Mohanty, Chandra. "Under Western Eyes: Feminist Scholarship and Colonial Discourses," *Boundary 2*. 12:3/13:1 (Spring/Fall 1984): 335-337.

Mohanty, Chandra, Ann Russo, and Lourdes Torres. *Third World Women and the Politics of Feminism.* Bloomington and Indianapolis: Indiana University Press, 1991.

Moi, Toril. *Sexual/Textual Politics: Feminist Literary Theory.* Londen: Routledge, 1985.

Munro, Donald J. (ed.) *Individualism and Holism : Studies in Confucian and Taoist values.* Ann Arbor :Center for Chinese Studies, University of Michigan, 1985.

Needham, Joseph. *Science and Civilisation in China.* Cambridge: Cambridge University Press, 1954.

Nielsen, McCarl Joyce. "Introduction," in Nielsen (ed.) *Feminist Research Methods: Exemplary Readings in the Social Sciences.* Boulder and

Oxford: Westview Press, 1990.

Niranjana, Tejaswini. *Siting Translation: History, Post-Structuralism, and the Colonial Context.* Berkeley: University of California Press, 1992.

Okin, Susan Moller. *Women in Western Political Thought.* Princeton, New Jersey: Princeton University Press, 1979.

Parker, Andrew, Mary Russo, Doris Sommer, and Patricia Yaeger (eds.) *Nationalisms and Sexualities.* New York & London: Routledge.

Phillips, Anne. "Dealing with Difference: A Politics of Ideas, or a Politics of Presence?" in Seyla Benhabib (ed.) *Democracy and Difference: Contesting the Boundaries of the Political.* Princeton, New Jersey: Princeton University Press, 1996: 139-152.

Prakash, Gyan. "Writing Post Orientalist Histories of the Third World: Perspectives from Indian Historiography," *Comparative Studies in Society and History* 32 (April 1990).

Pyle, Andrew (ed.) *The Subjection of Women: Contemporary Response to John Stuart Mill.* Bristol, England : Thoemmes Press, 1995.

Radhakrishnan, R. "Nationalism, Gender, and the Narrative of Identity," in Andrew Parker, Mary Russo, Doris Sommer, and Patricia Yaeger (eds.) *Nationalisms and Sexualities.* New York & London: Routledge, 1992: 77-95.

Rich, Adrienne. "Compulsory Heterosexuality and Lesbian Existence," (1982) in Henry Abelove, Michele Aina Barale, and David M. Halperin (eds.) *The Lesbian and Gay Studies Reader.* New York: Routledge, 1993: 227-254.

Ropp, Paul. "Women in Late Imperial China: A Review of Recent English-Language Scholarship." *Women's History Review* 3:3 (1994).

Rorty, Richard. "Philosophy as a Kind of Writing: An Essay on Derrida." *New Literary History* 10 (1978): 141-160.

Rubin, Gayle. "Thinking Sex: Notes for a Radical Theory of the Politics of Sexuality," (1984) in Henry Abelove, Michele Aina Barale, and David M. Halperin (eds.) *The Lesbian and Gay Studies Reader*. New York: Routledge, 1993: 3-44.

Sakai, Naoki. *Translation and subjectivity on Japan and cultural nationalism*. Minneapolis : University of Minnesota Press, 1997.

Sangari, Kumkum & Vaid, Sudesh (ed.) *Recasting Women: Essays in Colonial History*. New Delhi : Kail for Women, 1989: 233-253.

Schwartz, Benjamin. *In Search of Wealth and Power: Yan Fu and the West*. Cambridge: Harvard University Press, 1964.

Scott, Joan. "Gender: A Useful Category of Historical Analysis." in *Gender and the Politics of History*. New York: Columbia UP, 1988: 28-50.

Sedgwick, Eve Kosofsky. *Between Men: English Literature and Male Homosocial Desire*. New York: Columbia University Press, 1985.

Simon, Sherry. *Gender in Translation: Cultural Identity and the Politics of Transmission*. London and New York: Routledge, 1996.

Smith, Dorothy. *The Everyday World as Problematic: A Feminist Sociology*. Boston: Northeastern University Press, 1987.

Smith, Goldwin. "Female Suffrage," in Andrew Pyle (ed.) *The Subjection of Women: Contemporary Response to John Stuart Mill*. Bristol,

England: Thoemmes Press, 1995.

Spivak, Gayatri Chakravorty. "The Politics of Translation," *Outside in the Teaching Machine*. New York: Routledge, 1993.

_____. "In a Word: Interview," *Outside in the Teaching Machine*. New York and London: Routledge, 1993: 1-24.

_____. "Displacement and the Discourse of Woman," in Nancy J. Holland (ed.) *Feminist interpretations of Jacques Derrida*. University Park, Pennsylvania: Pennsylvania State University Press, 1997: 43-71.

Stoler, Ann Lauru. "Carnal Knowledge and Imperial Power: Gender, Race, and Morality in Colonial Asia," in Micaela di Leonardo (ed.) *Gender at the Crossroads of Knowledge: Feminist Anthropology in the Postmodern Era*. Berkeley, Los Angeles, and Oxford: University of California Press, 1991: 51-101.

Stryker, Susan. "The Transgender Issue: An Introduction" in *GLQ: A Journal of Lesbian and Gay Studies* 4:2. Duke University Press, 1998: 145-158.

Suleiman, Susan, and Inge Crosman (eds.) *The Reader in the Text: Essays on Audience and Interpretation*. Princeton: Princeton University Press, 1980.

Talwar, Vir Bharat. "Feminist Consciousness in Women's Journals in Hindi, 1910-20," in Sangari, Kumkum & Vaid, Sudesh (ed.) *Recasting Women: Essays in Colonial History*. New Delhi: Kail for Women, 1989.

Tang, Chun-I. "Liu Tsung-chou's Doctrine of Moral Mind and Practice and His Critique of Wang Yang-ming." Wm. Theodore De Bary (ed.)

The Unfolding of Neo-Confucianism. Columbia University Press, 1975.

Tang, Xiaobing. *Global Space and the Nationalist Discourse of Modernity: The Historical Thinking of Liang Qichao.* Standford, California: Stanford University Press, 1996.

Taylor, Michael. "Introduction," *Social Statics* 1996.

Tong, Rosemarie. *Feminist Thought: A Comprehensive Introduction.* London : Westview Press, 1989.

Touponce, William F. "The Way of the Subject: Jacques Lacan's Use of Chuang Tzu's Butterfly Dream." *TamKang Review* 11:3 (Spring 1981): 249-265.

_____. "Straw Dogs: A Deconstructive Reading of the Problem of Mimesis in James Liu's *Chinese Theories of Literature.*" *Tamkang Review* 11:4 (Summer1982): 359-386. 中譯：廖炳惠譯＜芻狗──解構析讀劉若愚的中國文學理論書中擬仿的問題＞《解構批評論集》台北：東大 1995[1985]，頁 359-397。

Tu, Weiming, Milan Hejtmanek, and Alan Wachman (eds.) *The Confucian World Observed: A Contemporary Discussion of Confucian Humanism in East Asia.* Honolulu, Hawaii: The East-West Center: Institute of Culture and Communication, 1992.

Tulloch, Gail. *Mill and Sexual Equality.* Hertfordshire: Harvester Wheatsheaf & Boulder, Colo.: L. Rienner Publishers.1989.

Tunana, Nancy. "The Weaker Seed: The Sexist Bias of Reproductive Theory." *Hypatia* 3:1 (Spring1988): 35-59.

Waley, Authur. *The Way and Its Power: A Study of the Tao Te Ching and Its*

Place in Chinese Thought. New York: Grove Weidenfeld, 1958.

Wang, Zheng. *Women in the Chinese Enlightenment: Oral and Textual Histories*. Berkeley, Los Angeles, London: University of California Press, 1999.

Watson, Burton. (trans.) *The Complete Works of Chuang-Tzu*. New York: Columbia University Press, 1968.

Widmer, Ellen, and Kang-I Sun (eds.) *Writing Women in Late Imperial China*. Stanford: Stanford University Press, 1997.

Witke, Roxane. "Mao Tse-tung, Women and Suicide." In Marilyn Young (ed.) *Women in China: Studies in Social Change and Feminism*. Ann Arbor: Center for Chinese Studies, University of Michigan, 1973.

Wu, Kuang-ming. *Chuang Tzu :World Philosopher at Play*. Chico, CA: Crossroad Pub Co, Scholars Press, 1982.

_____. *The Butterfly as Companion: Meditations on the First Three Chapters of the Chuang Tzu*. Albany: State University of New York Press, 1990.

Yeh, Michelle. "The Deconstructivist Way: A Comparative Study of Derrida and Chuang Tzu" *Journal of Chinese Philosophy* 10:2 (June1988): 95-126.

Yue, Ming-bao. "Gendering the Origins of Modern Chinese Fiction," in Lu Tonglin (ed.) *Gender and Sexuality in Twentieth-Century Chinese Literature and Society*. New York: State University of New York Press, 1993.

Zarrow, Peter. "He Zhen and Anarcho-Feminism in China," *Journal of*

Asian Studies 47:4 (November 1988): 796-813.

國家圖書館出版品預行編目資料

近代中國女權論述—國族、翻譯與性別政治

劉人鵬著.— 初版.— 臺北市:臺灣學生,
2000[民 89] 參考書目:面　含索引

ISBN 957-15-1005-X(精裝)
ISBN 957-15-1006-8(平裝)

1.女性主義

544.52　　　　　　　　　　　　　　　89001844

近代中國女權論述—國族、翻譯與性別政治

著　作　者:劉　　　　人　　　　鵬
出　版　者:臺　灣　學　生　書　局
發　行　人:孫　　　　善　　　　治
發　行　所:臺　灣　學　生　書　局
　　　　　　臺北市和平東路一段一九八號
　　　　　　郵政劃撥帳號00024668號
　　　　　　電　話　:(02)23634156
　　　　　　傳　真　:(02)23636334
本書局登
記證字號　:行政院新聞局局版北市業字第玖捌壹號
印　刷　所:宏　輝　彩　色　印　刷　公　司
　　　　　　中和市永和路三六三巷四二號
　　　　　　電　話:(02)22268853

定價:精裝新臺幣三六〇元
　　　平裝新臺幣二九〇元

西　元　二　〇　〇　〇　年　二　月　初　版